EL ARMAGEDÓN
ECONÓMICO
VENIDERO

DR. DAVID JEREMIAH
EL ARMAGEDÓN ECONÓMICO VENIDERO

Las advertencias de la profecía bíblica
sobre la **nueva economía global**

New York   Boston   Nashville

El armagedón económico venidero
Título en inglés: *The Coming Economic Armageddon*
© 2010 por Dr. David Jeremiah
Publicado por FaithWords
Hachette Book Group
237 Park Avenue
New York, NY 10017

FaithWords es una división de Hachette Book Group, Inc.
El nombre y el logo de FaithWords son una marca registrada de Hachette Book Group, Inc.

ISBN: 978-0-446-57338-2
Visite nuestro sitio Web en www.faithwords.com

Impreso en Estados Unidos de América

Primera edición: Enero 2011

10 9 8 7 6 5 4 3 2 1

Índice

Reconocimientos

Este es mi primer libro con FaithWords y me alegra mucho estar trabajando con las personas visionarias que dirigen esta empresa. El editor Rolf Zettersten tiene un profuso trasfondo en medios de comunicación cristianos, y ha sido un gozo llegar a conocerle y sentir su pasión por este proyecto. También estoy muy agradecido por trabajar con un viejo amigo: el editor Joey Paul.

Sealy Yates es mi agente literario, y él y su empresa, Yates and Yates, han dado un gran consejo y dirección a medida que hemos soñado juntos con el mensaje de este libro. Sealy tiene una profunda comprensión del negocio editorial, y lo pone todo sobre la mesa cada vez que trabajamos juntos.

Quiero dar las gracias a mi esposa, Donna, por su aliento. Sólo ella sabe cuántas veces me choqué contra la pared con respecto a esta tarea. Ella oró por mí y me ayudó a seguir adelante cuando me sentía abrumado por las enormes implicaciones de este libro.

Mi hijo, David Michael, es el vicepresidente de Turning Point y el diseñador y director de la estrategia de lanzamiento de todos nuestros libros. Con cada publicación él nos ayuda a mantenernos más enfocados en la posibilidad de alcanzar al mundo por medio del mensaje impreso.

Durante los primeros tiempos de la escritura de este libro, Cathy Lord, mi asistente de investigación, me dijo que Dios los estaba trasladando a ella y su esposo a Cincinnati, Ohio. Debido al compromiso que ella tenía con *El Armagedón económico venidero*, hizo varios viajes de ida y vuelta a San Diego. Cathy, gracias por tu sacrificio y tu determinación a ver terminado este proyecto. ¡Habría estado perdido sin ti!

También quiero dar las gracias a Beau Sager, quien se unió a nuestro equipo literario este año. Beau, es bueno tenerte a bordo. Gracias a William Kruidenier y Rob Morgan por su investigación y sus útiles sugerencias. De nuevo ha sido un placer para mí trabajar con Tom Williams, quien añadió sus muchos talentos creativos a este proyecto. Gracias, Tom. Diane Sutherland sigue siendo la mejor asistente administrativa, y ella coordina mucho de lo que sucede cuando publicamos un libro. Con Diane en la parte Turning Point de mi vida y Barbara Boucher en la parte Shadow Mountain Church, me las arreglo para mantenerme organizado y enfocado en las cosas importantes que Dios me ha llamado a hacer. Diane y Barbara: ¡gracias!

Este será el cuarto libro que hayamos publicado desde que comenzamos a hacer que la publicación de un nuevo libro fuese el enfoque de todo nuestro ministerio. El genio creativo que está detrás de nuestros esfuerzos pertenece a Paul Joiner. Paul, nunca dejaré de sorprenderme por las ideas que Dios te da y por tu capacidad de hacer que cobren vida. ¡Somos muy bendecidos de tenerte en Turning Point!

Sobre todo, doy las gracias a mi Señor Jesucristo por llamarme a ser su siervo. ¡Sé en mi corazón que no hay mayor llamamiento!

David Jeremiah

San Diego, California

Octubre de 2010

El creciente virus de la deuda global

Grecia estornuda y Portugal agarra un resfriado. Portugal tose y España se pone enferma. España tiene fiebre e Italia contrae la gripe".[1] Lo denominan *contagio financiero*...la influencia corrupta y de rápida propagación de la deuda en la economía mundial. Este virus de deuda ha infectado un sistema económico que se tambalea al borde de la bancarrota. Grecia no es la única víctima. Bélgica e Islandia estuvieron entre los primeros que sucumbieron. La rama griega, sin embargo, es la más vírica, y está propagando su enfermedad entre los otros países de la zona euro. Hay una gran preocupación de que esta epidemia basada en el temor se esté filtrando a los Estados Unidos. Algunos argumentan que ya está ahí.

La evidencia más notable de contagio financiero es que los gobiernos piden dinero prestado constantemente con el propósito de vivir por encima de sus posibilidades. En mayo de 2009, representantes de la Unión Europea (UE) y el Fondo Monetario Internacional (FMI) mantuvieron sesiones matutinas y nocturnas esperando estabilizar los mercados mundiales destinando casi 1 billón de dólares para más créditos de rescate. En una declaración publicada para la prensa mundial, los líderes dijeron: "Cada uno de nosotros está preparado, dependiendo de la situación de su país, para adoptar las medidas necesarias para acelerar la consolidación y asegurar la sostenibilidad de las finanzas públicas".[2]

A medida que los terremotos financieros siguen aumentando en frecuencia e intensidad, ¡muchos están comenzando a preguntarse si estaremos en la antesala del Armagedón!

Armagedón. Es una palabra de nueve letras —cuatro vocales y cinco consonantes— que vale un mínimo de quince puntos en un juego de Scrabble. Frecuentemente mal deletreada y mal pronunciada, es igualmente mal aplicada. Según el diccionario, *Armagedón* ha sido una palabra reconocida en el idioma inglés desde el siglo XIV. Puede referirse a tres cosas: el lugar de una futura guerra "final y conclusiva" entre el bien y el mal; el nombre de esa batalla concreta; o un masivo conflicto o confrontación.[3]

Desde luego, como cristianos sabemos que la palabra *Armagedón* es de la Biblia, la cual designa la batalla mundial final y cumbre que se luchará en las llanuras de Meguido.

Tomando su potencia de las imágenes bíblicas, el uso común que se le da a la palabra se refiere a cualquier acontecimiento de proporción de cataclismo, como la experimentada por las principales Juntas de accionistas a finales del año 2008. Geoff Colvin, editor principal de *Fortuna*, declaró en un artículo ese octubre: "Esto no es Armagedón". En la primavera de 2009 muchos pensaron que quizá lo fuera. Allan Roth escribió en un reciente blog en *CBS Market Watch* que hasta el 9 de marzo de 2009, cuando el mercado financiero dio un giro radical, él pensaba que "Armagedón estuvo claramente sobre nosotros cuando se declaró el capitalismo muerto y enterrado con la Gran Depresión por delante". En su análisis un año después, con las reservas de Estados Unidos significativamente mayores, escribió: "La esperanza sin duda ha regresado...en los buenos tiempos desde Armagedón".[4]

El Presidente Obama adaptó la palabra y apodó las nevadas récord que paralizaron Washington, D.C. a principios de 2010 como *Nevagedón*. En las frenéticas horas que condujeron al voto en 2010 de la ley americana sobre asistencia médica, el líder de la minoría en el Congreso, John Boehner, se refirió a ese periodo crítico en la historia estadounidense como "Armagedón", llegando a la conclusión de que la ley propuesta "arruinará nuestro país".[5]

Yo escogí el uso de esa palabra en el título de este libro porque retrata las condiciones catastróficas que prevalecerán en la tierra en los últimos tiempos, y porque muchas de esas condiciones están comenzando a ser visibles en la actualidad. Durante los tres últimos años he dedicado mi estudio a la identificación y la comprensión de estos atributos proféticos. En algún punto en mitad de mi investigación, comencé a observar que una tendencia financiera se entretejía en el centro de estos acontecimientos de los últimos tiempos, y no pasó mucho tiempo antes de que pudiera ver cómo esa tendencia aglutinaba las cosas.

Los diez capítulos de este libro hablan sobre esos incidentes de los últimos tiempos y las advertencias financieras que nos están señalando hacia el Armagedón de la Biblia. Mientras que Armagedón sigue estando en el futuro, el estremecimiento de nuestras bases económicas es una llamada a que "es ya hora de levantarnos del sueño; porque ahora está más cerca de nosotros nuestra salvación que cuando creímos" (Romanos 13:11).

Hay algo en cuanto a las catástrofes de "proporciones bíblicas" hacia las cuales parecemos gravitar. El título del artículo de Mark Moring en la edición de marzo de 2010 de *Christianity Today* declaraba: "Es el fin del mundo, y nos encanta".[6] Moring señala que el crecimiento en las taquillas de los cines desde que comenzó la actual recesión no es sorprendente; sigue una tendencia que comenzó en los difíciles tiempos de la Gran Depresión de los años treinta. En 2009 se gastó en las taquillas un récord de 10 mil millones de dólares, la afluencia aumentó un 4.5 por ciento a pesar del índice de desempleo, que alcanzó un récord, lo cual condujo a drásticos recortes en muchas otras áreas del gasto del consumidor. Las películas que obtuvieron récords de afluencia incluyeron ofertas sobre el fin del mundo como: *Transformers: la venganza de los caídos, 2012, Terminator Salvation* y *The Road.* La tendencia continuó en los primeros meses de 2010 con *The Book of Eli* y *Legión.* Otras de un género parecido están programadas para estrenarse más adelante en el año.

Y no olvidemos que la serie de ficción de éxito de ventas de todos los tiempos fue la de los doce volúmenes originales de la serie Dejados Atrás de Tim LaHaye y Jerry Jenkins, con unas ventas de más de 63 millones de ejemplares durante un periodo de quince años.

¿Por qué hay tanto interés en el entretenimiento que se especializa en los temas apocalípticos de la Biblia? Moring sugiere que en un mundo lleno de temor donde la guerra, el terrorismo y el colapso financiero sacan a un primer plano la pregunta de la muerte y la vida después de la muerte, la industria del cine ha entregado más historias para alimentar la pregunta; aunque no siempre dando respuestas".[7]

Yo creo que mucho acerca del futuro de este mundo nos ha sido revelado en las páginas proféticas de la Biblia. En los siguientes capítulos exploraremos juntos las respuestas que en ellas encontramos.

Comenzamos con una mirada a la situación de la economía americana, la cual sigue deteriorándose y amenazando con desplomarse. Aunque hay vislumbres de esperanza, el desempleo está en índices casi de récord en la mayor parte del país, y en mi estado natal de California continúa elevándose.

En octubre de 2009, según el informe del Departamento de Trabajo, el índice nacional de desempleo se había elevado hasta el 10.2 por ciento, multiplicando por más de dos el índice cuando la crisis financiera comenzó a ser evidente en diciembre de 2007. El informe sobre desempleo publicado en junio de 2010 indicaba que el índice de desempleo en el país, ajustado por la temporada, había descendido ligeramente hasta el 9.7 por ciento. Pero en California seguía estando por encima del 12 por ciento, y había poca esperanza de un significativo descenso.[8]

Ya que los porcentajes tienden a ser muy impersonales, veamos esa estadística de otro modo. Esas frías cifras se traducen en el hecho de que, nacionalmente, más de 17 millones de personas reales —hermanas, hermanos, vecinos, quizá usted— están desempleados y buscando trabajo. Con respecto a mayo de 2010, un 46 por ciento (6.8 millones) habían estado desempleados por más de veintisiete semanas. Añadamos a eso otros 8.8 millones de trabajadores que se habían convertido en "trabajadores involuntarios a media jornada", ya que les recortaron sus horas. Otros 2.2 millones habían abandonado la búsqueda de empleo en las cuatro semanas anteriores al informe de la Oficina de Estadística del Trabajo y no fueron incluidos en la cifra de desempleados. El total de desempleados en mayo de 2010 era de 17.2 millones.[9]

Según mis cálculos, eso significa que hay 26 millones de trabajadores potencialmente a jornada completa en nuestro país actualmente que sufren algún grado de dificultad financiera relacionada con el desempleo. Que "más de 49 millones de americanos —uno de cada siete— batallaba por obtener lo suficiente para comer" era sólo una indicación de la gravedad de la recesión en Estados

Unidos.[10] Más de 11 millones de hogares en todo el país están ahora "sumergidos"; es decir, tienen un valor significativamente menor que la hipoteca que tienen sobre ellos. Según la Reserva Federal, el mercado inmobiliario en desplome ha producido una pérdida de 7 billones de dólares en valor desde finales de 2006 hasta finales de 2009.[11]

El exceso de dolor por desempleo llega incluso más allá de las familias, hasta la comunidad en general, donde un mayor desempleo se ha añadido a la crisis que ya va en aumento en la Seguridad Social y Medicare. Está proyectado que en 2010 solamente los programas de la Seguridad Social "paguen más en beneficios de lo que reciben por los impuestos de las nóminas".[12] Los trabajadores desempleados no aportan a los programas de la Seguridad Social o Medicare, lo cual significa que el número de receptores se está elevando a la vez que el número de contribuyentes está descendiendo.

Los programas de derechos sociales inevitablemente conducen a una mayor intervención del gobierno, lo cual significa más supervisión del gobierno a la industria privada, especialmente en el sector financiero. Tras la secuela de la agitación en las hipotecas y créditos *subprime*, la cual hizo epicentro en Estados Unidos, la Reserva Federal, el Senado y el Departamento del Tesoro han buscado mayores capacidades regulatorias. El motivo que han publicado es proteger a los estadounidenses de abusos en los préstamos decretando recortes en los salarios y beneficios dentro de la industria bancaria. Tales leyes se han aprobado en ambas cámaras del Congreso y están a la espera de ser resueltos.

Mientras que es comprensible que la mayoría de nosotros estemos preocupados por el impacto de la crisis financiera estadounidense, no podemos pasar por alto el cataclismo económico global que parece estar llevándonos en manada hacia un nuevo orden mundial y un gobierno mundial.

La idea de un gobierno mundial es tan antigua como el libro de Génesis, y tan actual como las Naciones Unidas. El mundo busca a alguien que pueda decir: "Hemos salvado al mundo del desastre"; alguien con más credibilidad que el presidente de la Reserva, Ben Bernanke, quien hizo esa declaración en el verano de 2009.[13] Nuestro mundo está maduro para la globalización. Cuando terminó la Guerra Fría con una descongelación general de las hostilidades, las naciones y sus economías comenzaron el proceso de intentar conglomerar las distintas entidades nacionalistas separadas en una unidad heterogénea.

Ese proceso ha sido casi tan fácil como incorporar hierro a la arcilla. Sin duda, puede hacerse, pero no sin la manipulación de estructuras básicas, e incluso entonces los resultados solamente pueden ser temporales. Ninguna combinación de países será capaz nunca de formar un gobierno mundial fuerte y estable, al menos no uno que dure mucho tiempo.

¡No es que no lo intenten! Políticos, economistas, científicos y futuristas han buscado por mucho tiempo una unidad supranacional. La batalla de ocho años para ratificar una carta/constitución de reforma para la Unión Europea es un buen ejemplo de la dificultad inherente en combinar veintisiete identidades nacionales separadas e incorporarlas a una unidad coherente. La Unión Europea finalmente tuvo éxito en adoptar un gobierno de tipo parecido a una constitución con la aprobación del Tratado de Lisboa en noviembre de 2009. Su implementación el 1 de diciembre de 2009 abrió la puerta a un gobierno más fuerte y más centralizado en Europa.

Sin embargo, a pesar de la aceptación de ese tratado, sigue permaneciendo un problema: la crisis del euro. Joachim Starbatty, un profesor alemán de economía, ha escrito que la unidad entre las naciones miembros de la Unión Europea ahora se parece menos a unidad y más a ilusión. Grecia es el actual foco de la discusión sobre la reestructuración del euro debido a su precaria situación financiera. El profesor Starbatty sugiere además que el euro, tal como está configurado en la actualidad, "se dirige hacia el desplome" y que Alemania puede ser la primera en retirarse de la actual estructura del euro, llevando con ella a otros países con divisas fuertes, y juntas crear una nueva divisa común".[14]

Las secuelas de tal movimiento podrían incluir "un euro nuevo y más poderoso que podría fácilmente desbancar al dólar como la divisa global y segura".[15] Según el artículo de Starbatty, mientras que podrían obtenerse algunas ganancias con una moneda europea reestructurada, el impacto a largo plazo podría ser "inestabilidad económica global" y la "posibilidad de una catastrófica caída en la fe en el dólar [estadounidense]".[16]

Mientras escribo, el mundo sigue estando en las primeras etapas de recuperación de la importante recesión que comenzó en 2007. Recientes recesiones no han durado más de once meses, pero los efectos de esta ya han durado casi tres veces ese periodo de tiempo.[17]

Invirtiendo una promesa de los líderes globales en abril de 2009 de poner fin a la recesión, sólo China, Francia, Alemania y Japón entraron en la etapa de recuperación a finales de ese año. En la actualidad, Canadá, Italia, Grecia, Gran Bretaña y Estados Unidos siguen batallando para equilibrar la tendencia a la baja de la economía.[18] La esperada recuperación "probable" de la recesión de Gran Bretaña en el último trimestre del año fue recibida con el anuncio de "un trimestre de declive sin precedentes por sexta vez consecutivo".[19]

El mismo día que se hizo el anuncio, el anterior presidente de la Reserva Federal, Paul Volcker, se refirió a la versión estadounidense de la recesión como "profundamente y potencialmente larga" y la catalogó de "la Gran Recesión".[20]

Según una encuesta de *Washington Post*–ABC News, los estadounidenses estaban de acuerdo con la evaluación de Volcker. Un 83 por ciento no creía que la recesión hubiera terminado, y tres cuartas partes estaban "preocupados por la dirección de la economía del país". Un cincuenta y siete por ciento pensaba que las acciones emprendidas por el gobierno o no tenían efecto, o en realidad habían empeorado el país.[21]

Históricamente, la economía de Estados Unidos ha sido la que antes se ha recuperado y ha sido capaz de tirar "del resto del mundo y sacarlo de su mala situación".[22] Esta vez se espera que China saque a Estados Unidos de la recesión. Si ninguno de estos dos países puede estar a la altura del desafío, parece que quedan pocas opciones en el horizonte.

¿Podríamos estar actualmente en el extremo de una recesión de la cual la economía de nadie, el país de nadie, la unión de nadie podrá rescatar al mundo? La Biblia predice que se acerca esa era. Avivada por las convulsiones económicas del mundo, la única respuesta parecerá ser la unificación de las naciones bajo un sistema económico y un gobernador mundial.

Uno esperaría que tal progreso comenzase con la gradual concentración de riqueza y poder, tanto nacionalmente como globalmente. En la actualidad, mientras somos testigos de la fusión de bancos y la centralización de regulaciones financieras, no podemos sino preguntarnos si el Anticristo está a la espera, listo para hacer su entrada a la escena de este mundo desesperado.

Cuando él aparezca finalmente, el mundo le aceptará. Él tendrá todas las respuestas a los acuciantes problemas de la humanidad;

él será el definitivo zar financiero: el director ejecutivo de Satanás, y engañará al mundo con una promesa de estabilidad y orden. Cuando el mundo entero esté elogiándolo, él desvelará su plan maestro para la destrucción de todo aquel que se niegue a postrarse y adorarlo.

En esos meses finales de su malvado reinado, nadie podrá comprar o vender sin tener su marca de identificación especial implantada en la frente o en la mano. Utilizando la tecnología que ya es lo bastante potente para lograr su plan, el Anticristo controlará el destino financiero de toda nación y todo individuo.

Desde su centro en la antigua ciudad reedificada de Babilonia, el Anticristo y su colaborador, el Falso Profeta, regularán el comercio mundial hasta que el Dios Todopoderoso lleve todo a su fin "en una hora" (Apocalipsis 18:10, 17, 19).

Entonces habrá un último surgimiento del gobierno mundial definitivo y una economía mundial que serán el cumplimiento de la tan deseada utopía. La Biblia nos asegura que una edad de oro de paz y prosperidad sin precedente se acerca. Lo que el Anticristo no habrá hecho con su vigilancia militar e informática, Jesucristo lo hará mediante su omnisciencia, omnipotencia y omnipresencia. Por mil años, Jesucristo presidirá una idílica era de paz y prosperidad.

Con estos acontecimientos que esperan al mundo, hacemos la pregunta planteada por el título de un libro del difunto y venerado apologista Francis Shaeffer: *Entonces ¿cómo viviremos?* A la luz de todo lo que está sucediendo y todo lo que va a suceder, ¿cómo deberíamos organizar nuestros calendarios y vivir nuestras vidas? Yo he titulado el último capítulo de este libro "Mantenga su cabeza en el juego y su esperanza en Dios". Esa es la instrucción que Dios ha grabado en mi propio corazón. En estos tiempos desesperados, ¡esa es mi oración por usted!

CAPÍTULO 1

La caída de la economía estadounidense

Bernard Madoff pasará a la Historia como el delincuente más conocido de Wall Street. Él sistemáticamente engañó a inversores en 65 mil millones de dólares, eclipsando con mucho los escándalos de comercio interno de los años ochenta que implicaron a los financieros de los bonos basura Michael Milken e Ivan Boesky. Entre las miles de víctimas de Madoff estaban varias celebridades de Hollywood como Kevin Bacon y Kyra Sedgwick. Zsa Zsa Gabor y su noveno esposo perdieron casi 10 millones de dólares. El director de cine Steven Spielberg y el ejecutivo de DreamWorks Jeffrey Katzenberg perdieron dinero que habían invertido para su Fundación Wunderkind.

Otras celebridades que cayeron víctimas de Madoff incluían a Larry King, de la CNN, el anterior gran jugador de básquet Sandy Koufax, Jane Fonda y John Robbins, de la familia de helados Baskin-Robbins. También resultaron afectadas destacadas figuras financieras de Nueva York, algunas de las principales organizaciones benéficas judías del país, el patriota judío Elie Wiesel, miles de ancianos jubilados que perdieron los ahorros de toda su vida y, ah sí, la propia hermana de Madoff, a la que él estafó 3 millones de dólares.[1]

Madoff tomaba dinero de los inversores y utilizaba ese dinero para pagar beneficios a anteriores inversores. Mientras seguía entrando dinero nuevo al sistema, funcionaba a las mil maravillas. Sus inversores prosperaban, y él prometía continuar el abundante flujo con un sólido caudal de un 12 a un 20 por ciento de beneficios. ¿Imposible? ¡Desde luego! Pero Madoff cumplía sus promesas. Cuando le preguntaban cómo lo hacía, él respondía con algún galimatías acerca de su "estrategia de conversión de beneficios". Si le presionaban mucho, él se enojaba y se negaba a responder. Sus clientes debían estar agradecidos por su genialidad y dejar de buscar explicaciones.

Algunos de sus inversores suponían que él estaba estafando, pero no querían exigir detalles por temor a matar a la gallina que estaba dando huevos de oro. Como consejera de inversión, Suzanne Murphy dijo: "Era una estafa estupenda. Las mejores estafas son cuando uno mantiene felices a las palomas, ¿no es cierto? Y las palomas estaban felices porque obtenían buenos beneficios".[2]

"Madoff no tenía que poner anuncios en el *Wall Street Journal*", escribieron los analistas financieros William Bonner y Addison Wiggin. "Los clientes llamaban a su puerta suplicándole que les dejase entrar. Sus amigos más antiguos acudían a él y prácticamente le rogaban que tomase sus fondos de fideicomiso... El encanto de Madoff era que fue más listo que los zorros y superó a los estafadores.... En la historia del juego de grandes riesgos, él los sobrepasó a todos. Al igual que un Robin Hood con la enfermedad de Alzheimer, él les robó a los ricos. Si tan sólo se hubiera acordado de dar a los pobres, ¡sería un héroe para todos!".[3]

Bernie Madoff fue arrestado, declarado culpable de once delitos federales, y en junio de 2009 fue sentenciado a 150 años de cárcel. "Cuando antes valía…millones, Madoff ahora vive austeramente en una cárcel federal en Carolina del Norte. Según los informes del tribunal, come pizza cocinada por un abusador de niños, duerme en la litera de abajo en una celda que comparte con un drogadicto de veintiún años de edad, y pasa su tiempo con un anterior jefe del crimen de la ciudad de Colombo y un espía para Israel".[4]

El origen del "Plan Ponzi"

Ocho décadas antes de los delitos de Bernie Madoff, Charles Ponzi (3 de marzo 1882–18 de enero 1949) tenía el récord de mayor estafador en la historia estadounidense. El término *plan Ponzi* es una descripción muy conocida de cualquier estafa que paga a primeros inversores con fondos ilícitamente obtenidos de inversores posteriores. El plan de Ponzi comenzó poco después del final de la Primera Guerra Mundial y el comienzo de los "rugientes años veinte". Él prometió a sus clientes un 50 por ciento de beneficio dentro de los cuarenta y cinco días siguientes o un 100 por ciento de beneficio a los noventa días. Al final, Ponzi fue acusado de más de ochenta cargos de fraude postal. Pasó tres años y medio en una cárcel federal antes de ser deportado y trasladado a Río de Janeiro, donde murió en un hospital de beneficencia en 1949.

Uno pensaría que Bernie Madoff gana de forma aplastante como el autor número uno de todos los tiempos del plan Ponzi. Pero si comparamos su plan con lo que está sucediendo actualmente en el sistema americano de finanzas, ¡Bernie Madoff es un aficionado! La financiación y administración de masivos programas de derechos, guerras y un desbocado *Big Government** han hundido a nuestro país en un lodazal de déficits, deudas e inflación. Y nuestro gobierno parece no ver salida a excepción de continuar con las políticas que crearon el problema: gastar y pedir prestado a un ritmo cada vez mayor hasta que el sistema caiga de bruces, agotado por intentar superarse a sí mismo.

Este plan Ponzi nacional fue predicho hace veinte siglos en la carta de Santiago, en el Nuevo Testamento, y figura destacadamente como una señal del Armagedón económico venidero. En este capítulo veremos las causas, efectos y significado de cómo la avaricia tipo Madoff y la irresponsabilidad fiscal están contribuyendo a la próxima caída de la economía estadounidense.

El plan Ponzi de la Seguridad Social

Uno de los primeros desencadenantes de inestabilidad financiera en Estados Unidos fue el comienzo de la Seguridad Social. En 1935, durante la presidencia de Franklin Roosevelt, el Acta de la Seguridad Social se aprobó como ley. Según sus arquitectos, la Seguridad Social libraría a nuestra nación de todos los males relacionados con la «ancianidad» y haría posible para todo estadounidense que viviera hasta los setenta y cinco años de edad tener algún tipo de ingreso como jubilación.

A los cuatro años de aprobar el Acta de la Seguridad Social, el Congreso hizo enmiendas al programa para incluir un seguro

---

*Big Government es un término usado generalmente por los políticos para describir un gobierno que es excesivamente grande, corrupto e ineficaz, o que se implica de modo inadecuado en ciertas áreas de la política pública o el sector privado (N. T.).

al superviviente. En 1965 se añadieron beneficios de Medicare*. En 2008, la Seguridad Social y Medicare se habían convertido en un derecho masivo que consumía más de un billón de dólares: un tercio del presupuesto federal.[5]

Actualmente, la Seguridad Social funciona como un programa no financiado de derechos. Aunque es cierto que el gobierno ha recaudado más en impuestos para la Seguridad Social de lo que ha pagado en beneficios, ese dinero no está protegido en un fondo fiduciario, como muchos son guiados a creer. El gobierno utiliza los fondos de la Seguridad Social para pagar otros programas. No hay fondo fiduciario de la Seguridad Social.

La Seguridad Social opera exactamente como los planes de Charles Ponzi y Bernard Madoff. Nuevos contribuyentes al programa financian las promesas hechas a los contribuyentes más antiguos. Los trabajadores estadounidenses que han pagado fielmente sus impuestos para la Seguridad Social cada año están confiando en que un monedero federal vacío cumpla las promesas que les ha hecho. Y en la actualidad, según la mayoría de economistas, estamos a punto de entrar en la tormenta perfecta.

Como escribe el reportero de economía del *New York Times*, Edmund Andrews:

> Los *baby boomers* más viejos del país se están aproximando a los 65 años de edad, desencadenando lo que los expertos nos han advertido durante años que será una pesadilla fiscal para el gobierno. «Lo que un buen país o una buena ardilla debería estar haciendo es guardar nueces para el invierno», dijo William H. Gross, director gerente de Pimco Group, la

---

*Medicare es un organismo y programa estatal de asistencia médica a personas mayores de 65 años (N.T.).

gigante firma de administración de bonos. «Estados Unidos no sólo no está ahorrando nueces, sino que se está comiendo las que quedan del invierno pasado».[6]

En un reciente artículo de *USA Today*, Richard Wolf detallaba algunos de los otros problemas que la Seguridad Social afronta:

- Los impuestos de la renta para la Seguridad Social «decrecieron en 2009 debido al creciente desempleo y esperadas subidas de sueldo que en gran medida desaparecieron».
- «El número de trabajadores retirados que comenzaron a recibir beneficios aumentó en un 20 por ciento; quienes recibieron beneficios por discapacidad llegaron al 10 por ciento».
- «Los beneficios mensuales aumentaron un 5.8 por ciento debido a una agudización en los precios de la energía el año anterior».[7]

La Seguridad Social se ha convertido en uno de nuestros programas más amenazadores e insostenibles conducente a déficits sin fin. Richard Lamm, anterior gobernador de Colorado, lo resumió de la siguiente forma: «Navidad es una época en que los niños le dicen a Santa lo que quieren y los adultos lo pagan. Los déficits son cuando los adultos le dicen al gobierno lo que quieren y sus hijos lo pagan».[8]

La siguiente generación estará pagando la Seguridad Social de la actual generación. ¿Cuánto tiempo pasará antes de que el sistema se desplome bajo su propio peso cada vez mayor?

Guerra y defensa nacional

En 2008, el 41.5 por ciento de todos los gastos militares en el mundo entero perteneció a Estados Unidos. Gastamos más en defensa nacional que China, Japón, Rusia, Europa y varios otros países combinados. En 2009 nuestro presupuesto de defensa fue de 642 mil millones de dólares, en segundo lugar sólo después de la Seguridad Social, de 677 mil millones de dólares. Nuestros costos de defensa fueron un 36 por ciento de los ingresos totales por impuestos en el año fiscal de 2009.

El economista Joseph Stiglitz, laureado Nobel, y su coautora, Linda Bilmes, escribieron un libro acerca de los costos de nuestra actual guerra, incluyendo sus costos ocultos. El título del libro, *The Three Trillion Dollar War* [La guerra de los tres billones de dólares], resume su conclusión. Muchos que elogiaron el libro dijeron que su único fallo fue subestimar el costo al menos en otro billón.[9]

Joel Belz, director ejecutivo de la revista *WORLD*, dio enfoque a esas cifras astronómicas: «Cualquiera que sea su postura en cuanto a aumentar nuestras fuerzas en Afganistán, tendrá que reconocer que la guerra es cara. En números redondos, según algunos cálculos, nos cuesta un millón de dólares por soldado al año enviar a alguien a Iraq o Afganistán».[10]

Claramente, el costo de la guerra y de la defensa nacional es otro sumidero en nuestra economía nacional y un factor contribuyente a nuestro déficit de crecimiento.

El crecimiento del Big Government

El tamaño del gobierno de Estados Unidos comenzó a hincharse durante la presidencia de Franklin Roosevelt a medida que su New Deal* intentaba abordar la desgracia de la Gran Depresión. Según un reciente estudio del Departamento de Estado:

> El surgimiento de Estados Unidos como la mayor potencia militar del mundo durante y después de la Segunda Guerra Mundial también alimentó el crecimiento del gobierno.... Mayores expectativas educativas condujeron a una importante inversión del gobierno en escuelas y universidades. Un enorme empuje nacional hacia avances científicos y tecnológicos produjo nuevas agencias y una sustancial inversión pública en campos que iban desde la exploración del espacio hasta la asistencia médica.[11]

Y no es sólo el gobierno federal el que continúa creciendo. Según el mismo informe, entre 1960 y 1990, «el número de funcionarios estatales y locales aumentó de 6.4 millones hasta 15.2 millones».[12]

Actualmente, el gobierno de Estados Unidos es el mayor empleador de nuestro país. ¡El pago total de salarios en diciembre de 2009 a funcionarios federales registró una cifra de 15.471.672.417 dólares! En 1900 sólo uno de cada veinticuatro estadounidenses trabajaba para el gobierno; en 1948 el empleo en el gobierno aumentó casi un 500 por ciento, a uno de cada ocho.[13] En 2009 había casi dos millones de empleados federales, y esa cifra se proyecta que

---

*New Deal: política de recuperación económica y social en los años treinta (N. T.).

8

aumente en un 15.6 por ciento en el año fiscal de 2010. No es sorprendente que más de un tercio de los estadounidenses encuestados por Gallup prefieran la «percibida "seguridad" y los beneficios normalmente generosos» de un empleo federal.[14]

Un análisis de *USA Today* el 11 de diciembre de 2009 mostró que al menos un sector del mercado de trabajo había estado prosperando durante los dieciocho meses anteriores: aquel que paga los dólares de los impuestos que usted paga. El documento analizaba los dos millones de trabajadores federales registrados por la base de datos de la Oficina de Administración de Personal, la cual excluye la Casa Blanca, el Congreso, el servicio postal, las agencias de inteligencia y el personal militar uniformado. Sus descubrimientos: el 19 por ciento de los trabajadores federales ganan más de cien mil dólares al año (sin contar horas extra e incentivos), comparado con un 14 por ciento cuando comenzó la recesión. El salario medio del trabajador federal es ahora de 71.206 dólares, mucho mayor que el salario medio del trabajador en el sector privado de 40.331 dólares. «No hay manera de justificar esto al pueblo estadounidense», dijo el Representante Jason Chaffetz (R-Utah) al periódico. «Es ridículo».[15]

Más que ridículo, el crecimiento incontrolado del Big Government es también un importante contribuidor a nuestro déficit rápidamente creciente.

Deuda nacional y privada

En 2009, el *New York Times* informaba: «Con la deuda privada ahora alcanzando los 12 billones de dólares, la Casa Blanca calcula que la cuenta del gobierno para pagar el interés de la deuda excederá los 700 mil millones de dólares en 2019, desde los 202 mil millones de dólares este año.... Sólo uno de los dolorosos desafíos que Estados Unidos afronta después de décadas de vivir por encima de sus posibilidades».[16]

Me gustaría poder decirle que 12 billones de dólares es toda la historia, pero no lo es; eso sólo es la «deuda visible»: la punta del iceberg. En su libro, *The Dollar Meltdown*, [La fusión del dólar] Charles Goyette pinta el cuadro general con vívido detalle:

> ¡La deuda no es en realidad sólo de 12 mil millones de dólares! Mediante cualquier definición de sentido común del término «deuda», algo que se debe, la deuda real es mayor. Si usted ha pagado a la Seguridad Social durante toda la vida y cree que sus beneficios prometidos son una deuda del gobierno; si cree que el gobierno debería cumplir sus promesas de asistencia médica a los veteranos; si su banco ha estado pagando primas de seguro al FDIC* y usted espera que, en caso de una gran demanda de fondos, la cobertura de pérdidas sea una deuda del gobierno; si ha estado usted pagando al gobierno cobertura médica que espera que esté disponible cuando surja la necesidad; si cree que las «garantías» del gobierno, que fueron últimamente de acá para allá como si fueran confeti, son promesas reales en las cuales instituciones e individuos deberían confiar; entonces estará usted de acuerdo en que la deuda del gobierno es mucho mayor que los 12 billones de dólares que se reflejan en los libros. Todas estas expectativas representan responsabilidades no financiadas; promesas que el gobierno ha hecho pero para las que no se ha hecho provisión alguna. El cuerpo del

---

*FDIC son las siglas de Federal Deposit Insurance Corporation, el fondo federal que protege los depósitos en un banco (N. T.).

iceberg está por debajo de la superficie, y la «deuda nacional» visible es sólo una fracción de las responsabilidades de nuestro gobierno.[17]

Los economistas fiscales utilizan un término que designa la causa y la magnitud de nuestra deuda: *valor descontado de horizonte infinito*. Aunque este término representa una fórmula muy complicada que determina el valor de todos los beneficios prometidos —actuales y futuros— en términos de nuestros dólares actuales avanzando hacia el futuro infinito, su significado sencillo es: la brecha entre los prometidos beneficios de la Seguridad Social y Medicare correspondientes a todo estadounidense con un número registrado de la Seguridad Social y los ingresos reales por impuestos en un año dado. Es una aproximación basada en la esperanza de vida en actuariales. ¡Sólo para la Seguridad Social esa brecha es de 17.5 billones de dólares!

Desgraciadamente, la Seguridad Social no es nuestro mayor problema. Medicare es muchas veces peor. Nuestro actual programa Medicare tiene tres centros independientes de cobertura y financiación. Medicare Parte A cubre estancias hospitalarias y Medicare Parte B cubre visitas médicas. La adición más reciente a los programas Medicare, la Parte D, que cubre las recetas, entró en vigor en 2006.

La actual carga no financiada para Medicare Parte A es de 36.7 billones de dólares; para la Parte B es de 37 billones de dólares; y para la Parte D es de 15.6 billones de dólares. La carga total de los tres programas Medicare no financiados es de 89.3 billones de dólares. Esto es cinco veces más que la factura no financiada de la Seguridad Social.

Añadamos la carga no financiada de las tres partes de Medicare a la carga no financiada de la Seguridad Social, y obtenemos una cifra de 106.8 billones de dólares. Ahora añadamos a eso nuestra deuda nacional de 12 billones de dólares, y la suma es de 118.8 billones de dólares. Eso supone una carga de deuda de 383.000 dólares por persona, o 1.532.000 dólares por familia de cuatro miembros.[18]

Charles Goyette resumió el problema de esta enorme carga de deuda:

> La deuda de Estados Unidos a cualquier nivel: 12 billones de dólares...no se pagará. Simplemente se redoblará una y otra vez hasta que los acreedores de Estados Unidos no estén dispuestos a prestar más. La nación está en la misma posición que alguien que haya tomado dinero en efectivo de antemano de su tarjeta Visa para cubrir el pago de su hipoteca, y después haya sacado un nuevo crédito MasterCard para pagar la factura de su Visa. Manejar varias deudas de crédito puede parecer que funciona a corto plazo, pero es el camino hacia la ruina económica. Y al igual que se dice que el interés compuesto es el mejor amigo del inversor, es la peor pesadilla del deudor, pues el crecimiento de la deuda se vuelve exponencial.[19]

A propósito, en cuanto al 1 de junio de 2010, la deuda nacional había aumentado a 13 mil millones de dólares: un nuevo récord desconcertante.[20]

Hasta aquí hemos hablado sólo de la deuda misma. Pero ¿y los intereses de toda esa deuda? Si tiene usted una hipoteca de su casa, probablemente haya experimentado una reacción similar a la mía cuando recibió su informe anual de intereses. ¿No es desalentador ver la disparidad existente entre la cantidad consumida por

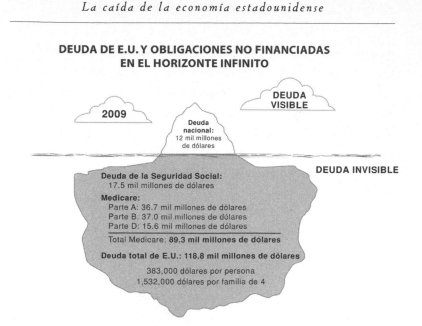

DEUDA DE E.U. Y OBLIGACIONES NO FINANCIADAS EN EL HORIZONTE INFINITO

2009

DEUDA VISIBLE

Deuda nacional: 12 mil millones de dólares

DEUDA INVISIBLE

Deuda de la Seguridad Social: 17.5 mil millones de dólares

Medicare:
Parte A: 36.7 mil millones de dólares
Parte B: 37.0 mil millones de dólares
Parte D: 15.6 mil millones de dólares

Total Medicare: 89.3 mil millones de dólares

Deuda total de E.U.: 118.8 mil millones de dólares

383,000 dólares por persona
1,532,000 dólares por familia de 4

los intereses comparada con lo poco que se ha aplicado al capital principal? Si cree usted que tiene razones para estar desalentado, considere el informe anual de intereses fiscales del gobierno de Estados Unidos. Según la oficina de administración y presupuesto de la Casa Blanca, entraron en el Tesoro 904 mil millones de dólares por nuestros pagos de impuestos al final del año fiscal el 30 de septiembre de 2009. El interés sobre nuestra deuda nacional era de 383 mil millones de dólares. Esto significa que el costo del interés sobre la deuda representaba más de 40 centavos de cada dólar que entró por los impuestos individuales.[21]

Otro problema desconcertante de nuestra enorme deuda es a quiénes la debemos. En 1952 debíamos la mayor parte de nuestra deuda nacional a nosotros mismos: a inversores individuales e instituciones financieras estadounidenses. De hecho, menos del 5 por ciento de los bonos del Tesoro de Estados Unidos estaban en manos ajenas. Según el Departamento del Tesoro, al final del año fiscal de 2009 casi el 50 por ciento de la deuda pública de nuestro país lo tenían gobiernos e instituciones financieras extranjeros. El índice de propiedad extranjera de seguridades de deuda estadounidense está aumentando a un ritmo alarmante; ahora es el triple del que era en 2001. A continuación hay una lista parcial de los países que tienen nuestra deuda y la cantidad que debían a finales de 2009:[22]

China	798.9
Japón	746.5
Reino Unido	230.7
Países exportadores de petróleo	188.4
Centros bancarios del Caribe	169.3
Brasil	156.2
Hong Kong	142.0
Rusia*	122.5

*Rusia no tenía deuda alguna de Estados Unidos en 2007. Ahora es el octavo país extranjero más grande que la posee.

Ese dinero ha sido tomado prestado emitiendo los denominados bonos o pagarés del Tesoro. Utilizamos ese dinero prestado para pagar las actuales facturas de nuestro gobierno. Hasta que nuestra deuda sea cubierta (lo cual probablemente nunca sucederá), pagamos intereses por esos pagarés. Según la previsión para esta década de la oficina de presupuesto del Congreso, el gobierno espera incurrir en 9 billones de dólares en deuda nueva. Más de la mitad de esa cantidad (4.8 billones de dólares) se aplicará a pago de intereses.[23]

14

Un profesional financiero ha determinado que el interés sobre la deuda nacional se acumula al ritmo de 41 millones de dólares por hora. Eso supone 690.000 dólares por minuto, ¡y 11.500 dólares por segundo! Recuerde: eso es sólo el interés. Esos pagos no tocan el capital principal.[24] Hasta un pequeño aumento en la tasa de interés tiene un gran impacto. Como explica Edmund Andrews: «Un aumento de un punto porcentual en el costo medio de pedir prestado del Tesoro costaría a los contribuyentes americanos 80 mil millones extra este año, aproximadamente lo mismo que los presupuestos combinados del Ministerio de Energía y de Educación».[25]

Cuando dejamos la deuda de la nación para ver la deuda privada de sus ciudadanos, el cuadro no es más bonito. Bonner and Wiggin nos dicen: «La deuda de los hogares aumentó de 7.8 billones de dólares en 2002 hasta casi 14 billones de dólares en 2008».[26] Esa deuda no es posible que pueda pagarse en una generación; por tanto, se transmite, en algunos casos a personas que aún no han nacido.

En este punto estamos, supuestamente la nación más rica del mundo, y estamos metidos en deuda hasta el cuello. ¿No debería un país con nuestra riqueza ser conocido por prestar en lugar de por pedir prestado? Esa parece haber sido la perspectiva de Dios cuando le dijo a la nación de Israel: «Ya que Jehová tu Dios te habrá bendecido, como te ha dicho, prestarás entonces a muchas naciones, mas tú no tomarás prestado; tendrás dominio sobre muchas naciones, pero sobre ti no tendrán dominio» (Deuteronomio 15:6; véase también 28:12). Salomón subraya este principio en Proverbios 22:7: «El que toma prestado es siervo del que presta».

El sabio rey Salomón dio en el clavo. El que presta siempre tiene poder sobre quien pide prestado. Este principio no promete nada bueno para el futuro de Estados Unidos. Con nuestro endeudamiento fuera de control, hemos puesto nuestro bienestar económico en manos de países extranjeros que no nos tienen ningún cariño.

El cáncer de la inflación

Desde 1934 la gente ha estado jugando al Monopoly. El juego de mesa más vendido del mundo ahora se juega en 103 países y en treinta y siete idiomas.[27] Desgraciadamente, muchos gobiernos del mundo, incluyendo al nuestro, actualmente también están jugando al Monopoly. Para entender lo que quiero decir, lea esta parte de las reglas del juego: «El Banco recoge todos los impuestos, multas, préstamos e intereses, y el precio de todas las propiedades del Monopoly, que vende y subasta. El Banco nunca "se arruina". Si el Banco se queda sin dinero de Monopoly, *puede emitir tanto más como sea necesario simplemente escribiendo en cualquier papel normal*» (énfasis añadido).[28] Esas son exactamente las reglas por las cuales nuestro gobierno juega al administrar la provisión monetaria de Estados Unidos. En su libro de 2009, *The New Economic Disorder* [El nuevo desorden económico], el economista Larry Bates escribe:

> Actualmente en América, estamos viviendo de ilusiones. Parecemos creer que hemos encontrado el secreto que evadió a los antiguos alquimistas: creemos que podemos poner tinta sobre un papel y de algún modo se convertirá en oro. Los manipuladores del dinero han creado exitosamente la ilusión de prosperidad mediante la creación más masiva de deuda y de papel moneda que jamás se ha producido en la Historia. Esa burbuja de deuda está a punto de estallar otra vez; [y] cuando lo haga, todas esas...inversiones que sus amigos, y

quizá hasta usted, piensan que están seguras —certificados de depósitos, y bonos, y fondos mutuos— estarán en profundos, profundos problemas. Y eso es sólo la punta del iceberg que está a punto de embestirnos.[29]

Cuando el dólar pierda su posición, Estados Unidos tendrá que comenzar a ofrecer pagarés del Tesoro con intereses cada vez mayores para atraer inversores, lo cual significa que los pagos de intereses se llevarán una parte mayor del presupuesto del Estado. Esos mayores índices de interés causarán que los índices de interés al consumidor aumenten en proporción. Eso significa que el costo de pedir prestado para casas y vehículos será mayor, en parte como resultado de los altos índices de interés, y en parte debido a que los crecientes índices de interés desencadenarán inflación a medida que la economía necesite más dólares para cubrir el costo en aumento del endeudamiento.

Muchos economistas prevén un periodo de masiva inflación por delante a medida que la economía comience a absorber los miles de millones de dólares de incentivos en dinero que la Reserva Federal ha emitido. Si usted inserta más dólares a la economía, el valor de los dólares existentes disminuye, significando que el precio de todo aumenta.

Larry Bates elimina cualquier ambigüedad del significado de inflación:

A pesar de lo que los políticos y los manipuladores del dinero quisieran que usted creyera, inflación no son precios en aumento. Eso es sólo un síntoma de la inflación, al igual que los estornudos son un síntoma de un resfriado. Las personas informadas son muy conscientes de que la inflación es un aumento en las existencias de dinero; punto. Nada más y nada menos. Cuanto más dinero emita y ponga en circulación la Reserva Federal en nuestra economía, más aumentarán los precios.[30]

La hiperinflación le roba valor al dinero. Durante el periodo de inflación de los años veinte en la Alemania de posguerra, el gobierno emitió tantos billetes que se utilizaban para encender hogueras. Erwin Lutzer relata la historia de una mujer que llenó su carretilla de billetes alemanes y los dejó fuera de una tienda de comestibles mientras compraba, segura de que nadie robaría la divisa sin valor. Regresó para encontrar un montón de billetes pero ninguna carretilla.[31]

Podemos aprender mucho de la Historia sobre el impacto de la inflación. El economista Constantino Bresciani-Turroni, escribiendo del verano de 1923 cuando la crisis financiera alemana estaba aumentando, dijo: «La necesidad que el estado tenía de dinero aumentó con rapidez. A los bancos privados, asediados por sus clientes, les resultaba imposible satisfacer la demanda de dinero».[32] En un intento de estabilizar la economía, economistas alemanes instaban al gobierno a emitir menos dinero; pero sus ruegos fueron inútiles, porque como explican Bonner y Wiggin en su análisis de la obra de Bresciani-Turroni, «los oficiales estaban casi en la misma situación en que están actualmente Ben Bernanke y Barack Obama: "Más", decían. Tenían miedo a que la economía pudiera tener problemas a menos que ellos pusieran a disposición más efectivo y más crédito».[33] Así que emitieron más dinero, al igual que nosotros hemos hecho y estamos haciendo. Pero según Bresciani-Turroni, la emisión de más dinero simplemente adelantó el problema de Alemania y aumentó su gravedad:

Al principio la inflación estimuló la producción...pero después...aniquiló el desarrollo; hizo imposible la reforma del presupuesto nacional durante años...destruyó incalculables valores morales e intelectuales. Provocó una grave revolución en las clases sociales: algunas personas que acumularon riqueza y formaron una clase de usurpadores de propiedad nacional mientras millones de individuos fueron lanzados a la pobreza. Fue una inquietante preocupación y un constante tormento de innumerables familias; envenenó al pueblo alemán difundiendo entre todas las clases el espíritu de especulación y alejándolos de un trabajo adecuado y regular, y fue la causa de incesante alboroto político y moral. Ciertamente es bastante fácil entender por qué el registro de los tristes años 1919–1923 siempre pesa como una pesadilla sobre el pueblo alemán.[34]

La inflación también desempeñó su papel en la caída del Imperio Romano, como explican Bonner y Wiggin:

Roma no se construyó en un día, ni tampoco su dinero se destruyó de la noche a la mañana. En el año 64 d.C., en el reinado de Nerón, el aureus fue reducido en un 10 por ciento de su peso. De ahí en adelante, siempre que los romanos necesitaban más dinero para financiar sus guerras, sus mejoras públicas, sus servicios de bienestar social y sus circos, y sus déficits comerciales, reducían el contenido en metal de las monedas [llamadas «monedas recortadas»]. Cuando Odoacer destituyó al último emperador en el año 476, el denario de plata contenía sólo un 0.02 por ciento de plata.[35]

Desde entonces hasta ahora, «todo banquero central en el

mundo ha mordido el cebo del diablo, creando dinero, de la nada, como si nadie estuviera mirando. Como si no se hubiera probado antes. ¡Como si pudieran salirse con la suya y las personas de verdad pudieran obtener algo por nada!».[36]

Déficits, deudas e inflación se suman al caos económico porque los líderes cortos de vista tienden a abordar el problema creando más déficits, deudas e inflación. Como resultado, por primera vez en toda mi vida la palabra *billón* se utiliza en todas partes como un denominador común. Pero ¿cuánto es un billón? Es un millón de millones. Es un uno seguido de doce ceros. Una ilustración podría ayudarnos a entender este número incomprensible. Comenzaré con un billete de cien dólares porque el Tesoro de Estados Unidos no ha emitido billetes más grandes que ese desde el 14 de julio de 1969.[37]

La Reserva Federal envía billetes nuevos de cien dólares a su banco en paquetes envueltos de cien billetes cada uno. Cada paquete suma 10.000 dólares. Cien paquetes de esos suman un millón de dólares. Sólo un millón de dólares no parece muy impresionante; usted podría fácilmente meterlos en una bolsa de compras. Cien millones parecen algo más respetables. Encajan en un cubo que ocupe una paleta industrial estándar. Mil millones de dólares llenan cien paletas de billetes de cien dólares. Un millón de millones de dólares llenarían diez mil paletas de billetes de cien dólares: suficiente para llenar el piso de un almacén de tamaño medio.[38]

Si aún le resulta difícil pensar en un millón de millones, la siguiente es una analogía de la revista *WORLD* que podría ayudar: «Para obtener una idea de lo masiva que es esta cantidad, pensemos en ella en segundos. Regresar en el tiempo un millón de segundos le llevaría a hace 12 días. Mil millones de segundos

20

le llevaría a hace 30 años, y un millón de millones de segundos le haría regresar 32.000 años».[39]

El hecho de que nuestro gobierno, economistas y los medios de comunicación estén comenzando a pensar en términos de millones de millones en lugar de miles de millones no es una buena señal. Nos dice que la economía se está llenando de dinero de Monopoly, y el gigantesco plan Ponzi del gobierno está aumentando cada vez con mayor rapidez a fin de evitar que se desplome.

El fantasma de la bancarrota

¿Qué sucederá cuando el gigantesco plan Ponzi del gobierno se alcance a sí mismo? Según un artículo de 2009 en el *Wall Street Journal*: «Si el gobierno llegase alguna vez a incumplir su promesa de hacer pagos periódicos de intereses o de reponer la deuda, la economía de Estados Unidos se hundiría en un nivel de caos que haría que la bancarrota de Lehman pareciera un fiasco».[40]

Yo estoy de acuerdo con quienes dicen que parece muy improbable que nuestro país pueda alguna vez llegar a pagar sus deudas. La Seguridad Social, Medicare, Medicaid, y cualquier otro nuevo programa de beneficios médicos requieren más financiación de la que nuestra actual estructura de impuestos puede soportar. Aun si el índice de impuestos aumenta —como nos han asegurado que sucederá—, sencillamente no hay suficiente dinero para pagar y salir de la deuda. Si esas suposiciones son precisas, nuestro país se dirige hacia la bancarrota.

Si Estados Unidos quedase en bancarrota, incumpliría moralmente todo lo que debe sencillamente diciendo: «Ya no reconocemos nuestras deudas». El gobierno simplemente reajustaría el valor de nuestra divisa declarando la valía de un dólar sin un verdadero valor para respaldarlo. Los impuestos podrían aumentar hasta un 70 por ciento de los ingresos del individuo. Si la Historia se repite, ¡seguiría una revolución!

Aunque puede que no vivamos para ver a nuestro país en bancarrota, la mayoría de economistas creen que las políticas monetarias del gobierno nos han llevado por encima de la posibilidad de que nuestra economía vuelva a ser tan estable como anteriormente lo fue. En un reciente editorial de *USA Today* titulado «There Is No Normal Anymore» [Ya no hay normalidad], James P. Gannon expresó lo que muchos de nosotros sentimos sobre la actual inestabilidad económica de Estados Unidos:

Esa frase [Ya no hay normalidad]...contribuye en gran medida a explicar por qué tantos estadounidenses están enojados, confusos y preocupados actualmente. Las encuestas muestran que un 58 por ciento de estadounidenses creen que el país va por el camino equivocado, sufriendo una economía que está enferma.... Quieren que las cosas vuelvan a la normalidad, pero cada vez más sienten que ya no hay normalidad.... Sólo estadounidenses que sobrevivieron a la Gran Depresión de los años treinta pueden recordar una época de mayor estrés. En medio de una supuesta recuperación, la economía sigue suprimiendo cientos de miles de puestos de trabajo al mes, con la tasa de desempleo nacional ya en el 10 por ciento. En el pasado, una tasa de desempleo de 4-6 por ciento se consideraba normal, pero ahora eso parece un sueño distante porque se necesita un crecimiento del empleo de unos 100.000 por mes sólo para evitar que la tasa de desempleo se eleve aún más, dado el esperado crecimiento de la fuerza de trabajo. Por tanto, un desempleo normal podría estar a años de distancia.

No hay nada normal en una economía en la cual el gobierno federal adquiere las gigantescas fábricas de autos, echa un cable a bancos demasiado grandes para fracasar, acapara casi todas las hipotecas, mantiene los índices de interés a corto plazo a cero y emite más de un billón de nuevos dólares. A medida que la deuda nacional traspasa los 12 billones de dólares y la Casa Blanca proyecta otros 9 billones de dólares más en déficits en los próximos 10 años, el valor del dólar se hunde y el precio del oro —el mejor indicador de peligro de América— pasa de los 1.100 dólares la onza.[41]

Anhelamos un regreso a la normalidad, pero parece imposible llegar a eso desde donde estamos. El futuro está comenzando a estar claro; excluyendo algún cambio dramático, nuestro país se enfrenta a la bancarrota segura o a algún desplome financiero equivalente.

La actual fusión económica en la profecía bíblica

Puede que se sorprenda usted al saber que la Biblia predijo el futuro que es nuestra realidad presente. Santiago, el medio hermano de nuestro Señor, el hijo de María y José (véase Gálatas 1:19), escribió una sorprendente descripción de las condiciones económicas de «los últimos tiempos».

¡Vamos ahora, ricos! Llorad y aullad por las miserias que os vendrán. Vuestras riquezas están podridas, y vuestras ropas están comidas de polilla. Vuestro oro y plata están enmohecidos; y su moho testificará contra vosotros, y devorará del todo vuestras carnes como fuego. Habéis acumulado tesoros para los días postreros. He aquí, clama el jornal de los obreros que han cosechado vuestras tierras, el cual por engaño no les ha sido pagado por vosotros; y los clamores de los que habían segado han entrado en los oídos del Señor de los ejércitos. Habéis vivido en deleites sobre la tierra, y sido disolutos; habéis engordado vuestros corazones como en día de matanza. Habéis condenado y dado muerte al justo, y él no os hace resistencia (Santiago 5:1-6).

Aunque Santiago escribió su carta a la iglesia cristiana, estos primeros seis versículos del capítulo 5 están dirigidos a ricos no creyentes. Al hacer esto, Santiago «emplea un recurso retórico conocido como *apóstrofe*: apartarse de su verdadera audiencia para dirigirse a algún otro grupo».[42]

Santiago no estaba acusando a esas personas simplemente de tener riqueza. La Biblia deja claro que no hay nada de malo en tener riqueza: «La bendición de Jehová es la que enriquece, y no añade tristeza con ella» (Proverbios 10:22). La Biblia contiene muchos ejemplos notables de personas piadosas y ricas, como Job, Abraham, David, Salomón, Nicodemo, María, Marta, Lázaro, José de Arimatea, Bernabé y Filemón.

Santiago nos da dos razones distintas para su condenación. En primer lugar, él considera que los pecados de las personas ricas y malvadas son especialmente graves porque se están cometiendo «en los días postreros». ¿Por qué marcaría esto una diferencia? En su comentario del libro de Santiago, Homer Kent explica: «Los "días postreros" era una designación de tiempos mesiánicos, que comenzaron con la primera venida de Cristo (Hechos 2:16-17;

1 Timoteo 4:1-2; 2 Pedro 3:3; 1 Juan 2:18). Aquellos hombres ricos no se daban cuenta de los tiempos cruciales en los que estaban viviendo. No entendían que los "días postreros" ya habían comenzado y que la segunda venida de Cristo podría ser en cualquier momento».[43]

El pastor y maestro John MacArthur no se muerde la lengua al abordar la necia audacia de amasar riquezas en los últimos tiempos:

> Santiago los reprendió con severidad por acumular su riqueza sin considerar el calendario de Dios, el fluir de la historia de la redención, o la realidad de la eternidad. Qué impensable amasar y acumular riqueza a medida que se acerca el día del juicio. Quienes lo hacen, «atesoras para ti mismo ira para el día de la ira y de la revelación del justo juicio de Dios, el cual pagará a cada uno conforme a sus obras».[44]

Como dijo Santiago en el versículo 5, esos ricos indulgentes meramente habían engordado sus corazones como en día de matanza: una gráfica metáfora del juicio que estaban acumulando sobre sus cabezas.

El segundo motivo de la acusación de Santiago a los ricos malvados era el uso tan profundamente egoísta que ellos hacían de su riqueza. Aquellas personas estaban tan consumidas en proporcionar comodidad y seguridad a sus propias vidas que hasta no pagaban el salario legítimo a sus empleados y condenaban a personas justas. Nada importaba aparte de sí mismos. Alguien ha dicho que Dios no condenará a un hombre por ser rico, pero sí le hará dos preguntas; la primera: «¿Cómo ganaste tu riqueza?», y la segunda: «¿Cómo utilizaste tu riqueza?».

Aunque Dios no condena el tener dinero, sí habla contra aquellos que confían en las riquezas. «El que confía en sus riquezas caerá» (Proverbios 11:28). Como Jesús mismo dijo: «¡cuán difícil les es entrar en el reino de Dios, a los que confían en las riquezas!» (Marcos 10:24).

El economista global Wilfred J. Hahn nos muestra que los actos y las actitudes hacia la riqueza que Santiago condena son señales seguras de los últimos tiempos:

Toda la profecía que se encuentra en Santiago 5:1-6 enumera al menos seis señales financieras o económicas de los últimos tiempos. Yo he contado casi 50 señales generales así después de años de estudio de la Biblia. Incluyen atesorar, acumulación de riqueza, desigualdades salariales, diferentes clases de trabajadores, lujos e indulgencia (¡consumismo en su cénit!), condiciones de brutalidad económica....De forma más significativa, el edificio de riqueza entonces se convierte en una maldición cuando es corroído y demuestra ser ilusorio.[45]

No se necesita a un científico espacial para ver que esas señales de riqueza corrupta corren a sus anchas en la América actual. No hay duda alguna al respecto; estamos viviendo en los últimos tiempos. Y podemos estar seguros de que la predicción de Santiago de riquezas que se desintegran en corrosión y desgracia es tan cierta en todas sus partes como su precisa predicción de los actuales abusos económicos. De hecho, ya ha comenzado a suceder.

Riqueza que disminuye

Cuando pensamos en riqueza, pensamos en acciones y bonos, cuentas bancarias y valores inmobiliarios. Pero Santiago escribe de riqueza en términos que se habrían entendido en su propia cultura. Él habla de riquezas podridas, ropas comidas de polilla y oro y plata enmohecidos (véase Santiago 5:2-3). Santiago señala a los ricos que están acumulando riqueza que no perdura sino que disminuye. Nada describe la grave situación actual de nuestra nación como el término *riqueza que disminuye*. El ejemplar del 7 de diciembre de 2009 de la revista Time tenía en portada la historia: «La década desde el infierno». El editor de la revista *Fortune*, Andy Serwer, escribió el artículo principal y encuadró la primera década del nuevo milenio con estas palabras: «Marcados por el 11 de septiembre al comienzo y una caída financiera el final, los 10 primeros años de este siglo es muy probable que pasen como la década más desalentadora y desencantadora que los estadounidenses han vivido en la era pos-Segunda Guerra Mundial».[46] Como demuestran los siguientes hechos, en realidad fueron los tres últimos años de esa década los que enviaron a nuestro país a una espiral sin control.

- En 2008, se calcula que las casas estadounidenses perdieron un 18 por ciento de su valor neto. Esta pérdida de 11.2 billones fue la mayor desde que la Reserva Federal comenzó a registrar la riqueza de las casas después de la Segunda Guerra Mundial.[47]

- Desde el final de 2006 hasta marzo de 2009 el valor total de los bienes inmuebles cayó de 21.9 billones de dólares a 17.9 billones.[48]

- Desde agosto de 2007 hasta octubre de 2008 se calcula que un 20 por ciento, o aproximadamente 2 billones de dólares, se desvanecieron de los planes de jubilación de los estadounidenses.[49]

- El desempleo alcanzó un récord del 10.2 por ciento, y aquí en California, donde yo vivo, se ha elevado a más del 12 por ciento. El número de estadounidenses que viven por debajo del nivel de pobreza se elevó al 13.2 por ciento comparado con el 11.3 por ciento al comienzo de la década. El número de estadounidenses sin seguro médico llegó al 15.4 por ciento comparado con el 13.7 por ciento en el año 2000. El gasto de defensa nacional aumentó de 294 mil millones de dólares en 2000 hasta 642 mil millones de dólares en 2009. El precio del petróleo se triplicó. El precio del oro se cuadruplicó. La brecha presupuestaria Federal se triplicó llegando a un récord de 1.8 millón de millones de dólares.[50] La deuda pública de Estados Unidos aumentó un 31 por ciento para constituir el 53 por ciento de nuestro producto interior bruto (PIB) y llegó a un récord de 1.4 millón de millones de dólares.[51]

- En mayo de 2010 el gobierno de Estados Unidos había arrastrado un déficit en el presupuesto durante diecinueve meses consecutivos. De hecho, 2009 fue el primer año en veintinueve años de registros en el cual el gobierno de Estados Unidos arrastró un déficit *cada* mes.[52]

- La mayor pérdida en un solo día en el índice Dow ocurrió el 29 de septiembre de 2008, cuando el Dow bajó 777.68

puntos, o aproximadamente 1.2 millón de millones de dólares en valor de mercado.[53]

- Algunas de nuestras mayores y más «seguras» instituciones, o bien fracasaron o fueron ayudadas por el gobierno. Los nombres son familiares: Lehman Brothers, Merrill Lynch, Fannie Mae, Freddie Mac, Washington Mutual, Wachovia y AIG.[54]

Incluso Bill Gates y Warren Buffett sintieron los efectos de la erosión de riqueza de la década. Se calcula que ambos perdieron colectivamente 43 mil millones de dólares en 2008. Pero no lo sienta demasiado por ellos, pues aun así se las arreglaron para entrar en 2009 con una renta estimada de 77 mil millones de dólares entre ambos. Según la revista *Forbes*, Gates y Buffett no fueron los únicos multimillonarios que tuvieron un año difícil. El número de multimillonarios cayó de 1.125 en 2008 a 793 en 2009.[55]

La enorme erosión de riqueza en la primera década del siglo muestra claramente que el brillo del sueño americano se ha empañado. Sentimos alarma no sólo debido al grado hasta el cual estos acontecimientos nos están afectando, sino también por su rápida aceleración. Muchos están comenzando a preguntarse si hay alguna fuerza lo bastante sólida para revertir nuestro descenso directo al caos nacional.

En el Sermón del Monte, Jesús advirtió de la naturaleza ilusoria de los tesoros terrenales y señaló el camino a la verdadera riqueza: «No os hagáis tesoros en la tierra, donde la polilla y el orín corrompen, y donde ladrones minan y hurtan; sino haceos tesoros en el cielo, donde ni la polilla ni el orín corrompen, y donde ladrones no minan ni hurtan. Porque donde esté vuestro tesoro, allí estará también vuestro corazón» (Mateo 6:19-21).

Estallido de maldad

Las personas ricas a quienes Santiago se dirige eran culpables no sólo de acumular riquezas, sino también de haberlas adquirido de forma pecaminosa. Al no pagar deliberadamente a sus empleados, se estaban haciendo ricos a expensas del «prójimo». Muchos pasajes del Antiguo Testamento condenan esta malvada práctica: «¡Ay del que edifica su casa sin justicia, y sus salas sin equidad, sirviéndose de su prójimo de balde, y no dándole el salario de su trabajo!» (Jeremías 22:13; véase también Deuteronomio 24:14-15 y Levítico 19:13).

Eso es exactamente lo que estamos viendo en la actualidad, ya que muchos que buscan riquezas desprecian el trabajo o el servicio honesto a favor de la manipulación y el poder implacable. Todos hemos oído de hombres de negocios que justifican un trato que arruina a una empresa familiar con la fría frase: «Son sólo negocios». Ese tipo de maldad económica se ha convertido en práctica común en nuestra época.

Como destaca Andy Serwer, el vivo símbolo de nuestra actual sordidez económica es «el prisionero n. 61727-054, alias Bernie Madoff, [quien] se pudre en una celda de la cárcel de Butner, N.C., cumpliendo 150 años por orquestar el mayor plan Ponzi en la historia de la humanidad».[56]

Al oír su sentencia, Madoff habló sinceramente quizá por primera vez en mucho tiempo:

No puedo ofrecer una excusa por mi conducta. ¿Cómo se excusa traicionar a miles de inversores que me confiaron los ahorros de su vida? ¿Cómo se excusa engañar a doscientos empleados que pasaron la mayor parte de su vida laboral conmigo? ¿Cómo se excusa mentir a un hermano y a dos hijos que pasaron sus vidas ayudando a construir un negocio exitoso? ¿Cómo se excusa mentir a una esposa que estuvo a tu lado cincuenta años?[57]

La lista de delitos en la confesión de Madoff muestra que él es el símbolo arquetípico de los ricos malvados que Santiago predijo que caracterizarían los postreros tiempos. El único interés de Madoff era él mismo. Él explotó sin piedad al prójimo; puso su confianza en sus riquezas, riquezas que había obtenido privando a otros de su legítimo dinero. Sus riquezas disminuyeron y le dejaron en la miseria.

Bernie Madoff es también un símbolo apropiado de lo que nuestro gobierno está haciendo a América. Como explicaré en los dos siguientes capítulos, la riqueza que disminuye y el estallido de maldad de nuestro país están llevándonos directamente hacia un nuevo orden mundial y su economía global.

La inquietante ausencia de América en la profecía bíblica

En un libro anterior, *¿Qué le pasa al mundo?*, dediqué un capítulo entero a la pregunta: «¿Tiene América algún papel en la profecía bíblica?». La simple respuesta es no.

Además, no se encuentra en la Biblia ninguna mención concreta a Estados Unidos ni a cualquier otro país de Norteamérica o Sudamérica. Una razón puede ser que en el gran cuadro de la historia, Estados Unidos es el nuevo chico en el vecindario. Como nación tiene menos de 250 años de antigüedad; mucho más joven que las naciones de los tiempos bíblicos que se presentan en la profecía bíblica.[58]

En ese capítulo expuse otras tres posibles razones de la ausencia de América en la profecía bíblica. Algunos creen que nuestro país estará incorporado a la coalición europea de naciones. Otros sugieren que cuando llegue el periodo de la Tribulación, América habrá sido invadida por fuerzas exteriores y ya no será una superpotencia. Quizá la decadencia que con tanta rapidez está carcomiendo nuestro fundamento moral nos haya destruido desde dentro.

Hasta la escritura de este libro, yo consideraba que el rapto de la Iglesia era la explicación más plausible para el silencio que guarda la Biblia sobre el futuro de América. Mi razonamiento seguía las siguientes líneas:

Si el rapto hubiera de producirse hoy y todos los creyentes verdaderos en Jesucristo desaparecieran... América tal como la conocemos podría ser borrada.... Nuestro país no sólo perdería el 25 por ciento de su población, sino que también perdería a los mejores, a «la sal y la luz» del país.... Sería como una operación quirúrgica inversa, una en la cual todas las células sanas son eliminadas y sólo se dejan las cancerosas para que se consuman unas a otras.[59]

¿Y si ninguna de esas razones que he enumerado explica por qué América no es un jugador en los acontecimientos finales de la Historia? ¿Y si hay otra explicación tan obvia que los estudiantes de la profecía no la han observado? ¿Y si este país una vez grande, debido a su incapacidad de reponer sus millones de millones de dólares de endeudamiento, está tan debilitado como para ser absorbido en el nuevo orden mundial y su economía global, perdiendo así su soberanía y su identidad individual?

¿Qué deberíamos hacer?

Sé que muchos lectores estarán inquietos por la alarmante evaluación que hace este capítulo del futuro económico de nuestro país. Las advertencias, por naturaleza, no son agradables. Cuando suenan las sirenas en la ciudad, sabemos que se ha visto un tornado, y eso no son buenas noticias. Pero aunque las advertencias no son agradables, sí son útiles, pues nos capacitan para entender qué se acerca y a prepararnos para la tormenta.

Por tanto, ¿cómo nos preparamos para el venidero desplome de la economía americana?

El escritor de Hebreos nos da la respuesta y también la seguridad de nuestro propio bienestar: «Sean vuestras costumbres sin avaricia, contentos con lo que tenéis ahora; porque él dijo: No te desampararé, ni te dejaré» (13:5). En otras palabras, si usted está viviendo la vida de un cristiano, no tiene por qué estar ansioso por el futuro. Sólo siga haciendo lo que está haciendo y confíe en la promesa de Dios de mantenerlo seguro en manos de Él.

Albert Mohler, presidente del Seminario Teológico Bautista del Sur, hizo estas sabias observaciones sobre nuestra conducta cristiana en la actual crisis económica:

> Los cristianos deberían ver la economía como una prueba de nuestros valores. La Biblia valora el trabajo honesto y a los trabajadores dedicados, y también deberíamos hacerlo

nosotros. La Biblia advierte contra las prácticas comerciales deshonestas, y debemos estar atentos. Las valoraciones falsas son, en efecto, mentiras. Las prácticas contables deshonestas son sólo formas sofisticadas de mentira. La información interna es una forma de robo. La Biblia honra la inversión y el desarrollo, y los cristianos deben desconfiar del impulso por ganancias a corto plazo y la presión para obtener beneficios instantáneos.[60]

Lo importante es no ser arrastrado al pensamiento de la cultura general y convertirse en parte del problema. No quede atrapado en el clamor cultural por riqueza y seguridad; confíe su futuro a Dios y ocúpese de practicar el evangelio, alcanzando a sus seres queridos, a su prójimo y a sus amigos con el único mensaje de verdadera esperanza para un mundo que corre el riesgo de entrar en la eternidad sin Cristo.

CAPÍTULO 2

El Nuevo Orden Mundial

Aunque usted no estuviera vivo en Halloween del año 1938 —y yo no lo estaba—, probablemente haya escuchado del terror que se difundió por todo el país aquella noche por las ondas de la red radial CBS. Orson Welles dirigía y narraba la adaptación de *Mercury Theatre on the Air* de la novela de H. G. Wells, *La Guerra de los Mundos*.

El programa comenzó con su presentación normal cuando, de repente, interrumpió una voz estridente que decía: «Señoras y caballeros, interrumpimos nuestro programa... para darles un boletín especial de las noticias intercontinentales». El resto del programa informaba en formato de realista boletín de noticias del supuesto avance de alienígenas desde Marte que acababan de aterrizar cerca de la ciudad de Nueva York.

Por supuesto que no había ninguna invasión alienígena; pero debido a que nunca antes se había presentado una dramatización en la radio como si fuera un boletín especial de noticias, los crédulos oyentes pensaron que estaba sucediendo en realidad, y la histeria en masa se difundió por el país. Fueron necesarias semanas para que regresase la calma y meses para que muchos finalmente aceptasen que el programa era simplemente ficción dramática.

La Guerra de los Mundos no fue el único libro de H. G. Wells sobre acontecimientos transformadores en la tierra. En 1940 publicó un trabajo de no ficción titulado *El Nuevo Orden Mundial*, el cual, cuando se escribió, parecía casi tan extraño como *La Guerra de los Mundos*. En *El Nuevo Orden Mundial*, Wells escribió de «Estados Unidos del Mundo» y de la necesidad de «idear una clara concepción del orden mundial... para disolver o ceder en nuestras diferencias a fin de que podamos fijar nuestros rostros con seguridad hacia una paz mundial alcanzable.... La vida humana no puede seguir con las capitales de la mayoría de países civilizados del mundo dentro de un rango de una hora de ser bombardeadas desde su frontera».[1] Nada resultó de la urgencia de Wells en aquella época, pero en años recientes el llamado a un nuevo orden mundial se ha intensificado.

El creciente llamado a un nuevo orden mundial

Ahora avancemos unos treinta y siete años en el tiempo después de H. G. Wells hasta 1977, cuando se lanzaron los vehículos espaciales *Voyager I* y *II*. Se llevó a bordo de esas naves espaciales un disco de oro que contenía información dirigida a cualquier vida inteligente que pudieran encontrar. Las siguientes palabras del Presidente Jimmy Carter fueron incluidas en ese archivo:

> Esta nave espacial Voyager fue construida por Estados Unidos de América... una comunidad de 240 millones de seres humanos entre los más de cuatro mil millones que habitan el planeta Tierra... aún divididos en naciones estado... pero rápidamente avanzando hacia convertirse en una sola civilización global. Llevamos este mensaje al cosmos... un presente

desde un pequeño mundo distante. Esperamos algún día, habiendo resuelto los problemas que afrontamos, unirnos a una comunidad de Civilizaciones Galácticas.[2]

Obviamente, nuestro trigésimo noveno presidente creía en el nuevo orden mundial, y no sería nuestro último presidente en hacerlo. Avancemos hasta el 11 de septiembre de 1990, cuando el cuadragésimo primer presidente, George Herbert Walker Bush, se dirigió a una sesión conjunta del Congreso, que había sido convocada para tratar la crisis del Golfo Pérsico y el déficit del presupuesto federal. En su discurso, él se refirió repetidamente a un nuevo orden mundial:

> Una nueva colaboración de naciones ha comenzado. Y estamos hoy en un momento único y extraordinario.... Cien generaciones han buscado este esquivo camino hacia la paz mientras que mil guerras se libraban en el periodo del esfuerzo humano. Y hoy, ese nuevo mundo lucha por nacer. Un mundo bastante distinto del que conocemos, un mundo donde el gobierno de la ley suplante a la ley de la jungla, un mundo en el cual las naciones reconozcan la responsabilidad compartida de libertad y justicia.[3]

Cuatro meses después de ese discurso, el Presidente Bush dio otro discurso en el que volvió a hablar sobre el nuevo orden mundial: «Lo que está en juego es... una gran idea, un nuevo orden mundial donde diversas naciones se unan en una causa común para lograr las aspiraciones universales de la humanidad: paz y seguridad, libertad y el gobierno de la ley. ¡Un mundo así es digno de nuestro esfuerzo y digno del futuro de nuestros hijos!».[4]

Dos meses después de ese discurso, el Presidente Bush se dirigió al Congreso de nuevo, esta vez para conmemorar una exitosa conclusión de la Guerra del Golfo. Y de nuevo habló de un nuevo orden mundial: «Hasta ahora, el mundo que hemos conocido ha sido un mundo dividido, un mundo de alambres y bloques de cemento, de conflicto y de guerra fría. Ahora podemos ver que un nuevo mundo está a la vista. Un mundo en el que hay una perspectiva real de un nuevo orden mundial.... Un mundo en el cual la libertad y el respeto por los derechos humanos encuentren un hogar entre todas las naciones».[5]

A lo largo de su presidencia, George Herbert Walker Bush fue un ruidoso defensor del nuevo orden mundial. Ahora, avancemos al pasado más reciente. En noviembre de 2008 Henry Kissinger, ganador del premio Nobel de la Paz, anterior secretario de estado y asistente del presidente para la seguridad nacional, escribió lo siguiente: «Ahora que los pies de barro del sistema económico han quedado expuestos..., esto requiere un nuevo diálogo entre América y el resto del mundo.... Si se realiza progreso en estas empresas, 2009 marcará el comienzo de un nuevo orden mundial».[6]

Sólo unos días antes de la investidura del Presidente Barack Obama, Kissinger dijo lo siguiente en una entrevista en televisión:

El presidente electo va a tomar posesión del cargo en un momento en que hay agitación en muchas partes del mundo simultáneamente. Tenemos India, Pakistán; tenemos...el movimiento jihadista. Por tanto, él no puede decir realmente que hay un problema, que es el más importante. Pero él puede dar un nuevo impulso a la política exterior de América en parte porque en todo el mundo le han recibido de manera extraordinaria. Yo creo que su tarea será desarrollar una estrategia general para América en este periodo en que, realmente, puede crearse un nuevo orden mundial. Es una gran oportunidad. No es sólo una crisis.[7]

Una semana después de esa entrevista, Kissinger escribió un editorial para el *New York Times* en el cual advertía que «la alternativa a un nuevo orden internacional es el caos». De nuevo señaló a Barack Obama como el jugador clave: «El extraordinario impacto del presidente electo en la imaginación de la humanidad es un elemento importante para dar forma a un nuevo orden mundial».[8]

En la mente de Kissinger, Barack Obama es la mayor esperanza de la humanidad para lograr el nuevo orden mundial. Y el Presidente Obama parece decidido a cumplir la esperanza de Kissinger. Cuando fue a Europa en abril de 2009, especialmente en la Cumbre del G20 en Londres, el Sr. Obama pareció desvivirse para pintar un nuevo cuatro del papel de América en la comunidad internacional. A veces parecía a los medios de comunicación globales como si él se estuviera presentando a presidente del mundo.[9]

Al anunciar la elección de Obama, el periódico árabe en Túnez decía: «Hoy, América elige al "Presidente del Mundo"», y el *Jordan Times* lo llamó «el líder americano que necesitamos».[10] El experto en política exterior australiana, Michael Fullilove, tituló su artículo en febrero de 2009 del Brookings Institution: «Barack Obama: Presidente del Mundo».[11] Parece que el mundo entero tiene grandes expectativas para nuestro presidente y su visión de un nuevo orden mundial en el cual «el consenso americano termina».[12]

Gordon Brown, el entonces primer ministro del Reino Unido, expuso el propósito de un nuevo orden mundial en una visita a Delhi en enero de 2008. Él dijo: «No imagino un nuevo mundo fundado en la estrecha y convencional idea de estados aislados que persiguen sus propios intereses egoístas. En cambio, veo un mundo que aprovecha para el bien común la creciente interdependencia de naciones, culturas y pueblos que constituye una sociedad verdaderamente global».[13]

No sólo políticos y presidentes han ejercido presiones para un nuevo orden mundial; incluso el Papa Benedicto XVI, en su encíclica de julio de 2009, expresó su apoyo a un cambio de paradigma internacional: «En la fuerza del implacable crecimiento de la interdependencia global, hay una necesidad muy sentida incluso en medio de una recesión global... de una verdadera autoridad política mundial». Siguió diciendo: «Además, tal autoridad necesitaría ser universalmente reconocida y ser investida del poder efectivo para asegurar seguridad para todos».[14]

¿Qué hay en un nuevo orden mundial que unifica las mentes de científicos, presidentes, políticos y líderes religiosos? Para muchos, es sin duda el temor a una guerra global final. Otros ven la necesidad de un nuevo orden a través de los lentes del hambre, la enfermedad y otros problemas sociales que creen que podrían abordarse de modo más eficaz mediante un poder político centralizado. Más recientemente, lo que se denomina problemas «de la tierra», como la posibilidad del calentamiento global, la sobrepoblación, la sequía en todo el mundo, la contaminación tóxica y las crisis meteorológicas que amenazan la vida han sido considerados potenciales desencadenantes de un gobierno mundial. El 27 de octubre de 2009 el *Washington Times* tenía un editorial titulado: «Gobierno Mundial Verde». El editorial decía:

El alarmismo medioambiental se está explotando para ir debilitando la soberanía nacional. La última amenaza a las libertades americanas puede encontrarse en el Tratado del Clima de Copenhague, que suena inocuo, y que será discutido en la conferencia sobre el clima de las Naciones Unidas a mitad de diciembre....La autoridad gobernante que el documento prevé se parece a una mala imitación de George Orwell.[15]

Aunque no se firmó ningún pacto legalmente vinculante, el tratado de Copenhague impulsado por las Naciones Unidas, el cual habría establecido estándares universales para las reducciones de emisiones, abrió la puerta para que una agencia gubernamental global con mayor poder actúe con autoridad sin precedente sobre las naciones soberanas.

Actualmente, el movimiento hacia un nuevo orden mundial se ha intensificado a medida que personas poderosas e influyentes como George Soros están invirtiendo su dinero en lo que dicen. Soros es como un personaje en un thriller de misterio. Nacido en Hungría en 1930, y habiendo escapado del Holocausto con su familia judía, pasó a convertirse en especulador monetario americano, inversor en Bolsa y activista político. Según el último recuento, este multimillonario era una de las treinta personas más ricas de la tierra, y uno de los más poderosos y misteriosos. Una figura oscura, ejerce una enorme influencia en un segundo plano, moviendo a personas de un lado a otro como un titiritero y manipulando la economía global desde escondites altamente fortificados.

George Soros se hizo conocido para los estadounidenses en 2003 cuando declaró que eliminar al Presidente George W. Bush del cargo «es el enfoque central de mi vida».[16] Durante la primera década de este siglo, él fundó muchos movimientos políticos liberales y páginas web, donando vastas porciones de su fortuna al avance de su agenda y la derrota de políticos americanos conservadores.

Más recientemente George Soros ha estado en las noticias prediciendo que la recuperación global se está quedando sin gas, que la economía mundial experimentará una devastadora recesión el doble de profunda o una «Superburbuja»,[17] y que después del desplome de la economía global surgirá un nuevo orden mundial. Esta predicción ha lanzado a Soros a la causa final de su vida; está dedicando millones de dólares a financiar un comité de expertos poscrisis que reinvente un nuevo orden mundial a continuación del desplome económico venidero.

Un reciente informe de la organización de noticias Reuters se titulaba: «George Soros desvela un nuevo proyecto para el sistema financiero mundial». Hablando vía video con alumnos de importantes universidades en tres continentes, Soros dijo: «La cooperación internacional en reformas regulatorias es casi imposible de lograr sobre una base poco sistemática, pero puede ser alcanzable en un gran trato en el que todo el orden financiero sea reorganizado».[18] Soros también ha declarado en entrevistas y conferencias que China debería pasar al lugar de líder de un nuevo orden global, y Estados Unidos no debería resistirse al establecimiento de una divisa global.

Esté usted de acuerdo con Soros o no, no hay duda de que la atención que hombres de su influencia están prestando al futuro económico del mundo ha situado ese tema en el primer lugar de la lista de preocupaciones de casi todo el mundo. Yo no me sorprendí cuando recientemente oí que el *Wall Street Journal*, la principal publicación financiera nacional que vende más de dos millones de ejemplares por día, afirma haber sobrepasado a *USA Today* como el periódico más leído en el país.[19]

En estos tiempos financieros inciertos, la nueva economía tiene nuestra atención, y casi todos están interviniendo en ello: cómo nos está afectando y cómo hemos de sobrevivir. Antes de continuar, permítame ser sincero con usted: yo no tengo ninguna información secreta interna, al menos sobre el resultado inmediato de la actual crisis financiera global. Pero lo que sí ofrezco, en cada capítulo de este libro, es información sobre el futuro económico del mundo desde la fuente más confiable disponible: la Palabra de Dios.

La antigua aparición de un nuevo orden mundial

A pesar de todo lo que se dice sobre el nuevo orden mundial, es importante observar que no es ni nuevo ni ordenado; está construido sobre una base de caos y confusión tan vieja como la Historia misma. De hecho, un nuevo orden mundial aparece por primera vez en Génesis, el primer libro de la Biblia. La civilización que surgió en el mundo después del Diluvio de Noé poseía una unidad de idioma y una tendencia nómada natural que hicieron que grupos de personas viajasen de un lugar a otro. Al fin, encontraron una llanura en la tierra de Sinar, y se establecieron allí (véase Génesis 11:2).

Sinar, que estaba en la región conocida actualmente como Iraq, era el lugar histórico de la infame Babilonia. La Biblia indica que el poderoso líder Nimrod decidió reunir a todos los pueblos para formar una poderosa sociedad en este rico terreno de cultivo. Decidieron declarar y asegurar su unificado poder construyendo una masiva torre «cuya cúspide llegue al cielo» (Génesis 11:4). Se erigiría como un orgulloso símbolo proclamando el poder y la autosuficiencia de la humanidad y atraería a la gente a su nuevo orden mundial.

Craig Parshall imagina la revolución política que Nimrod y sus consejeros podrían haber utilizado para lanzar esa nueva empresa: «¿Por qué arriesgarse a las guerras tribales entre grupos diferentes? Con un solo reino unificado, ¡podemos lograr la paz universal! ¿Por qué crear puntos de vista religiosos divergentes? Con un reino unificado, ¡erradicaremos la posibilidad de disputas religiosas! Con un único idioma, podemos crear una economía global y prosperidad para todos».[20]

Todo eso suena tan razonable que uno podría preguntarse qué problema había con su plan. La respuesta es que era un acto de rebelión contra Dios. La centralización de la humanidad violaba el propósito de Dios con respecto a las naciones. Como nos dice el apóstol Pablo: «Y de una sangre ha hecho todo el linaje de los hombres, para que habiten sobre toda la faz de la tierra; y les ha prefijado el orden de los tiempos, y los límites de su habitación» (Hechos 17:26).

La intención de Dios para las naciones era que los pueblos se dispersaran por la tierra, y no que se congregaran en un lugar. En el principio, Él le había dicho a la humanidad: «Fructificad y multiplicaos, y llenad la tierra» (Génesis 9:1; véase Génesis 1:28). Él quería que toda la tierra se poblase con quienes llevaban su imagen (véase Génesis 1:26-27). Este mandamiento era una sombra de la Gran Comisión en la que Jesús mandó a sus discípulos que repoblasen la tierra con una «nueva» raza de personas espirituales, nacidas de nuevo «a la imagen de su hijo» (Romanos 8:29; véase también Mateo 28:16-20).

Como explicó Pablo, Dios esparció a los hombres y estableció «los límites de su habitación» para que ellos buscasen a Dios. La humanidad, estableciéndose en comunidades más pequeñas por todo el mundo, no sería tentada hacia la prepotencia y el sentimiento de poder que la centralización masiva fomentaría.

La centralización los tentaría a confiar en su propia sabiduría y esfuerzo colectivo en lugar de confiar en el Señor.

El nuevo orden mundial de Nimrod era un acto de rebelión contra Dios porque estaba motivado por el orgullo. La presunción de autosuficiencia sacó a Dios de los corazones de las personas y le destronó como el Rey legítimo de sus vidas, sustituyéndole por el yo. En Génesis 11:4 descubrimos que los dos ídolos de los corazones de los constructores de las torres eran seguridad e importancia: la seguridad de controlar sus circunstancias y la importancia de crear una ciudad y una torre que ensalzasen su nombre.

El expositor bíblico C. H. Mackintosh señala la motivación que los condujo a ellos y que con frecuencia nos conduce a nosotros: «El corazón del ser humano siempre busca un nombre, una parte, y un centro en la tierra. No sabe nada de aspiraciones al cielo, al Dios del cielo o a la gloria del cielo. Por sí mismo, siempre encontrará sus objetos en este mundo más bajo; siempre construirá por debajo de los cielos».[21]

Es significativo que en dos versículos (Génesis 11:3-4) los constructores de la torre utilizaron la palabra *nosotros* cinco veces y ni una sola vez el nombre del Señor. Claramente, este nuevo orden mundial original estaba impulsado por el orgullo, la autosuficiencia, el temor y la rebelión. Era un resonante eco de la impía ambición de Satanás. Él dijo: «Subiré al cielo; en lo alto, junto a las estrellas de Dios, levantaré mi trono... seré semejante al Altísimo» (Isaías 14:13-14).

Al igual que Satanás, los hombres y mujeres de este nuevo orden mundial original se embriagaron de orgullo megalómano y desafiaron a Dios. Violando el decreto de Él de separación de las naciones, se reunieron, construyeron su propio mundo, y con su torre intentaron subir al cielo y convertirse en sus propios dioses.

Dios sabía que ese primer intento de los seres humanos de construir un nuevo orden mundial podría tener un éxito mucho mayor del que sus fundadores soñaban. Ni su plan ni su torre eran una amenaza para Él, no más de lo que un hormiguero de hormigas coloradas supone una amenaza para usted. Pero Él sabía que ellos podrían infectar toda la creación con su locura y, como en los tiempos antes del Diluvio, borrar el conocimiento de Dios de las mentes de los hombres; por tanto, Dios decidió cerrar el proyecto de la torre antes de que pudiera ser completado.

La Nueva Versión Internacional describe lo que sucedió después en el capítulo 11 de Génesis:

Pero el SEÑOR bajó para observar la ciudad y la torre que los hombres estaban construyendo, y se dijo: «Todos forman un solo pueblo y hablan un solo idioma; esto es sólo el comienzo de sus obras, y todo lo que se propongan lo podrán lograr. Será mejor que bajemos a confundir su idioma, para que ya no se entiendan entre ellos mismos». De esta manera el SEÑOR los dispersó desde allí por toda la tierra, y por lo tanto dejaron de construir la ciudad. Por eso a la ciudad se le llamó Babel, porque fue allí donde el SEÑOR confundió el idioma de toda la gente de la tierra, y de donde los dispersó por todo el mundo.[22]

A pesar del fracaso de Babel, el atractivo de unir naciones para obtener fuerza y seguridad ha persistido hasta el momento presente. Pero sigue siendo un error fatal y una afrenta a Dios. El teólogo de profecía David Breese ha escrito:

Creo que necesitamos entender que el internacionalismo político no es la voluntad de Dios. El nacionalismo es la voluntad de Dios. Dios ha ordenado naciones individuales y no un complejo de naciones.... Cuando los hombres intentan en su propio poder no regenerado reunir un complejo de naciones y hacer que sean un conjunto sólido sin Dios, entonces se han incorporado al complejo las semillas de su propia destrucción. Y eso es exactamente lo que sucederá al futuro orden mundial en el que los hombres están trabajando ahora.[23]

Las naciones individuales también son parte del plan a largo plazo de Dios para preservar la diversidad y la identidad cultural. Las naciones individuales seguirán existiendo durante el Milenio y después: «Y las *naciones* que hubieren sido salvas andarán a la luz de ella; y los reyes de la tierra traerán su gloria y honor a ella» (Apocalipsis 21:24, énfasis añadido).

El intento moderno de un nuevo orden mundial

Como observó tan adecuadamente C. T. Schwarze: «Las guerras normalmente tienen un fin; pero los fines de las guerras en la tierra parecen ser cada vez más insatisfactorios. Cada tratado de paz sucesivo parece ser la [justificación] para la siguiente guerra».[24] Hacia ese fin, la Liga de Naciones, establecida en 1919 después de la Primera Guerra Mundial, fue el primero de los intentos del hombre moderno de establecer la paz mundial. Fue disuelto en 1946 después de la Segunda Guerra Mundial. Pero la conmoción de las armas nucleares y la posibilidad de una aniquilación global asustaron tanto a los líderes políticos que se dieron pasos una vez más para mover al mundo hacia un gobierno global unificado.

En el mundo de la posguerra, el Congresista Lyndon B. Johnson quedó profundamente impresionado por los discursos del Dr. Robert Montgomery de la Universidad de Texas, quien advirtió que otra guerra en una era atómica significaría el fin de la humanidad. Montgomery declaró: «Tenemos que tener paz. Probablemente tenemos que tener un gobierno mundial. Un Estados Unidos del mundo». En aquella época Johnson era dueño de la KTBC, el primer canal de televisión en Texas central, y su director de noticias, Paul Bolton, informó del discurso añadiendo: «Él está predicando salvación, la de usted y la mía». Johnson hizo que el discurso de Bolton se añadiese al Registro del Congreso. Fue ese tipo de temor el que condujo al desarrollo de las Naciones Unidas en 1945 y a los primeros clamores por un planeta políticamente unificado bajo una única autoridad controladora.[25]

Las Naciones Unidas, con sede en la ciudad de Nueva York en un campus de dieciocho acres, simbolizan y también fomentan el moderno intento de crear un nuevo orden mundial. El campus de las N.U. es actualmente territorio internacional —el territorio soberano del mundo— y no la propiedad de la ciudad de Nueva York, el estado de Nueva York o Estados Unidos de América. Existe como una isla en la ciudad de Nueva York.

Alguien que visite el campus de las N.U. es confrontado por las muchas obras de arte y los regalos de naciones que hacen hincapié en el tema de la paz. Muchas de esas obras contienen alusiones bíblicas, aunque pasajes de la Biblia son con frecuencia citados incorrectamente y sin duda mal aplicados por su uso en apoyo del globalismo. Por ejemplo, un regalo de Rusia se titula «Convirtamos las espadas en arados». Dentro de la cámara del Consejo de Seguridad hay una gran vidriera, «Ventana de la Paz», creación del artista judío Marc Chagall. La ventana describe el árbol del huerto del Edén, la serpiente y la cruz de Cristo. Hay hasta un mosaico llamado «La Paloma de la Paz» donado por el Vaticano. Mi favorito es una escultura de bronce de un revólver de calibre 45 con el cañón convertido en un nudo, un regalo de Luxemburgo. Dondequiera que uno mire hay obras de arte que retratan el deseo de paz que el mundo tiene.

«Una habitación de calma», la sala de meditación de las N.U., fue diseñada y supervisada por el anterior Secretario General Dag Hammarskjöld para que sea un retiro «espiritual» dentro del recinto. Su forma en V tiene la intención de permitir que las personas «se aparten a su interior», sea cual sea su fe, credo o religión. En el centro de la habitación, un único haz de luz se proyecta sobre la encerada superficie de un bloque de mineral de hierro de 6.5 toneladas, que Hammarskjöld diseñó como un altar «al dios al cual los hombres adoran bajo muchos nombres y de muchas formas».[26] La diminuta habitación, que no contiene nada más que algunos bancos y un mural abstracto, fue imaginada como un lugar donde los visitantes pudieran «llenar el vacío con lo que encuentren en su centro de calma».[27] En realidad, la habitación es un templo para la adoración del ser humano.

Por todas sus nobles declaraciones, las Naciones Unidas han sido un ejemplo de burocracia desbocada; están repletas de fraude, debates sin sentido, mala administración internacional y conductas absurdas. Por ejemplo, en 2005 el entonces Secretario General Kofi Annan encargó a las Naciones Unidas la tarea de investigar abusos de los derechos humanos por parte de las naciones miembros. Los miembros de la Comisión de Derechos Humanos eran: Sudán, Zimbabue, China, Rusia y Arabia Saudita. Cada uno de esos países ha sido acusado de importantes violaciones de los derechos humanos. Fue un caso clásico de enviar al zorro a guardar el gallinero.[28]

En Ruanda, los cuerpos de paz de las N.U. no hicieron nada para evitar las muertes de 800.000 tutsis. En Bosnia, los cuerpos de paz de las N.U. no protegieron aproximadamente a 8.000 serbios. En Darfur, algunos de los peores abusos de los derechos humanos en épocas recientes continúan a pesar de la presencia de cuerpos de paz de las N.U.

Si miramos los conflictos en el mundo desde 1945, está claro que las N.U. no han mantenido la paz mundial. Más de 350 conflictos armados internacionales e intranacionales se han producido desde la fundación de las N.U. en 1945, y al menos cinco de ellos son conflictos importantes que continúan mientras escribo (guerras en Somalia, Afganistán, Iraq, Pakistán, Yemen/Arabia Saudita). Las Naciones Unidas han sido impotentes para prevenir esos conflictos pasados y presentes. [29]

Pero quizá el mayor fracaso de las Naciones Unidas sea su deslealtad con las naciones miembros. En 2005, el Secretario General Kofi Annan declaró públicamente una promesa de apoyo a Israel, diciendo: «Unas Naciones Unidas que no estén en primera línea de la lucha contra el antisemitismo... niegan su historia y minan su futuro. Esa obligación nos vincula al pueblo judío y al estado de Israel, el cual surgió, al igual que las Naciones Unidas mismas, de las cenizas del Holocausto».[30]

Pero las palabras de Annan eran palabras vacías; Israel continúa siendo olvidada por las Naciones Unidas. Un ejemplo al respecto: las N.U. han llevado a cabo un Día Internacional de Solidaridad con el pueblo palestino el 29 de noviembre cada año desde 1977. Pero vergonzosamente, las N.U. tomaron casi otras tres décadas para realizar finalmente su primera conmemoración del Holocausto. Sin duda alguna, el Holocausto es la peor tragedia humana en la historia del mundo, y las N.U. lo reconocen sólo a regañadientes.

Cuando tiranos como Hugo Chávez, Mahmoud Ahmadinejad y Muammar al-Gaddafi son invitados a hablar en la Asamblea General, como hicieron en septiembre de 2009, uno a duras penas puede considerar que las N.U. sean un serio foro para la paz mundial. En el famoso discurso de Ahmadinejad delante de esa exaltada asamblea un año antes, declaró: «El imperio americano en el mundo está llegando al final de su camino». Pasó a identificar a E.U. como una «potencia abusadora» que está ejerciendo «presiones políticas y económicas contra Irán» en su búsqueda de «actividades nucleares pacíficas».[31] ¡Ocultar plantas nucleares no es indicativo de propósitos pacíficos!

Yo no soy un fan de las Naciones Unidas. Son ineficaces debido a las metas e intereses tan variados de sus miembros; su consenso con frecuencia es bloqueado por intereses especiales; sus directivas a Estados sin escrúpulos son regularmente ignoradas; sus esfuerzos de pacificación son resonantes fracasos; y su comisión de derechos humanos raya en la irrelevancia. Las N.U. ya no pueden lograr la paz mundial más de lo que la Torre de Babel pudo lograr un nuevo orden mundial.

Pero aunque las N.U. fuesen eficaces en todas las anteriores áreas, yo seguiría sin ser su fan. De hecho, su eficacia haría que su presencia en el mundo fuese aún más alarmante como un amenazador portento de un gobierno mundial venidero en violación de la intención ordenada de Dios para la humanidad.

La futura llegada de un nuevo orden mundial

Como Babel, la Liga de Naciones y las Naciones Unidas demuestran, desde la antigüedad hasta la modernidad, que los intentos de la humanidad por lograr la paz mundial han fracasado. Y seguirán fracasando porque mientras el hombre caído gobierne la tierra, dijo Cristo a sus discípulos, «oiréis de guerras y rumores de guerras....Porque se levantará nación contra nación, y reino contra reino» (Mateo 24:6-7). Eso no significa, sin embargo, que debamos perder la esperanza de que la paz mundial llegue alguna vez a nuestro planeta. De hecho, la Biblia promete que llegará. La Palabra de Dios anticipa un tiempo futuro en el que Jesucristo reinará en perfecta justicia.

El Pastor Brian Orchard escribe: «Después de que los seres humanos hayan agotado todas las maneras de crear paz y de gobernarse a sí mismos apartados de Dios, después de que lo hayan intentado todo, desde la Torre de Babel hasta las Naciones Unidas, Jesucristo vendrá a esta tierra y establecerá su gobierno sobre todas las naciones y pueblos. Y, al fin, el mundo vivirá en paz».[32]

Normalmente se hace referencia a este nuevo orden mundial bíblico del futuro como el Milenio. Permítame poner el Milenio en su adecuado contexto profético. Tal como entiendo la Palabra de Dios, el siguiente evento en el calendario profético es el rapto: cuando Cristo regrese a *buscar* a sus santos. Después del rapto habrá siete años de indescriptible tribulación en la tierra; al final de ese periodo de siete años, Cristo regresará *con* sus santos para reinar y gobernar en esta tierra durante mil años.

He escrito un capítulo entero en este libro sobre el tema del Milenio, pero déjeme tan sólo estimular su apetito. Muchos pasajes en el Antiguo Testamento describen este tiempo como un periodo de paz, que se extenderá incluso al reino animal. Según el profeta Isaías, los corderos vivirán en paz con los lobos y las cabras con los leopardos. Los terneros estarán junto a los leones, y vacas y osos serán amigos. Los niños pequeños podrán jugar cerca de serpientes venenosas y no estarán en peligro (véase Isaías 11:6-8).

Este reino milenial de Jesucristo es el nuevo orden mundial que finalmente llegará y que pondrá fin a toda guerra. Isaías 2:4 dice: «Y juzgará entre las naciones, y reprenderá a muchos pueblos; y volverán sus espadas en rejas de arado, y sus lanzas en hoces; no alzará espada nación contra nación, ni se adiestrarán más para la guerra».

La Biblia nos dice que el Milenio será un periodo de justicia y prosperidad. El Salmo 72, hablando del reinado de Cristo, dice: «El juzgará a tu pueblo con justicia, y a tus afligidos con juicio» (v. 2). «Juzgará a los afligidos del pueblo, salvará a los hijos del menesteroso» (v. 4). «Florecerá en sus días justicia, y muchedumbre de paz, hasta que no haya luna» (v. 7).

Se nos dice que durante el Milenio, el rey David resucitará de la muerte (véase Ezequiel 34:23-24; Jeremías 30:9; Oseas 3:5). Él reinará junto con Jesucristo durante el Milenio. Hasta que llegue ese periodo no habrá un nuevo orden mundial con alguna oportunidad de crear paz mundial; no deberíamos poner nuestra esperanza o confianza en cualquier otro esfuerzo anterior al Milenio porque todos ellos están destinados al fracaso.

Esta futilidad bíblicamente afirmada de paz creada por el hombre es un problema que crea tensión para algunos cristianos. ¿No dice la Biblia que hemos de ser gente de paz? Romanos 12:18 nos insta a hacer todo lo que razonablemente podamos para vivir «en paz con todos los hombres». Por tanto, ¿por qué no deberían los cristianos apoyar esfuerzos globales por asegurar la paz entre las naciones?

Debemos recordar que pasajes en la Biblia que se aplican a nosotros individualmente puede que no siempre se apliquen a gobiernos. Los gobiernos están ordenados para realizar ciertas funciones que los individuos no deben realizar. Por ejemplo, cuando como individuos somos dañados de manera ilegítima, se nos prohíbe tomar la ley en nuestras manos, ejercer juicio y vengarnos (véase Romanos 12:19). El gobierno, por otro lado, tiene el encargo de hacer precisamente eso (véase Romanos 13:1-6). El mismo principio se aplica al contrario cuando se trata de buscar la paz. A nosotros como individuos se nos insta a buscar la paz en nuestras relaciones con otros individuos. Nuestro gobierno, por otro lado, tiene la obligación de proteger y defender a todos sus ciudadanos, lo cual significa mantener capacidad militar y vigilancia constante contra potenciales enemigos internacionales. En un mundo plagado de pecado y de hambre de poder, la paz entre las naciones puede lograrse sólo por medio de la fuerza defensiva.

La *Pax Romana* de Roma es un buen ejemplo de paz por medio de la fuerza. Durante unos doscientos años (27 a.C. al 180 d.C.), Roma gobernó Inglaterra, toda Europa, Asia Menor, el Oriente Medio y la costa norte de África. Durante ese periodo hubo rebeliones y batallas que se pelearon en las partes remotas del imperio, pero fue la fuerza de Roma la que aseguró su victoria y dos siglos de relativa paz.

Las consecuencias de los esfuerzos humanos inadecuados

Los cristianos deberían refrenarse de apoyar esfuerzos políticos que llamen a la unidad de los países para lograr la paz mundial; no sólo porque la consolidación de naciones se opone a la intención de Dios para la humanidad, sino también porque todos los intentos que el hombre haga por lograr la paz global son inútiles.

Al igual que todos los intentos del hombre por suplantar el plan de Dios han fracasado, también sucederá lo mismo con los intentos del hombre por alcanzar la paz produciendo un nuevo orden mundial. Exploremos cuatro potenciales resultados de tal plan hecho por el hombre.

Un nuevo orden mundial promete una paz que no puede producir

Después de todos los intentos por la paz a lo largo de los siglos, seguimos encontrando países que están constantemente en guerra en algún lugar del planeta. En su libro, *Shadow Government* [Gobierno en la sombra], el erudito de la profecía Grant Jeffrey escribe: «Desde 1945 el número de guerras ha aumentado tremendamente. A medida que docenas de nuevos países demandaron independencia y muchos imperios antiguos se desintegraron, se han luchado más de 350 guerras entre la Segunda Guerra Mundial y la época actual».[33] Jeffrey pasa a desarrollar este triste hecho y muestra hacia dónde se dirige el mundo inevitablemente con la llegada de alianzas nacionales y tecnología moderna:

El *War Atlas* [Atlas de la guerra], un estudio militar, concluyó que el mundo no ha conocido un sólo día desde la Segunda Guerra Mundial sin que algún país esté en guerra o participe en alguna forma de conflicto armado. A pesar de miles de negociaciones y tratados de paz, el siglo XX fue sin duda el siglo de la guerra. Como resultado de los obvios peligros para la seguridad nacional, la mayoría de países tienen alianzas conjuntas para protegerse. Mucho más aleccionador que la creciente frecuencia de la guerra y de actos terroristas es el hecho de que la investigación de armas modernas y los enormes presupuestos militares se han combinado para producir devastadoras armas de destrucción masiva. En la siguiente guerra importante, es prácticamente seguro que millones de personas serán destruidas.[34]

Ante tales predicciones funestas, los gobiernos nacionales en todo el mundo están llegando a entender que la paz mundial es vital pero seguirá eludiéndonos a menos que se adopten nuevas y drásticas medidas. Por eso en la actualidad oímos hablar como nunca antes sobre un nuevo orden mundial. La unidad mundial entre las naciones se considera el único elemento disuasorio para la destrucción del planeta que ahora parecemos capaces de producir.

Pero la unidad a la que ellos aspiran no puede producir la paz mundial porque el corazón del hombre sigue sin ser regenerado. La unificación bajo un poder lo bastante fuerte para imponer la paz dará como resultado una autoridad corrompida que en cambio producirá una tiranía sin precedentes.

Un nuevo orden mundial presupone una unidad que es imposible

Estamos siendo guiados a creer que la inestabilidad económica y militar que existen en el volátil mundo actual han llevado a los países hasta el punto en que deben unirse en la causa común de la supervivencia; pero cualquier acuerdo global así sería sólo unidad en la superficie. Las diferencias en culturas, religiones, metas y economía entre los países son demasiado vastas para ser fusionadas en una verdadera unidad. Sería una unidad de mera apariencia: una falsa unidad. La diferencia entre falsa unidad y verdadera unidad es la diferencia que hay entre apariencia superficial y realidad interior. Una unidad permanente y genuina debe llegar desde el interior; debe ser una unidad de espíritu y corazón entre pueblos que sirva como base para la verdadera unidad. La falsa unidad puede ser impuesta por una fuerza externa, suprimiendo las verdaderas creencias, convicciones y aspiraciones de la gente, pero carece de la capacidad para unir sus corazones. Por tanto, siempre se deshace. En 1971, la megaestrella John Lennon escribió una canción titulada «Imagine» que rápidamente logró una masiva popularidad en todo el mundo. El anterior Presidente Carter señaló en una ocasión: «En muchos países del mundo...uno oye la canción de John Lennon "Imagine" utilizada casi igual que los himnos nacionales».[35] Muchos de nosotros probablemente cantásemos la canción sin comprender lo que estábamos cantando.

La canción pedía a los oyentes que imaginasen un tiempo en que no hubiera cielo, ni infierno, ni países, nada por lo que matar o morir, ninguna religión, ni posesiones, ninguna necesidad de avaricia o hambre...un tiempo de vivir para el hoy, de vivir la vida en paz...un tiempo en que el mundo viviría como uno.[36]

Esta canción captó la atención de toda una generación y expresaba el sueño utópico de un mundo unido y en paz. Pero como todos los sueños utópicos, la canción no tiene base en la realidad. Contrariamente a lo que desea la letra, *sí hay* tal cosa como religión; *sí hay* un cielo y un infierno. *Hay* ideales por los que vale la pena morir. Las ilusiones, sin importar cuán elevadas sean, no producirán una varita mágica para hacer desaparecer a esas realidades y darnos un mundo donde las diferencias de religión, ética, ideales, economía y cultura no importen.

Además, la gente nunca logrará una verdadera unidad porque la naturaleza pecaminosa del hombre evitará que lleguemos a un consenso sobre la verdad. El profeta Jeremías lo expresó de este modo: «Engañoso es el corazón más que todas las cosas, y perverso; ¿quién lo conocerá?» (Jeremías 17:9). La humanidad puede unirse en buenas intenciones, pero mientras los corazones sigan siendo malvados, no se producirá nada bueno. Como se acredita haber dicho a C. S. Lewis: «Ninguna sagaz preparación de huevos podridos producirá una buena tortilla».

Un nuevo orden mundial allana el camino para un gobernante mundial

A finales de los años setenta, el teólogo y apologista Francis Shaeffer miró al futuro y describió el mundo en el cual vivimos actualmente:

> La Historia indica que en cierto punto de desplome econó-mico las personas dejan de estar interesadas en las libertades individuales y están listas para aceptar la regimentación. El peligro es obviamente mayor cuando los dos valores principa-les que tantas personas tienen son la paz y la afluencia perso-nales…. En esta mezcla, la amenaza de la guerra…causaría que quienes sólo tienen los valores de paz y prosperidad per-sonales estén listos para casi cualquier tipo de gobierno auto-ritario que pudiera ser capaz de eliminar la amenaza de la guerra, en particular si…fue instaurado a la vez que mante-nía en apariencia las formas externas de constitucionalidad.[37]

Ya podemos ver cumplirse lo cierto de esta predicción. Parece que los valores dominantes en la cultura actual son la paz y la pros-peridad personales. Esos valores están comenzando a verse ame-nazados por la inestable economía de nuestro país y las debilitadas capacidades defensivas. A medidas que esas amenazas aumenten, podemos estar seguros de que el resto de la predicción de Shae-ffer también se hará realidad. La gente estará dispuesta a vender su alma a un gobierno autoritario que prometerá continua paz y prosperidad.

De hecho, la Biblia nos dice en Daniel 7 y Apocalipsis 13 que tal gobierno autoritario emergerá bajo el control de un poderoso líder mundial. Las naciones abrirán sus brazos para dar la bienvenida a la promesa de paz de ese líder; pero será una falsa promesa hecha con engaño a fin de manipular a la humanidad. En realidad, ese líder carismático será el Anticristo, y su engañosa promesa de paz acunará a las naciones mientras él establece su reino de terror y destrucción. Daniel nos dice: «y sin aviso destruirá a muchos» (Daniel 8:25).

Esa falsa paz estará en sus primeras etapas cuando Jesucristo regrese a buscar a la Iglesia. Estará en pleno apogeo al comienzo del periodo de la Tribulación, cuando la gente creerá que la prosperidad y la seguridad serán permanentes. Pero «cuando digan: Paz y seguridad, entonces vendrá sobre ellos destrucción repentina, como los dolores a la mujer encinta, y no escaparán» (1 Tesalonicenses 5:3).

Hablaremos más del Anticristo más adelante en este libro, ya que un capítulo entero está dedicado a esta personalidad de los últimos tiempos. Por ahora, baste con decir que los cristianos no deberían apoyar ni poner esperanzas en un nuevo orden mundial, porque tal unidad global dará al Anticristo el marco político que necesita para infligir sus horrores a un mundo incauto.

Un nuevo orden mundial proporciona el fundamento
para una economía global

«Lo único que necesitamos es la correcta crisis importante», dijo el financiero David Rockefeller en un discurso en 1944 en las Naciones Unidas, «y las naciones aceptarán el nuevo orden mundial».[38] Muchos creen que la debacle financiera de 2008 fue esa crisis. Poco después de la debacle, el experto en marketing de Yale, Bruce Judson, advirtió:

El potencial de que una grave conmoción *económica* mine la estabilidad de un gobierno nacional duradero se ha demostrado a lo largo de la Historia: la Revolución Francesa de 1789 comenzó cuando el gobierno nacional declaró efectivamente que estaba en bancarrota; la Unión Soviética cayó en gran parte debido a que los ingresos del petróleo, los cuales soportaban el peso de la economía, disminuyeron de forma dramática, conduciendo, en parte, a una severa inflación; la hiperinflación que acompañó a la República de Weimar abrió la puerta a la victoria nazi y la disolución de la recién establecida democracia alemana. El grado hasta el cual una conmoción económica puede conducir a la inestabilidad política depende de tres cosas: el grado de sufrimiento de la gente, la confianza de la gente en el gobierno existente, y el grado hasta el cual la tragedia hubiera sido anticipada o esperada....

En los más de 200 años desde la Revolución Americana, nos hemos enfrentado a crisis existenciales tres veces: la Guerra Civil, la Gran Depresión, y ahora. Las condiciones previas están casi todas en su sitio. Afrontamos niveles históricos de desigualdad económica. Hemos sufrido una conmoción económica cuyas plenas consecuencias aún no se conocen. Finalmente, nuestra clase media vitalmente importante es peligrosamente débil. ¿Qué sucedería si se apretase un gatillo?[39]

Gran parte de todo lo que se dice actualmente sobre un nuevo orden mundial es en reconocimiento del hecho de que cuando la economía de Estados Unidos falle, arrastrará con ella a la economía mundial. Con la economía de América tambaleándose al borde del precipicio, las personas buscan a tientas un nuevo sistema que ponga fin a la concentración de riqueza y poder en un país y la difunda por el planeta a fin de que un país que se esté hundiendo ya no tenga un inadecuado peso que arrastre a los demás hacia abajo. Lo fundamental es que el nuevo orden mundial se trata de la concentración de poder en la unión de naciones. Esa concentración de poder capacitará al Anticristo para gobernar el mundo durante la última parte de la Tribulación. Este nuevo orden mundial demandará una nueva economía global, la cual será el tema del capítulo siguiente.

Retorno a Babel

Lo que estamos viendo en la actualidad es casi una repetición exacta de los eventos centrales descritos en el relato de Génesis de la Torre de Babel. Puede que nos resulte difícil a muchos de nosotros, sofisticados modernos, vernos a nosotros mismos en esta antigua historia, pero creo que la genial prosa de Max Lucado puede ayudarnos a establecer la relación. Concluyo este capítulo extractando de su libro *Fearless* [Audaz] su gráfico relato de la Torre de Babel.

Las naciones que se dispersaron después del diluvio de Noé decidieron cerrar filas: «Y dijeron: Vamos, edifiquémonos una ciudad y una torre, cuya cúspide llegue al cielo; y

61

hagámonos un nombre, por si fuéremos esparcidos sobre la faz de toda la tierra» (Génesis 11:4).

¿Detecta temor en esas palabras? El pueblo temía ser dispersado y separado; sin embargo, en lugar de volver su vista hacia Dios, miraron las cosas. Acumularon y amontonaron; recogieron y construyeron. Las noticias de sus esfuerzos llegarían hasta los cielos y mantendrían a distancia a sus enemigos. El lema de la ciudad de Babel era este: «Cuanto más acumulas, más seguro estás». Por tanto, ellos acumularon. Apilaron piedras y ladrillos, y fondos mutuos y cuentas de ahorro. Amontonaron pensiones, posesiones y propiedades. Su torre de cosas era tan alta que tenían dolor de cuello al mirarla.

«Estamos seguros», anunciaron en la ceremonia de inauguración.

«No, no lo están», dijo Dios. Y los constructores de Babel comenzaron a balbucear. La ciudad de un único idioma se convirtió en la glosolalia de las Naciones Unidas sin los intérpretes. ¿Acaso no invoca Dios una idéntica corrección en la actualidad? Organizamos acciones e inversiones, y nos ocultamos tras los fondos de cobertura. Confiamos en las rentas vitalicias y las pensiones hasta el punto de que los balances financieros determinan nuestro humor. Pero entonces llegan las recesiones y las pérdidas de tamaño Katrina, y la confusión comienza de nuevo.[40]

¡Algunas cosas nunca cambian! Dada la persistencia del hombre en repetir su sórdida historia, el futuro inmediato de nuestro mundo no pinta bien. Pero los cristianos pueden tener esperanza en el hecho de que Dios nos ha hecho advertencias proféticas capacitándonos para resistir la lucha por una solución creada por el hombre a la actual necedad económica y política. Podemos descansar seguros en que su plan incluye nuestra protección hasta que Él mismo regrese para establecer en la tierra un nuevo orden mundial de paz y prosperidad.

CAPÍTULO 3

La nueva economía global

Armagedón pareció llegar a Manhattan el 29 de septiembre de 2008, no sólo en Nueva York, sino también en Moscú, Hong Kong, Londres y Frankfurt.... Después, el martes, plagas y langostas fueron soltadas por el mundo: el mercado de la Bolsa estadounidense sufrió una gran caída; Japón se hundía en el mar; el mercado de Brasil bajó un 51 por ciento hasta lo que iba de año; los bancos centrales estaban recortando índices como si fueran pasta de papel. Aun así, el desempleo seguía aumentando. El gasto de los consumidores disminuía. Los precios de las viviendas descendían.[1]

Puede que le resulte extraño que en el párrafo anterior los escritores financieros seculares William Bonner y Addison Wiggin describan actuales desgracias económicas con imágenes bíblicas. Parece que cuando la sombra de la crisis es muy grande, la palabra *Armagedón* comienza a ocupar tiempo en el foco central. ¿Es *Armagedón* un término demasiado fuerte para lo que ha sucedido en los últimos tres años? Quizá no si su uso indica hacia dónde nos dirigimos. Cuando experimentamos una crisis mundial, deberíamos esperar tener implicaciones a largo plazo.

Las crisis son catalizadores para una organizada progresión de cambios. Y pocas dudas hay de que el mundo ha sido empujado hacia una mayor globalización por las crisis. En su libro *When a Nation Forgets God* [Cuando una nación se olvida de Dios], mi amigo Erwin Lutzer detalla el papel que desempeñó la crisis económica alemana en el ascenso al poder de Hitler:

No nos apresuremos a condenar a quienes estuvieron dispuestos a dar una oportunidad a Hitler, dado el caos económico que se extendió por toda Alemania después de la Primera Guerra Mundial. Él nunca podría haber llegado al poder si la economía alemana hubiera seguido siendo fuerte después de la Primera Guerra Mundial. Él obtuvo la victoria simplemente porque prometió reconstruir el devaluado marco alemán y poner de nuevo a trabajar al país. Con astucia explotó la crisis económica que la Alemania de posguerra estaba experimentando. Sí, fue la economía la que dio lugar al Nacional Socialismo.[2]

En un libro anterior yo describí las consecuencias financieras en Alemania después de la Primera Guerra Mundial:

El Tesoro alemán…estaba bajo en oro. El presupuesto no estaba balanceado y la inflación se perdía de vista. En 1919, el marco alemán valía veinticinco centavos. En cuatro años disminuyó en valor hasta el punto de que eran necesarios cuatro billones de marcos para igualar el poder adquisitivo de un dólar. La clase media alemana perdió todos sus ahorros y se eliminaron todas las pensiones en el país.[3]

En 1929 la depresión global golpeó a Alemania y dio a Hitler la oportunidad de mover ficha: «Cuando el mayor banco de Austria se derrumbó, forzó a los bancos en Berlín a cerrar temporalmente. Alemania no era capaz de realizar sus pagos de guerra; millones de personas estaban desempleadas, pues miles de pequeños negocios fueron destruidos. Privados de empleos y de una vida decente y asolados por el hambre, los alemanes eran capaces de hacer cualquier cosa para sobrevivir».[4]

Los actuales defensores de la economía mundial aceptan la filosofía de Georg Wilhelm Friedrich Hegel, un filósofo alemán del siglo XIX. Hegel teorizó que planeando y realmente produciendo crisis, los líderes pueden obtener un enorme poder interviniendo y prometiendo soluciones. Como veremos con mucho más detalle en el capítulo siguiente, las personas que están desesperadas darán poder a aquellos que parezcan tener las respuestas a las crisis. Como resultado, poco a poco, cada vez menos personas toman cada vez más decisiones.[5]

Las ideas de Hegel son inolvidables para aquellos que observamos los movimientos que hace nuestro propio gobierno. Utilizando crisis y otras manipulaciones, nuestros líderes han descubierto ahora maneras de dar un rodeo a las supervisiones y los balances que nuestros antepasados establecieron. Ellos sencillamente nombran zares para manejar las crisis, dando un rodeo a las soluciones participativas y respondiendo sólo ante el presidente.

Una serie de recientes crisis han conducido a un mayor control del gobierno. Los estándares sobre préstamos impuestos por el gobierno precipitaron una crisis bancaria, la cual se resolvió por créditos de rescate del gobierno y control de los bancos. Como resultado, poco a poco, cada vez menos personas están tomando más y más decisiones bancarias. Las regulaciones del gobierno y las concesiones a sindicatos produjeron una crisis en la industria del automóvil que dio como resultado que el gobierno adquiriera uno de los mayores fabricantes. Y ahora, poco a poco, cada vez menos personas están tomando más y más decisiones corporativas de la industria del automóvil. Las «soluciones» del gobierno produjeron una crisis de la asistencia médica que dio como resultado que el gobierno se hiciera cargo de ella. Y ahora, poco a poco, cada vez menos personas están tomando más y más decisiones en cuanto a asistencia médica. Poco a poco estamos siendo preparados para el venidero gobierno centralizado del definitivo orden mundial y su economía global.

El nacimiento de la economía global

Webster añadió el término *globalización* al diccionario en 1951 con la definición: «el desarrollo de una economía global cada vez más integrada y marcada especialmente por el mercado libre, el flujo de capital y la explotación de mercados laborales extranjeros más baratos».[6]

La mayoría de historiadores y economistas señalan al año 1944 como el comienzo oficial de lo que ahora denominamos economía global. Cuando la Segunda Guerra Mundial estaba terminando, 730 de los principales políticos del mundo de los cuarenta y cuatro países aliados se reunieron en el hotel Mount Washington en Bretton Woods, New Hampshire. Su propósito era estabilizar y reorganizar la economía mundial. La conferencia de Bretton Woods fue la culminación de dos años y medio de planificación para la reconstrucción monetaria en la posguerra, y dio como resultado el primer ejemplo en la Historia de un orden monetario plenamente negociado con la intención de gobernar las relaciones de divisas entre estados soberanos. Los delegados fueron desafiados a establecer reglas para el comercio global, encontrar nuevas maneras de facilitar el mercado internacional, y estabilizar los índices de cambio internacionales. Como respuesta, los delegados en Bretton Woods dieron nacimiento al Fondo Monetario Internacional (FMI), el Grupo Banco Mundial y el Acuerdo General sobre Aranceles y Comercio (GATT).

El Banco Mundial proporciona préstamos a países más pobres para programas de capital/infraestructura con la meta de reducir la pobreza. El Fondo Monetario Internacional está más sensibilizado con el control económico en el futuro; supervisa las políticas financieras globales de las naciones miembros a fin de estabilizar los índices de cambio (balanceando el flujo de dinero) entre países. También proporciona préstamos a países pobres. Tanto el Banco Mundial como el FMI tienen presencia en 186 países.

En la conferencia de Breton Woods, cada país se obligó a sí mismo a una política monetaria basada en el estándar del oro. Acordaron mantener la integridad de sus divisas dentro del marco de un valor fijo. Ese valor se estableció en más o menos el 1 por ciento del precio del oro regulado en Estados Unidos a 35 dólares la onza.

Según un experto, los delegados en Bretton Woods «querían crear…un sistema que finalmente evolucionase hacia una divisa global y un sistema monetario global. Ese fue el comienzo del lado económico del establecimiento de un nuevo orden mundial…y se ha estado desarrollando con bastante firmeza, exactamente de acuerdo a su plan».[7]

Bretton Woods estableció el dólar estadounidense como la divisa de reserva para el mundo después de la Segunda Guerra Mundial porque, en aquella época, Estados Unidos tenía la economía mayor y más estable y también el mayor número de dólares, o unidades de divisa, de ningún otro país.

Desde el fin de la Segunda Guerra Mundial, el dólar estadounidense ha seguido siendo la divisa de reserva del mundo a pesar del hecho de que Estados Unidos ya no respalda sus dólares con oro. En otras palabras, al igual que los bancos centrales antes emitían sus divisas como un indicador para el oro, bajo el acuerdo de Bretton Woods los bancos centrales extranjeros ahora toman los dólares estadounidenses como referencia para emitir sus propias divisas. La cantidad de dólares estadounidenses que posean determina el volumen y el valor de la divisa que emiten.

El término *divisa de reserva* significa la divisa que se está utilizando como valor estándar para otras divisas. Es la divisa más confiable y estable en el mundo en virtud de la estabilidad y confiabilidad del país que la emite. Esto significa que materias primas como el petróleo y el oro se valoran en términos de la divisa de reserva... el dólar estadounidense. Eso le da a Estados Unidos una ventaja en la compra de materias primas, porque tenemos muchos dólares. Naciones sin dólares estadounidenses en sus reservas tienen que pagar una tasa por cambiar su propia divisa a dólares estadounidenses. Mientras escribo, casi dos terceras partes de las reservas de divisas extranjeras están en dólares. Ese hecho ha ayudado a hacer que Estados Unidos sea el líder financiero mundial durante los últimos sesenta años.

En enero de 2010, el Congreso rebasó el techo de nuestra deuda nacional a 14.2 billones de dólares. Nuestra creciente deuda está causando ansiedad en los inversores con respecto al dólar estadounidense, y esa ansiedad está generando aprensión entre otros países. Un economista lo expresó del siguiente modo: «Mientras ellos ven ascender la deuda estadounidense, algunos de los pasajeros a bordo del expreso dólar/deuda han tirado del freno de emergencia con la esperanza de poder detener el tren y bajarse de él».[8]

En agosto de 2009, el *Wall Street Journal* informaba que estaban aumentando las dudas con respecto al dólar a medida que crecía el déficit presupuestario. El *Journal* citaba al estratega económico global, Claire Dissaux, diciendo: «Ha habido mucha decepción con el modo en que se manejó la crisis de los créditos en Estados Unidos. La pérdida de influencia del dólar es una tendencia firme y continuada».[9]

El anterior secretario del Tesoro de Estados Unidos, Roger C. Altman, después de describir el desplome financiero de 2008 como «el peor en más de 75 años», pasó a observar:

> Las tendencias están cambiando el centro de gravedad mundial y apartándolo de Estados Unidos. Gran parte...del mundo está dando la vuelta a una esquina histórica y se dirige hacia un periodo en el cual el papel del estado será mayor y el del sector privado será menor.... Esta histórica crisis plantea la pregunta de si es necesario un nuevo enfoque global para controlar las divisas y los sistemas bancarios y financieros.[10]

Un reciente boletín por correo electrónico de Robert Kiyosaki, autor del popular libro, *Rich Dad, Poor Dad* [Papá rico, papá pobre], contiene una pequeña propaganda titulada: «Por qué el dólar está muerto». En él, decía: «El dólar está perdiendo su poder como la divisa de reserva del mundo. En otras palabras, el imperio de deuda estadounidense está llegando a su fin».[11]

El siguiente es un hecho del principal economista global, Wildred J. Hahn, que puede que no usted no supiera:

Hace mucho, mucho tiempo se reconoció —de hecho, en el principio del actual régimen monetario mundial— que el dólar estadounidense estaba abocado a perder su papel de reserva central... A fin de proporcionar la columna vertebral de divisa del mundo, Estados Unidos necesitaba operar déficits (proporcionando dólares estadounidenses al resto del mundo). Pero eso puede hacerse solamente durante el tiempo antes de que las deudas internacionales cada vez mayores superasen la ayuda de Estados Unidos. Sin duda, en parte, eso es lo que ha sucedido.[12]

Larry Kudlow, un pilar de la cadena televisiva de economía CNBC, presentó su opinión en forma de carta al presidente de Estados Unidos. Decía: «Sabemos que el dólar se está desplomando... necesitamos un dólar estable... y necesitamos dejar de emitir tanta deuda desde el Congreso».[13]

Estos observadores expertos hacen que sea obvio que las naciones del mundo son bien conscientes de la creciente inestabilidad financiera de Estados Unidos. Muchos países (Rusia, China, Brasil, Taiwan, Sri Lanka) han estado quietamente añadiendo a sus depósitos de oro como estrategia defensiva contra la debilidad del dólar estadounidense, y esta tendencia es probable que continúe. China e India siguen rivalizando por el dominio en la acumulación de reservas de oro.[14] Si el valor de sus dólares estadounidenses va a caer, ellos quieren tener algo que tenga un valor innato para compensar el declive del dólar. Y ese algo es lo mismo que ha sido durante la historia de los seres humanos: el oro.

Al temer una continua caída en el valor del dólar estadounidense, muchos ciudadanos estadounidenses están comenzando a comprar oro. El precio del oro aumentó más de un 25 por ciento en 2009 debido a la demanda de inversión. Para que el oro alcance su anterior pico de inflación-ajuste de 875 dólares la onza en 1980, tendría que aumentar hasta unos 2.000 dólares la onza en dólares de 2009; y actualmente está sólo alrededor de los 1.200 dólares la onza. Por tanto, el tren de compra de oro acaba de comenzar de salir de la estación, e irá agarrando impulso a medida que el valor del dólar caiga en los próximos años.

Si los países del mundo se ponen de acuerdo en implementar una nueva divisa universal, será un modo de comunicar que Estados Unidos ya no es el único país estable y confiable del mundo. Y eso se está haciendo realidad gradualmente: las naciones BRIC (Brasil, Rusia, India y China) están en ascenso a la vez que Estados Unidos sufre. Si no podemos manejar nuestros problemas lo bastante bien para mantener el valor de nuestra divisa por encima de las demás, entonces quizá el dólar merezca perder su estatus de divisa de reserva.

Recuerde que el oro fue establecido como estándar monetario internacional en Bretton Woods, y su precio quedó fijado en 35 dólares estadounidenses por onza. Este acuerdo estabilizó las principales divisas mundiales vinculándolas a una materia tangible. Cuando el Presidente Richard Nixon eliminó sumariamente la base del oro para nuestra divisa el 15 de agosto de 1971, Estados Unidos y el resto del mundo ya no estaban vinculados al índice fijado del oro en Bretton, y comenzó el fallecimiento del dólar, cayendo hasta su actual estatus de menos del 90 por ciento de su tasación en 1971. Desde entonces, todas las divisas del mundo han sido dinero fiduciario libre, tan vacías de valor real como los falsos beneficios de Bernie Madoff.

No debería sorprendernos que en la reunión en abril de 2009 de los países del G8 en Londres, consistente en los jefes de estado de los ocho países industrializados más ricos del mundo, el presidente de Rusia Dmitry Medvedev llamase a la creación de una nueva «divisa supranacional»: una divisa que trascendería fronteras nacionales y autoridades nacionales. Esta nueva divisa sustituiría al dólar estadounidense como la divisa de reserva del mundo. En la subsiguiente reunión del grupo en julio, Medvedev mostró con orgullo una moneda muestra de «una futura divisa mundial unida». La moneda lleva grabado «Unidad en la diversidad». Los otros tres miembros de los países BRIC se unieron a Rusia en su llamado a sustituir el dólar como la divisa de reserva del mundo. El presidente francés, Nicolás Sarkozy, añadió su voz diciendo: «No podemos seguir teniendo sólo una única divisa».[15]

El hecho de que la irresponsabilidad económica de Estados Unidos esté debilitando gravemente al dólar no es ningún secreto para el resto del mundo. China y Rusia recientemente dieron pasos

«FUTURA DIVISA MUNDIAL UNIDA»
Sugerida por Rusia

concretos para implementar su demanda de sustituir el dólar por sus divisas domésticas llegando a acuerdos mutuos por un valor de varios miles de millones de dólares.[16] China quiere sustituir el dólar por su yuan como la divisa de reserva regional.[17]

Uno de los principales periódicos de Canadá, el *Globe and Mail*, publicó una historia a finales de 2009 titulada «Mayor llamada a una nueva divisa global». El artículo decía, en parte: «Los días de la divisa de un sólo país como referencia global están contados.

El dólar estadounidense sigue siendo la divisa estándar, pero la globalización demanda una nueva divisa global que proporcione representación de la creciente importancia de una diversidad de importantes economías». El artículo pasaba a citar al anterior oficial del FMI, Eswar Prasad, diciendo:

> Estados Unidos y China están atrapados en «un peligroso juego de la gallinita que fácilmente podría descontrolarse…un precipitado acto de China de salir de los instrumentos del dólar estadounidense, o incluso un anuncio de tal intención, podría actuar como un desencadenante en torno al cual se unan nerviosos sentimientos del mercado, conduciendo a un desplome en los precios de los bonos y en el valor del dólar estadounidense». Afrontando déficits…a lo largo de la próxima década, Estados Unidos necesita desesperadamente el efectivo de China para financiar sus derroches.[18]

En 1920 John Maynard Keynes, eminente economista británico y considerado por muchos como el arquitecto de nuestro actual sistema económico, citó a Lenin en uno de sus libros:

> Mediante un continuado proceso de inflación, los gobiernos pueden confiscar, en secreto y sin ser vistos, una parte

importante de la riqueza de sus ciudadanos.... No hay medio más sutil y más seguro de volcar la base existente de la sociedad que el de depravar la divisa. El proceso implica a todas las fuerzas ocultas de la ley económica del lado de la destrucción, y lo hace en una manera que ni siquiera un hombre en un millón es capaz de diagnosticar.[19]

Seamos sinceros: lo que Keynes nos advirtió está sucediendo aquí y ahora. La divisa de nuestro país está «depravada», y cada vez más de nuestra riqueza está terminando en manos del gobierno. Parece que la economía de Estados Unidos puede estar en agonía y, como resultado, se cierna una economía globalizada quizá en el futuro no tan lejano.

Preparación para la economía de los últimos tiempos

Al echar la vista atrás a la Historia mediante los lentes de la profecía, podemos comenzar a ver desvelarse el plan futuro. Estos lentes muestran que aquello de lo que hemos estado hablando es algo más que sólo una debacle financiera mundial. Según el erudito en profecía Mark Hitchcock, el actual caos económico es «la primera ficha de dominó en caer en una cadena de eventos que está preparando la escena para la economía de los últimos tiempos».[20]

En un artículo titulado «Corriendo hacia el nuevo orden mundial», el abogado Craig Parshall explica cómo los modernos defensores de una sociedad global toman prestado el término *masa crítica* del mundo de la física, «donde significa la cantidad más pequeña de material nuclear físil requerida para comenzar una reacción nuclear en cadena imparable». Según Parshall, «en el mundo de los movimientos sociales significa...el apoyo mínimo necesario para comenzar un orden social nuevo, global e imparable».[21]

No sé si ya somos una *masa crítica*, pero la presión está aumentando y el apoyo a una economía global está creciendo. Las siguientes son algunas de las significativas tendencias globales que nos están acercando más a esa realidad.

Instituciones globales influyentes

Es significativo que dos instituciones financieras globales ya existen y podrían proporcionar un marco para un futuro sistema económico global: el Banco Mundial y el Fondo Monetario Internacional. Como observamos anteriormente, estas instituciones fueron creadas en 1944 en la Conferencia de Bretton Woods. Aunque no son bancos en el sentido tradicional, su presencia global y su existente infraestructura conforman la idea de un sistema económico globalmente controlado que es más fácil de imaginar. Ya que los términos *Banco Mundial* y *Fondo Monetario Internacional* han existido durante toda nuestra vida, nos hemos acostumbrado a ellos. Debido a esta familiaridad, la población en general no es probable que sea muy conmocionada o resistente a la idea de la economía global.

Tanto el Banco Mundial como el FMI tienen sus oficinas centrales en Washington, D.C., y tienen tanto críticos como partidarios. No es mi intención aquí dar a entender juicios sobre ellos, sino demostrar que no se requerirá la introducción de una nueva idea en los últimos tiempos para que exista un verdadero banco global, un banco con un control real de la economía mundial.

Una Junta reguladora global

Otra tendencia que nos está moviendo hacia una economía global es el empuje hacia organizaciones reguladoras internacionales. En abril de 2009, un grupo de veinte gobernadores de bancos centrales y ministros de economía de las mayores economías del mundo realizaron una Cumbre para establecer el marco para un nuevo orden mundial. El catalizador para esta Cumbre del G20 fue el impacto mundial de la crisis bancaria y la recesión global. Los países del G20 son: Estados Unidos, Argentina, Australia, Brasil, Inglaterra, Canadá, China, Francia, Alemania, India, Indonesia, Italia, Japón, México, Rusia, Arabia Saudita, Sudáfrica, Corea del Sur, Turquía, y un representante de los veintisiete miembros de la Unión Europea (UE).

Según el *New York Times*, esos diecinueve países más la UE «representan cerca del 90 por ciento del producto interior bruto mundial, el 80 por ciento del comercio mundial (incluyendo el comercio dentro de la Unión Europea) y dos terceras partes de la población global».[22] La importancia de esta reunión de líderes nacionales no la pasó por alto el entonces primer ministro británico Gordon Brown. Un mes antes de la Cumbre, él dijo: «Los historiadores mirarán atrás y dirán que este no fue un momento extraordinario sino un momento decisivo: un periodo sin precedente de cambio global, y un momento en que terminó un capítulo y comenzó otro».[23]

El resultado de la Cumbre del G20 parece haber pasado por debajo del radar para la mayoría de estadounidenses. Se adoptó un plan global que llamó a regulaciones unificadas y ordenanzas que serán gobernadas por la Junta de Estabilidad Financiera (FSB). Esta junta incluye a representantes de todos los países del G20, España y la Comisión Europea, y «constará de principales representantes de autoridades financieras nacionales... instituciones financieras internacionales, organismos que establecen estándares, y comités de expertos de bancos centrales».[24]

La Junta de Gobernadores del Sistema de Reserva Federal, la Comisión de Seguridades y Cambio (SEC) de Estados Unidos, y el Departamento del Tesoro de Estados Unidos son enumerados como instituciones miembros que representan a Estados Unidos.

Un nuevo gobierno económico global pensado para supervisar potenciales riesgos para la estabilidad de la economía global se está desarrollando delante de nuestros propios ojos. Tengan o no la intención de mantener su compromiso, todos los miembros del G20 han acordado situar sus importantes instituciones, instrumentos y mercados financieros bajo la autoridad de una única agencia reguladora: la Junta de Estabilidad Financiera.

El Banco Mundial, el FMI y ahora el FSB son organizaciones a la espera. El líder del gobierno mundial de la Tribulación necesitará tales organizaciones a fin de controlar las vidas económicas de países de sus ciudadanos. Como aprenderemos en el capítulo 6, en la mitad del periodo de la Tribulación el Falso Profeta demandará que todo ciudadano del mundo lleve una marca especial en su frente o su mano (véase Apocalipsis 13:16; 14:9). Sin esa marca, una persona no podrá comprar o vender ni hacer negocios. El Banco Mundial, el FMI y el FSB pueden muy bien estar en el centro de este régimen global, ayudando a sus líderes demoníacos a llevar a cabo su plan.

La creciente influencia de Europa

Otro factor que nos está llevando hacia una economía global es un cambio de poder de vuelta a los países europeos. Hace dos mil quinientos años, Dios dio a su siervo Daniel una de las profecías bíblicas más completas jamás reveladas al hombre. El mensaje de esa profecía fue comunicado a Daniel mediante un sueño dado al rey Nabucodonosor de Babilonia. Daniel interpretó el sueño, el cual bosquejaba una historia compuesta de los cuatro grandes imperios que gobernarían el mundo desde la época de Babilonia hasta el final de los tiempos.

Gran parte de lo que Dios reveló a Daniel ya ha sucedido; pero no todo. Tres de los reinos profetizados han llegado y han pasado, y el cuarto reino, el imperio romano, también ha hecho su aparición en la Historia. Ese reino, sin embargo, en realidad nunca ha sido destruido, tal como Daniel predijo que sería. En cambio, gradualmente se debilitó y cedió su lugar de prominencia.

Actualmente estamos viendo un resurgimiento del imperio romano, o una forma reconstituida de él. Esto parece estar en consonancia con la profecía de Daniel, quien dijo que ha de producirse un poderoso resurgimiento del imperio romano en los últimos tiempos. Él predice que este imperio estará formado por diez reinos o líderes, y afirma claramente que, en su forma final, estará en la tierra cuando Dios establezca su reinado terrenal: «Y en los días de estos reyes [los gobernadores de los diez segmentos del imperio romano] el Dios del cielo levantará un reino que no será jamás destruido, ni será el reino dejado a otro pueblo; desmenuzará y consumirá a todos estos reinos, pero él permanecerá para siempre» (Daniel 2:44).

Gradualmente pero con firmeza, las naciones de Europa se han reunido, creando una réplica moderna del antiguo imperio romano. Europa está más integrada en la actualidad que en ninguna otra época desde los tiempos de la antigua Roma. Estados Unidos de Europa es ahora considerada por muchos como la segunda fuerza política y económica más poderosa en nuestro mundo.[25]

Como observé en un libro anterior: «Actualmente, el gobierno de la UE está organizado en tres organismos: un Parlamento, el Consejo de la Unión Europea y la Comisión Europea. El Parlamento es considerado "la voz del pueblo" porque los ciudadanos de la UE eligen directamente a sus 785 miembros. El Parlamento aprueba leyes europeas en conjunto con el Consejo. Su presidente es elegido para un mandato de cinco años».[26]

En casi todos los frentes, la influencia de la UE está aumentando. Según un artículo en la revista *Forbes*, fueron los líderes europeos los que llamaron a una cumbre global «para establecer un nuevo orden mundial para regular el sistema bancario».[27] Según datos de las Naciones Unidas: «Actualmente, las cincuenta corporaciones financieras más grandes del mundo bien representan más de una tercera parte de los bienes bancarios del mundo. Curiosamente, como grupo son las más internacionalizadas de las corporaciones transnacionales del mundo. Treinta y seis de esas cincuenta grandes compañías tienen sus oficinas centrales en Europa».[28]

Con el declive de la economía estadounidense y el ascenso de la UE, muchos están prediciendo que el euro será la siguiente divisa de reserva. A la luz de la profecía de Daniel, esa sería una importante señal que apunte hacia la llegada de un imperio romano reconstituido como controlador de la nueva economía global.

Transferencia instantánea de dinero global

Otra tendencia financiera que indica el venidero globalismo económico es la facilidad cada vez mayor con la que los ciudadanos de un país pueden hacer compras o dirigir negocios internacionalmente. Y sólo pensemos que hasta después de que el Congreso aprobase la ley de banca interestatal en 1994 fue cuando los bancos pudieron operar cruzando fronteras estatales. Ahora pueden operar sin ninguna barrera internacional.

MasterCard continúa desarrollando una red global para la transferencia de fondos. Actualmente sus instituciones financieras clientes tienen la capacidad de ofrecer a quienes poseen MasterCard transferencias de dinero desde cualquier tarjeta MasterCard o Maestro a cualquier otra tarjeta MasterCard o Maestro del mundo.

En una nota de prensa en 2009, el ejecutivo de MasterCard Joshua Peirez dijo: «Estamos enfocados en desarrollar soluciones cómodas y seguras para las realidades económicas del día a día de los consumidores en todo el mundo. A medida que el flujo de dinero entre mercados globales y sus familias continúe creciendo, *MasterCard MoneySend* proporciona a los consumidores una valiosa, cómoda y confiable opción de transferencia de dinero».

En la misma nota, otro ejecutivo de MasterCard, Walt Macnee, dijo: «*MasterCard MoneySend* elimina barreras que impiden la transferencia de dinero en todo el mundo y proporciona a la economía global una robusta infraestructura que sostiene el crecimiento en transferencias internacionales a medida que los consumidores siguen remitiendo fondos globalmente».[29] Con tal tecnología de innovación, las fronteras nacionales importan poco o nada en las transacciones monetarias. Cuando uno necesita divisa local en Londres, París o Bonn, tan sólo inserta su tarjeta en la terminal más cercana de ATM y se realizan todos los cálculos del cambio, recibiendo los fondos correctos. Parece que nosotros, los ciudadanos normales y corrientes, ya nos estamos deslizando hacia el globalismo económico en este mismo momento.

Nuevas actitudes para un nuevo mundo

Wilfred J. Hahn tiene razón cuando escribe que «la verdadera esencia tras las tendencias financieras globales son esencialmente asuntos espirituales... y los afectos del corazón humano... que edifican este monstruoso edificio que controla el mundo de tentáculos financieros».[30]

Joseph Stiglitz, a quien mencioné en el capítulo 1 como el coautor del libro *The Three Trillion Dollar War*, es el anterior economista jefe del Banco Mundial. En un artículo en 2009 para la revista *Vanity Fair*, Stiglitz predijo que uno de los legados de la actual crisis financiera global sería «una batalla mundial por las ideas; por qué tipo de sistema económico es probable que dé el mayor beneficio a la mayoría de personas».[31] Incluido en el artículo estaba una viñeta de Edward Sorel pensada para echar un manto históricamente bíblico sobre la sociedad moderna. ¿Qué tipo de ideas es probable que se abran camino en el sistema global sugerido por Stiglitz? Al incluir la viñeta, él parece sugerir que las nuevas ideas serán precisamente las que crearon la crisis en un principio.

Sorel subtituló su viñeta «Los cuatro jinetes del Apocalipsis de Wall Street». El título y las imágenes hacen alusión a los cuatro jinetes que aparecen en el comienzo del libro de Apocalipsis: el Apocalipsis original. La viñeta retrata esqueletos que montan cuatro caballos en una feroz estampida sobre las ruinas de la Bolsa de Nueva York. Cada esqueleto está etiquetado con una de las cuatro actitudes del corazón que contribuyeron a nuestra actual situación financiera: mendacidad, estupidez, arrogancia y avaricia. Debido a que la viñeta intencionadamente evoca el sentimiento de la Biblia, una de las etiquetas resulta en cierto modo oscura para el estadounidense moderno. Es la palabra *mendacidad*, que simplemente significa «caracterizado por el engaño».[32] El dibujante muestra cómo las actitudes del corazón contribuyen a la reciente

«Los cuatro jinetes del Apocalipsis de Wall Street»
Ilustración por Edward Sorel. Usada con permiso.

crisis de Wall Street y producirán la destrucción definitiva de una economía. Desgraciadamente, esas son las actitudes del corazón que actualmente gobiernan el mundo, los países y a las personas. Para demostrar la verdad de esa frase, examinemos estas actitudes una por una.

Engaño (mendacidad)

Casi cada día leemos o escuchamos de robo de identidad, fraude postal, robo en la Internet, engaños, extorsiones y estafas. Muchos de esos timos están dirigidos a los ancianos, y las autoridades nos dicen que en momentos de incertidumbre económica esos delitos aumentan de manera exponencial. El engaño no es una nueva actitud del corazón. En tiempos de Ezequiel el profeta, nuestro Señor habló contra ello: «Precio recibieron en ti para derramar sangre; interés y usura tomaste, y a tus prójimos defraudaste con violencia; te olvidaste de mí, dice Jehová el Señor. Y he aquí que batí mis manos a causa de tu avaricia que cometiste, y a causa de la sangre que derramaste en medio de ti» (Ezequiel 22:12-13). Todos podemos identificarnos con la enojada respuesta de Dios a la deshonestidad y al engaño. Cuando oímos de personas inocentes a quienes roban o extorsionan, también nosotros queremos dar un puñetazo a la mesa.

No creo que ningún observador objetivo negase que el engaño está muy extendido en la actualidad, y no sólo entre estafadores y timadores. Se produce en empresas, como cuando un importante fabricante de vehículos oculta un fallo en el mecanismo de aceleración de sus autos para evitar una retirada masiva del mercado. El engaño abunda en nuestro gobierno y los medios cuando líderes y reporteros eliminan los elementos negativos de su explicación de planes políticos, ocultando costos y consecuencias a fin de vender programas que aumenten su poder. El engaño está generalizado entre nosotros, y será un importante factor en el derrumbe de nuestra economía global.

Estupidez

El segundo jinete de Wall Street es la estupidez. Yo podría haber preferido una palabra quizá más amable, como *necedad*, *tontería* o *irracionalidad*. Pero *estupidez* es la palabra que utilizó el artista, así que nos quedaremos con ella.

La exhortación de Pedro en su famoso sermón del día de Pentecostés nos insta: «Sed salvos de esta perversa generación» (Hechos 2:40). Podríamos parafrasearlo como: «¡Salgan de esta enferma y estúpida cultura!».[33]

Aunque Jesús nunca utilizó la palabra *estúpido*, sí utilizó la palabra *necio* en una parábola sobre un hombre rico que pensaba que sus riquezas le daban una ventaja en la vida: «y diré a mi alma: Alma, muchos bienes tienes guardados para muchos años; repósate, come, bebe, regocíjate. Pero Dios le dijo: Necio, esta noche vienen a pedirte tu alma; y lo que has provisto, ¿de quién será?» (Lucas 12:19-20).

Durante el pasado año, he leído docenas de historias sobre las cosas estúpidas que hacen las personas en su búsqueda de riquezas. Una historia implicaba a una mujer que creyó un anuncio en televisión que ofrecía derechos de reimpresión de cuarenta y cinco libros, los cuales, le aseguraban mediante testimonios falsos, tenían una gran demanda. Ella invirtió 3.000 dólares en el programa sólo para descubrir que la mayoría de los libros eran publicaciones del gobierno que estaban fácilmente disponibles.

Después de varios meses de publicidad, ella recibió sólo una respuesta.[34]

Al leer historias como esa, recuerdo las palabras que el apóstol Pablo escribió a su joven protegido Timoteo: «Porque los que quieren enriquecerse caen en tentación y trampa, y en muchas codicias necias y dañosas, que hunden a los hombres en destrucción y perdición; porque raíz de todos los males es el amor al dinero, el cual codiciando algunos, se extraviaron de la fe, y fueron traspasados de muchos dolores» (1 Timoteo 6:9-10).

Notemos, por favor, que ser rico no es el problema; el problema es el deseo desordenado de riquezas: codiciar riquezas. Y el dinero no es el problema; es el amor al dinero. Ahora que eso está claro, volvamos a leer los descriptivos términos que Pablo utiliza para describir el riesgo que corremos cuando nos volvemos obsesionados con el dinero y las riquezas. Él advierte que es probable que caigamos en tentación, que seamos hundidos en una trampa, nos ahoguemos en perdición y seamos traspasados de muchos dolores. Dado este sombrío cuadro del resultado, podemos ver por qué es... bueno... estúpido sumergirnos de cabeza en las riquezas. Sin embargo, las personas continúan haciéndolo.

Como parte de mi investigación para este proyecto, leí dos libros y docenas de artículos sobre Bernie Madoff. Escribí algunos de mis descubrimientos en el capítulo 1. La mayoría de lo que se ha escrito sobre la estafa Madoff dice que él robó 65 mil millones de dólares a sus inversores; pero, en realidad, la cantidad total de dinero invertido con Madoff parece haber sido de unos 20 mil millones. Los 65 mil millones incluyen los falsos beneficios: las ganancias fantasma de las que se informaba a los inversores cada mes, y ellos eran guiados a pensar que eran sus crecientes riquezas. Pero Madoff nunca invirtió el dinero de sus clientes en ninguno de los supuestos mercados; por tanto, las pérdidas de todas sus víctimas realmente fue la inversión de los 20 mil millones de dólares. Aquí es donde la historia se vuelve estúpida. Cuando esos inversores recibían sus impresos para la renta de Hacienda cada año, pagaban impuestos por sus supuestas ganancias: un dinero que nunca existió. Algunas de las víctimas están intentando que el gobierno les devuelva el dinero de sus impuestos, quien parece ser el único beneficiario de la estafa de Madoff. Pero al reclamar «deducciones por robo», como actualmente permite Hacienda, serán afortunados si recuperan diez centavos de cada dólar que pagaron en impuestos.

Esos inversores no sabían que estaban siendo engañados, pero sin duda debieron de haber sido lo suficientemente listos para saber que las supuestas ganancias eran imposibles. La mayoría de los inversores de Madoff eran personas económicamente sofisticadas que debían de saber que es imposible poder obtener un beneficio de un 12 a un 20 por ciento cuando en la Bolsa no había habido movimiento durante meses. En su deseo de ser ricos, en su amor al dinero, tomaron decisiones necias que les hicieron pagar impuestos de un dinero que nunca existió.

Arrogancia

El tercer jinete del dibujante de Wall Street de Sorel está etiquetado como *Arrogancia*. Una vez más, la Palabra de Dios habla de nuestra propensión a albergar esta actitud del corazón: «A los ricos de este siglo manda que no sean altivos, ni pongan la esperanza en las riquezas, las cuales son inciertas, sino en el Dios vivo, que nos da todas las cosas en abundancia para que las disfrutemos» (1 Timoteo 6:17).

Me encanta este versículo porque es muy equilibrado. La parte que a todos nos gusta es: el Dios vivo nos da todas las cosas en abundancia para que las disfrutemos. Con un pasaje como este mirándome a la cara, no voy a ponerle una trampa de culpabilidad por tener muchas cosas bonitas. Dios le bendiga. Disfrútelas. Pero no deje que esas riquezas sean su vida; no permita que sus posesiones sean aquello para lo cual vive. En particular, como señala este versículo, no permita que sus riquezas le hagan ser altivo y arrogante, como si sus riquezas le hicieran ser superior a quienes no las tienen.

El dinero puede dar a una persona cierta cantidad de poder y control sobre otros: sus empleados, sus vendedores, sus deudores, sus arrendatarios o incluso su comunidad o su iglesia. Y, como todos sabemos, el poder tiende a corromper. A la persona se le puede subir a la cabeza y llevarla a suponer un sentimiento de superioridad que conduce a un arrogante desprecio por los derechos, deseos y necesidades de otros. Esa, desde luego, es una respuesta demasiado común a la riqueza, y es la cual contra la que Pablo advierte.

Pero, como él sigue diciéndonos, hay una manera adecuada de responder a la riqueza: «Que hagan bien, que sean ricos en buenas obras, dadivosos, generosos; atesorando para sí buen fundamento para lo por venir, que echen mano de la vida eterna» (1 Timoteo 6:18-19). Nuestras riquezas nos son dadas para que Dios pueda bendecir a otros por medio de nosotros. Nosotros somos meros conductos de las bendiciones de Él. Como dice Pablo, al utilizar la riqueza de esta manera nos preparamos para lo por venir. Una nueva economía global no prevalecerá contra la persona que sea rica en buenas obras y utilice su riqueza para bendecir a otros.

Avaricia

Si le pidiesen que votara cuál de las cuatro actitudes del corazón que Sorel ilustra era más responsable de nuestra actual situación económica, ¿cuál escogería? Estoy seguro de que la mayoría de nosotros escogeríamos la avaricia como la causa subyacente de nuestras aflicciones económicas.

En su libro *The Screwtape Letters* [Cartas del Diablo a su Sobrino], C. S. Lewis escribe que los deseos malsanos y desordenados crean un «anhelo cada vez mayor de placer que nunca disminuya».[35] Esto sirve como una excelente definición de avaricia y describe la actitud del corazón que está tras la actual crisis económica. A medida que las personas se vuelven insatisfechas con sus casas, autos y otras posesiones, sus anhelos aumentan por encima de sus medios hasta que su economía personal refleja la naturaleza de la economía nacional y también contribuye a ella. Así, ellos se convierten en parte del sistema financiero que se desploma. El consejo de nuestro Señor con respecto a la avaricia es sencillo y claro: «Mirad, y guardaos de toda avaricia; porque la vida del hombre no consiste en la abundancia de los bienes que posee» (Lucas 12:15).

Es demasiado fácil encontrar ejemplos espantosos de avaricia en nuestro actual estado económico. Mientras los dueños de casas con juicios hipotecarios tienen pocas opciones y cada vez más están recurriendo a albergues para cobijarse, los bancos y las empresas que recibieron dinero de rescate del gobierno están pagando extravagantes extras a ejecutivos a niveles anteriores al rescate.[36] Kenneth Feinberg, el zar de la compensación de la administración Obama y supervisor de las siete empresas que recibieron fondos, dijo: «No parece correcto que las personas que causaron esta tragedia debieran ser tan abundantemente recompensadas».[37]

Pero esos extras deben pagarse porque muchas están ordenadas por contrato cuando los ejecutivos son empleados. Son un desafortunado costo de hacer negocios en Wall Street porque si los siete bancos que recibieron fondos de rescate no pagasen extras, precisamente los ejecutivos con el talento de conducir a las empresas a tener otra vez beneficios se habrían ido a otros empleos donde se pagasen extras. Todo lo cual demuestra que la avaricia en el más alto nivel de nuestros líderes financieros está en el núcleo de nuestros actuales problemas económicos.

La Biblia tiene mucho que decir sobre la avaricia, y no es bueno. Los siguientes son sólo dos proverbios del Antiguo Testamento: «Tales son las sendas de todo el que es dado a la codicia, la cual quita la vida de sus poseedores»; y «Alborota su casa el codicioso; mas el que aborrece el soborno vivirá» (Proverbios 1:19; 15:27).

Quizá haya leído de la sorprendente codicia de Nicolas Cage. Este popular actor ha ganado millones y los ha utilizado para agarrar castillos europeos, una flota de autos (incluyendo nueve Rolls-Royce), un museo virtual de tesoros del arte, cuatro yates, quince casas por todo el mundo, una isla en las Bahamas y un jet Gulfstream. Entre sus casas estaban dos históricos hogares franceses en Nueva Orleans, valorados en más de 4 millones de dólares. Ahora Cage está en una crisis económica. Debe al gobierno 6.6 millones de dólares, y sus casas se están vendiendo en subastas hipotecarias.

Según el *New York Post*, el anterior administrador de negocios de Cage le advirtió que necesitaría unos ingresos anuales de 30 millones de dólares sólo para mantener las cosas que había comprado. El administrador dijo: «[Cage] sabe que sus pérdidas son totalmente y únicamente el resultado de su propio gasto compulsivo y autodestructivo».[38]

En una de sus compras más extrañas, «Cage superó la puja del actor Leo DiCaprio en una subasta en 2007 ofreciendo más de un cuarto de millón de dólares por un cráneo de dinosaurio». Cage admitió: «Encuentro maneras de gastar dinero que desconciertan a todos los que me rodean». Como muestran los gastos sin freno de Cage, la avaricia puede tomar el control de cualquier vida y conducirla a la ruina económica. A propósito, su mansión en Bel Air extravagantemente decorada no recibió ni una sola puja en una reciente subasta hipotecaria.[39]

El apóstol Pablo sabía que la avaricia también podía ser una fuerza destructora en la vida del creyente. Después de bosquejar a Timoteo la naturaleza mortal de la avaricia, le dijo al joven cómo manejarla: «Mas tú, oh hombre de Dios, huye de estas cosas, y sigue la justicia, la piedad, la fe, el amor, la paciencia, la mansedumbre» (1 Timoteo 6.11). El modo de tratar la avaricia es simplemente huir de ella y llenar en cambio el corazón de atributos piadosos que sustituirán la necesidad de validar su dignidad mediante la acumulación de riqueza.

La avaricia es una de cuatro cosas de las cuales Pablo dice a los seguidores de Cristo que huyan. En otras cartas él nos dice que huyamos de la idolatría, la fornicación y el adulterio (véase 1 Corintios 10.14; 2 Timoteo 2.22; 1 Corintios 6.18). La avaricia, como esas otras tentaciones, destruye vidas de creyentes y no creyentes por igual. La avaricia es uno de los cuatro jinetes que reducirán las vidas individuales y también nuestra economía a un montón de escombros.

Como hemos visto, varias señales —desde la Historia, acontecimientos actuales y profecía bíblica— indican que un nuevo orden económico global está en el horizonte, que puede ser un indicador de los últimos tiempos. Nosotros, como ciudadanos individuales, podemos hacer poco o nada para detener o incluso ralentizar su llegada. Lo que sí podemos hacer, sin embargo, es mantener la vigilancia en nuestra oposición a las causas espirituales del declive de Norteamérica y no quedar atrapados en las generalizadas pero destructivas actitudes del corazón que lo están produciendo. Si estamos firmes contra el engaño, la estupidez, la arrogancia y la avaricia y, siguiendo la advertencia de Pablo, buscamos la justicia, la fe, el amor, la paciencia y la bondad, grandes bendiciones seguirán. No sólo mantendremos la paz en medio de la tempestad, sino que también nos erigiremos como faros para otros quienes, por nuestro ejemplo, pueden ser sacados del actual delirio económico y llevados a la paz de Cristo.

Concluiré este capítulo repitiendo una historia que mi amigo John Ortberg relata sobre él mismo en su maravilloso libro con un título aún más maravilloso: *When the Game Is Over, It All Goes Back in the Box* [Cuando termina el juego, todas las cosas vuelven a la caja]. En su libro, él habla sobre cómo viaja por todo el país ayudando a personas a tratar el materialismo. En sus propias palabras:

El materialismo es para la mayoría de nosotros el rival de Dios. Y es posible llegar a ser cada vez más libre de él. A veces, cuando estoy hablando, pruebo un pequeño ejercicio para destronar al ídolo. Pido a las personas que saquen sus carteras.... Las sostengan por un momento; la acaricien si quieren. Miren dentro para ver si hay alguien en casa.

Parece un pedazo de cuero; pero realmente es el templo del siglo XXI. La mayoría de personas en nuestra época creen que su capacidad de experimentar felicidad está directamente relacionada con el contenido de ese pequeño recipiente. Es ahí donde vive el dios Mamón. Damos a ese pequeño pedazo de cuero la capacidad de hacernos sentir seguros, exitosos y valiosos.

Es muy difícil rendir el control de este pequeño pedazo de cuero.... Por tanto, como un paso de bebé de rendición, pido a las personas que entreguen su cartera a la persona que tienen al lado. En este punto, el nivel de atención en la sala aumenta; y entonces anuncio que vamos a recoger una ofrenda. Y aliento a las personas a que den con la generosidad extravagante que siempre han querido mostrar.

En ese punto las carteras vuelven volando a sus dueños rápidamente. Entonces invito a las personas a declarar hoy como «Día de lo Suficiente». Lo que tengo ahora —mi casa, mis posesiones, mi estilo de vida— es suficiente. Buscaré otro tipo mejor de riqueza que la adquisición terminal. Marque el día en su calendario. Desde este día en adelante, su carrera con los Martínez ha terminado. *¡Los Martínez ganan!*[40]

El consejo de John Ortberg puede que no detenga la inmersión hacia la ruina económica de Estados Unidos y una subsiguiente economía global, pero sin duda le dará un punto de apoyo en su propia batalla para evitar la ruina tanto económica como espiritual. Si los cuatro jinetes de Wall Street derriban nuestra economía y disminuyen nuestra riqueza, debemos recordar que nuestras posesiones no son nuestras vidas. Nuestras vidas están invertidas en Dios, y en las manos de Él permanecen seguras e inconmovibles a pesar del caos económico que nos rodea.

En la nueva economía global no importa si una nueva divisa usurpa al dólar estadounidense o si se forma un nuevo conglomerado global que excluya al dólar. Sea lo que suceda, tenemos esta promesa: «Sean vuestras costumbres sin avaricia, contentos con lo que tenéis ahora; porque él dijo: No te desampararé, ni te dejaré» (Hebreos 13.5).

CAPÍTULO 4

De la crisis a la concentración

El anuncio a principios de mayo de 2010 de que la Unión Europea y el Fondo Monetario Internacional habían acordado un plan de rescate de 140 mil millones de dólares para Grecia fue una buena noticia para ese país acosado por la deuda. Por tanto, ¿por qué condujo esa noticia a huelgas de funcionarios, días de revueltas y las muertes de tres personas? Hubo al menos dos razones posibles. La primera fue el temor a que el rescate solamente retrasara unos meses la inevitable bancarrota de Grecia. En otras palabras, el rescate se percibió como insuficiente.

La segunda razón fue la objeción del pueblo griego a las duras medidas de austeridad impuestas por Alemania y otros países de la UE como condición para recibir el dinero del rescate. Esas medidas incluían mayores impuestos para el consumidor y significativos recortes en las pensiones y los salarios de los servidores civiles. En realidad, eso significaba que se pedía a los ciudadanos que aportasen más de 38 mil millones de dólares para salvar a su gobierno del colapso. Tras las barricadas ardientes y los edificios bombardeados con bombas incendiarias estaba «una extendida ira…que todo el país tendría que soportar la carga de décadas acumuladas de corrupción y mala gestión de la élite política».[1]

El primer ministro de Grecia, George Papandreou, le dijo a su

Parlamento: «Había sólo otra solución: que el país no pagase, llevándose a la ciudadanía con ello. Y eso no habría afectado a los ricos; habría afectado a trabajadores y pensionistas. Esa era una posibilidad real, a pesar de lo espeluznante».[2] Las clases bajas y medias en Grecia se verán desproporcionadamente afectadas por las graves medidas económicas. Ellos fueron —maestros públicos, médicos, enfermeras, obreros portuarios, empleados de aeropuertos y del gobierno— quienes tomaron las calles y cerraron el país durante días.

Grecia puede que sea el primero de muchos países que parecen dirigirse hacia una crisis parecida. Por ejemplo, con su déficit presupuestario de un 11.6 por ciento del PIB, el gobierno de Gran Bretaña «prometió más de lo que podía permitirse ofrecer» y le costó a Gordon Brown su puesto como primer ministro. Estados Unidos también afronta déficits presupuestarios de varios dígitos, y «el gobierno federal pedirá prestado todo un 40 por ciento de los 3.6 billones de dólares en su curso para pasar este año fiscal».[3]

A pesar de un gasto tan masivo —o quizá debido a él—, la economía estadounidense parece sólo empeorar. En la misma semana de las revueltas en Grecia, la Oficina de Estadísticas del Trabajo de Estados Unidos dijo que 290.000 nuevos empleos se añadieron durante el mes de abril, continuando con una tendencia ascendente durante cuarto mes consecutivo.[4] Pero esa noticia aparentemente buena resultó no ser tan buena. Muchos de esos nuevos empleos eran sólo puestos temporales. Teniendo en cuenta el gran número de personas desempleadas y desalentadas que se aventuraron al proceso de búsqueda de trabajo ese mes y que estaban compitiendo por esos nuevos empleos, el índice de desempleo en realidad aumentó del 9.7 por ciento al 9.9 por ciento. Lejos de confirmar que la recesión había terminado, los empleos recientemente creados sencillamente no fueron suficientes, y 15.3 millones de estadounidenses siguieron estando desempleados. Si alguna vez ha dependido de un salario de desempleo, sabe que apenas alcanza para pagar incluso las facturas más básicas. El *New York Times* habló de la grave situación de una mujer de Queens que estaba desempleada desde 2008, cuando su empresa redujo la plantilla en la crisis financiera. Ella pasó de ganar 65.000 dólares anuales a recibir 430 dólares al mes en beneficios de desempleo. Esos beneficios finalmente se terminaron en abril de 2010, y ella no había podido encontrar un nuevo empleo aunque lo buscó con diligencia. Sin ingresos ni seguro médico, apenas podía salir adelante. El periódico la citaba diciendo: «Preferiría estar trabajando pero no puedo encontrar nada. No es por no intentarlo. La economía está en bancarrota».[5]

Esta creciente presión financiera en las personas promedio del mundo trae a la mente la famosa primera frase de la novela de Charles Dickens: «Era el mejor de los tiempos, era el peor de los tiempos, era la era de la sabiduría, era la era de la necedad... en pocas palabras, el periodo era muy parecido al periodo actual... para bien o para mal».[6] Así comienza el libro *A Tale of Two Cities* [Historia de dos ciudades], el relato clásico del desorden político y económico de 1775 en las dos ciudades dominantes en el mundo de la época de Dickens: Londres y París.

Si escribiese esa historia en la actualidad, es probable que Dickens hubiera tenido que extender su rango geográfico para incluir a toda Europa y al país que aún estaba batallando por nacer en ese fatídico año: Estados Unidos de América. Si esas inclusiones le resultasen demasiado amplias para darle el necesario enfoque para una trama manejable, podría limitar su historia a unas cuantas ciudades representativas. Londres, Atenas y Washington D.C.

servirían muy bien: tres capitales nacionales tambaleándose al borde de la destrucción económica y con el potencial de revueltas populares y violencia callejera aún más peligrosas que el caos de la Revolución Francesa.

En cada una de las crisis políticas mencionadas anteriormente, el problema fue creado en gran parte por la creciente dependencia de que el gobierno asuma la responsabilidad del bienestar de sus ciudadanos. Esta dependencia, a su vez, conduce a un mayor control del gobierno y una concentración de poder en manos de unos cuantos. Como la rana en la tetera, los ciudadanos, enfocados en su propia comodidad, tienden a no notar el aumento de control; tampoco parece importarles mientras sus necesidades sean satisfechas y se mantenga su nivel de comodidad. Pero como veremos en este capítulo, esa aceptación casual de la dependencia del gobierno nos está conduciendo a graves resultados que se ciernen por encima del horizonte.

Causas y evidencias de la concentración de poder

Es tan cierto en la actualidad como lo fue en la Revolución Francesa: «Con su modo de vida en riesgo, las personas desesperadas a veces harán cosas desesperadas».[7] Una escasez de dinero, de empleos o de alimentos muchas veces conducirá a las personas a aceptar medidas extremas a fin de sobrevivir.

En su libro *When a Nation Forgets God* [Cuando una nación se olvida de Dios], Erwin Lutzer escribe:

Tras la caída del muro de Berlín apareció una viñeta en un periódico ruso que representaba una bifurcación en la carretera. Un camino decía *libertad*; el otro camino decía *salchicha*.

Como podríamos imaginar, el camino a la libertad tenía pocas huellas; el camino a la salchicha estaba lleno de huellas. Cuando se da a elegir, la mayoría de personas probablemente escogerán pan y salchichas por encima del mercado libre y las libertades individuales. Fue la promesa de Lenin de pan en toda cocina la que comenzó la revolución comunista. Pan con esclavitud política era mejor que libertad y morirse de hambre. El pan llena el estómago, y la libertad no.[8]

En momentos de desesperación, las personas con frecuencia pasan a aceptar un fuerte gobierno centralizado que les sostenga. Un gobierno centralizado es uno en el cual toda la autoridad de un país se otorga a una persona o un grupo muy limitado y a los cuales todos los demás gobiernos, estatales y locales, están sujetos. Los fundadores de Estados Unidos conocían personalmente las opresivas implicaciones de tal forma de gobierno. Por tanto, se propusieron que las colonias estarían bajo un sistema federado de gobierno descentralizado en el cual cada estado tuviera soberanía de gobierno bajo los límites de la Constitución. Es este tipo de gobierno el que permite una economía de mercado libre regulada por leyes justas en lugar de un restrictivo control dictatorial.

No creo que haya ninguna duda de que nuestro país ha estado experimentando por años un cambio alejado de la intención de los fundadores y dirigiéndose hacia un gobierno fuertemente centralizado. Hay varios indicadores fuertes de este cambio, los cuales consideraremos uno por uno.

El presupuesto federal

Uno de los indicadores más claros de nuestro movimiento hacia un gobierno centralizado es el modo en que el gobierno gasta nuestro dinero. Comenzando lentamente pero con una velocidad de aceleración exponencial, el gasto del gobierno ha aumentado y cambiado su enfoque de necesidades a derechos, con un correspondiente cambio de prioridades. David M. Walker hace ondear una bandera roja de advertencia con la siguiente observación:

> En el año fiscal de 2008, se podía rastrear menos del 40 por ciento del gasto de nuestro gobierno federal hasta las principales responsabilidades previstas por los fundadores. En lenguaje presupuestario, todos esos programas originales y los otros que se relacionan con las responsabilidades reservadas al gobierno federal bajo la Constitución, incluyendo defensa nacional, relaciones exteriores y el sistema judicial federal, ahora se consideran discrecionales.[9]

El Big Government es actualmente un hecho establecido en Estados Unidos, y está a punto de ser mucho más grande. En la secuela de nuestra reciente crisis económica, el costo de nuestro gobierno ha aumentado hasta llegar a ser un porcentaje aún más grande del PIB. Si la fuerza de trabajo necesaria para manejar las nuevas iniciativas impositivas y los programas de asistencia médica se acercan a lo que se ha proyectado, pronto seremos un estado plenamente socialista.

Las instituciones bancarias

Otro indicador de centralización puede encontrarse en nuestras instituciones bancarias. En 1940 había 14.399 bancos en Estados Unidos. Actualmente hay aproximadamente la mitad, y el número continúa descendiendo precipitadamente.[10]

Ya terminaron los tiempos en que un banquero realmente conocía a sus clientes y se ocupaba de determinar si se les podían dar créditos para préstamos o hipotecas. Tales tácticas de escrutinio se consideran demasiado caras en estos tiempos. El mayor riesgo y gastos del impago del préstamo se pasa al cliente en forma de servicios financieros más caros, menos préstamos personales, mayores cargos financieros por tarjetas de crédito y límites más bajos en la tarjeta de crédito.

Uno de los resultados en todo el mundo de la reciente crisis financiera ha sido la centralización, concentración y control del dinero del mundo por un número cada vez menor de bancos. La primera consecuencia de la concentración es que conduce a un mayor control del gobierno mediante la intervención y la regulación.

Tal centralización tuvo lugar el 30 de octubre de 2009, aquí, a este lado del mundo. El antes orgulloso San Diego National Bank se convirtió en una estadística de fracaso, y ahora es uno de los 140 bancos en Estados Unidos que se han desplomado y fueron intervenidos por la Corporación Federal de Seguros de Depósitos (FDIC) en 2009. Las veintiocho sucursales que operaban bajo el nombre de San Diego National Bank cerraron al final de un día y abrieron al día siguiente bajo un nuevo nombre: U.S. Bank of Minneapolis.

Sin advertencia alguna, los clientes de otras ocho instituciones bancarias, desde Arizona, Illinois, hasta Texas, afrontaron la misma sorpresa ese día. Sin ninguna acción ni aprobación por su parte, los clientes ahora tenían un nuevo banco con un nuevo nombre y un nuevo dueño. El cambio se realizó sin ningún problema. Las tarjetas ATM de su antiguo banco funcionaban sin fallo alguno en las máquinas del nuevo banco, y sus depósitos directos y retiradas automáticas sencillamente fueron transferidos al nuevo banco.[11]

Según la FDIC, en los primeros 117 días de 2010, otros setenta y dos bancos fueron añadidos a la lista de instituciones financieras fracasadas.[12] La indemnización total en 2009 de fondos del FDIC llegó a los 36 mil millones de dólares, el doble de la tasa de indemnización de 2008.[13] Esos cierres significaron la pérdida de miles de empleos en el sector financiero. A medida que continúa esta tendencia, los pequeños banqueros pueden convertirse pronto en una especie en peligro de extinción.

Aunque los pequeños bancos están llegando a la extinción, instituciones financieras grandes y consolidadas que han sido rescatadas por préstamos del gobierno se las están arreglando para lograr algunas hazañas increíbles. Bank of America, JP Morgan, Citiban, y Goldman Sachs pudieron pagar con antelación sus miles de millones de dólares en fondos de rescate. Entonces, de modo sorprendente, en el primer trimestre de 2010 ninguno de esos gigantes bancarios sufrió pérdidas: una hazaña prácticamente imposible equivalente a que cuatro diferentes pitchers de primera división hicieran un partido perfecto el mismo día. Tal como lo expresó un escritor financiero del *New York Times*: «En 2009 los bancos reportaron pérdidas sobre menos del 20 por ciento de los días comerciales; durante el alboroto de 2008, se produjeron pérdidas hasta el 40 por ciento del tiempo».[14]

¿Cómo fue posible ese giro radical tan sorprendente? ¿Se produjo algún tipo de manipulación? Algunos sospechan que fue un evento planificado y pensado para mostrar la eficacia de la intervención del gobierno, reforzando así el argumento para que haya mayor regulación. Eso nos lleva a la siguiente evidencia que muestra la tendencia hacia una mayor concentración de poder en el Big Government.

Regulación financiera

Planes para una mayor regulación enviaron al Presidente Obama al corazón de Wall Street en abril de 2010 para movilizar apoyo para una ley que pondría fin al fenómeno «demasiado grande para fracasar» aumentando la regulación gubernamental sobre el sector financiero.[15] En su discurso, Obama insistió en que la reforma de las instituciones financieras es necesaria «para asegurar que los contribuyentes nunca más vuelvan a verse en aprietos porque una firma se considere "demasiado grande para fracasar"....Un voto por la reforma es un voto para detener los rescates financiados por los contribuyentes....No sólo salvaguardará nuestro sistema contra las crisis, sino que también hará que nuestro sistema sea más fuerte y más competitivo proporcionando confianza aquí en casa y en todo el planeta».[16]

El secretario del Tesoro, Timothy Geithner también intervino en el asunto, diciendo: «La reforma financiera no es la guerra de la elección; es una guerra de necesidad».[17] Por debajo de la retórica de la necesidad y la protección pública, puede haber pocas dudas de que la regulación financiera es otra manera en la cual el *big government* tiene la intención de hacerse aún más grande.

La Bolsa de valores

Y después está el extraño caso del milagro del «desplome relámpago» de la Bolsa de valores a principios de mayo de 2010. Si es usted un observador del mercado, puede que haya experimentado simultáneamente apoplejía y angina a medida que el mercado bursátil hizo peligrosamente puenting aquel jueves. Llámese pánico a la compra, un desplome, una corrección del mercado o cualquier otro eufemismo; el índice Dow Jones sufrió su mayor pérdida dentro del día desde el desplome de 1987. El gráfico hora por hora del negocio de aquel día mostró un gradual declive hasta poco después de las 2:30 de la tarde, cuando alcanzó fondo. En sólo cinco minutos, el Dow estaba «de 400 a 800 puntos».[18] Pasó a perder cerca de mil puntos en esa apresurada caída. A las 2:40 de la tarde, el descenso se detuvo con un curioso y sorprendente repunte, como si la cuerda del puenting hubiese llegado a su punto más bajo y quien estaba sujeto a ella fuese enviado hacia arriba hasta la cumbre. A las 3:40 de la tarde, el Dow había recuperado 383.17 puntos: ¡casi una recuperación «milagrosa» en el espacio de menos de una hora![19] Al cierre a las 4:00 el viaje terminó y el Dow se niveló en una pérdida de 348 puntos ese día.[20] ¿Un milagro financiero?

Quizá no.

Sin duda, debe de haber una explicación lógica para un giro radical tan dramático. A algunos se les planteó: fueron fallos técnicos, no una liquidación; los temores de contagio del euro habían remitido por el voto de Alemania para ayudar a la recuperación de Grecia; el gasto del consumidor aumentó y, ah sí, como avance de su publicación oficial la mañana siguiente, los datos del desempleo en abril se filtraron, indicando otro mes de creación de empleo. Aún así, apenas había bastantes buenas noticias en esas explicaciones para producir un resultado tan sorprendente. Parecería más probable que pudiera haber habido una intervención por un comité en un segundo plano.

En 1988, por orden ejecutiva, el Presidente Ronald Reagan creó lo que ha venido a denominarse «el equipo de protección de desplome», o a veces «los cuatro dictadores». El grupo incluye a los presidentes de la Reserva Federal, de Hacienda, de la Comisión de Seguridades y Cambio, y la Comisión de Mercado. En orden, sus actuales miembros son: Ben Bernanke, Timothy Geithner, Mary Schapiro y Gary Gensler. Bajo la orden ejecutiva 12631, el comité opera para intervenir cuando el mercado de valores parezca dirigirse hacia el desplome. Por favor, observemos que el pueblo no elige a esos oficiales; todos ellos son elegidos por el presidente de Estados Unidos. El equipo (PPT) ha sido llamado a ejecutar un rescate en tres ocasiones desde el 11 de septiembre de 2001: enero de 2008, octubre de 2008 y más recientemente, 6 de mayo de 2010.

El experto en inversión norteamericana, Robert Kiyosaki, es claro en su opinión sobre los límites de la futura eficacia de este equipo: «Creo que el fin está cerca. Creo que los Cuatro Dictadores serán incapaces de evitar muchos más desplomes. Cuando no puedan detener el desplome, las clases pobre y media serán eliminadas».[21]

El PPT actúa solamente bajo la dirección del presidente de Estados Unidos y, suponemos, en el mejor interés del pueblo estadounidense. Sin embargo, hay muchas sospechas dirigidas hacia el PPT. Fuentes creíbles acusan de que «la Reserva Federal y el Tesoro (en liga con principales firmas de Wall Street) están manipulando el mercado de valores cada día» y el mercado de valores no es realmente un mercado libre.[22]

Por ejemplo, en enero de 2010 el analista bursátil Charles Biderman dijo: «La masiva recuperación del mercado de valores en los últimos nueve meses se debe en gran medida a la compra secreta del gobierno de futuros del índice de la Bolsa».[23] A principios de mayo, ese periodo de nueve meses de crecimiento había aumentado a catorce meses. Si es cierto que se está produciendo una manipulación del mercado, debemos recordar que tal compra de acciones por la Reserva Federal, sin importar cómo el fin pueda parecer justificar los medios, es ilegal.

El PPT sencillamente está más centralizado en poder y riqueza en manos de unos pocos. Ya que el presidente elige a esas cuatro personas, es esencialmente poder centralizado en un único hombre.

Como han demostrado los anteriores ejemplos, este proceso de una concentración cada vez mayor de poder en manos de cada vez menos personas está en camino. A continuación exploraremos un ejemplo histórico y bíblico que muestra lo que puede suceder cuando el poder está centralizado en manos de un único individuo.

La previsión de hambruna

En el primer libro de la Biblia encontramos un temprano registro de crisis y concentración. Esta dramática historia nos dice que Dios utilizó a un hombre para salvar a su país de los estragos de la hambruna.

La historia comienza con el nacimiento de un muchacho llamado José. El penúltimo de doce hermanos nacidos a Jacob, José era el primer hijo de Raquel, la esposa favorita de Jacob. Por eso es probable que José fuese el hijo favorito de Jacob.

Cuando era un muchacho, José tuvo sueños acerca de su futuro, en los cuales su padre y sus hermanos se inclinaban ante él. La combinación de los sueños y del favoritismo de su padre incitó el odio de los hermanos de José. No ayudaba el que Jacob violase el protocolo del orden de nacimiento y eligiese a José como heredero de la familia, regalándole una túnica de muchos colores para dar a entender su elección.

Cuando José tenía unos diecisiete años, Jacob le envió a una misión para comprobar cómo estaban sus hermanos, quienes estaban lejos de la propiedad familiar cuidando de sus rebaños. Cuando los hermanos vieron acercarse a José, su odio y sus celos surgieron, y decidieron matarlo. Solamente la intervención de Rubén, el mayor de los hermanos, salvó la vida de José. En lugar de matarlo, le vendieron a un grupo de mercaderes madianitas. José fue llevado a Egipto donde fue vendido a Potifar, el jefe de policía en Egipto.

José, por su integridad, llegó a ser el administrador de los asuntos de la casa de Potifar. La esposa de Potifar intentó seducir a José a cometer adulterio y, cuando él se negó, su falsa acusación de intento de violación le llevó a la prisión real.

Una vez más la integridad y diligencia de José captaron la atención de los funcionarios de la prisión, y él llegó a ser el administrador de la prisión. Conoció a dos hombres a quienes Faraón, el rey de Egipto, había encarcelado. Una noche, esos hombres tuvieron sueños que no podían entender. José interpretó sus sueños, diciéndole al primer prisionero que su sueño revelaba su inminente regreso a su anterior puesto como copero del rey. José pidió al copero que se acordase de él delante de Faraón «y me saques de esta casa» (Génesis 40.14). Tal como José había predicho, el copero fue liberado y regresó a su puesto; pero se olvidó por completo de José, y pasaron dos largos años antes de que José supiera de manera espectacular que Dios no se había olvidado de él.

Sucedió así: Faraón tuvo un sueño que no podía entender. Cuando todos los sabios de Egipto no pudieron desvelar su significado, el copero finalmente se acordó de José y le recomendó a Faraón como el posible intérprete. José fue llamado ante el Faraón de Egipto, en aquella época el monarca más poderoso del mundo conocido.

Tras darle a Dios todo el mérito de su interpretación, José explicó a Faraón el significado de su sueño. Era una profecía de que su país estaba a punto de experimentar siete años de cosechas sin precedente y de gran abundancia; pero esos siete años serían seguidos de otros siete de hambre que devastarían todo el país y las tierras circundantes.

José pasó a hacer una recomendación al rey, dándole una manera de salvar a su país de la hambruna venidera:

> Por tanto, provéase ahora Faraón de un varón prudente y sabio, y póngalo sobre la tierra de Egipto. Haga esto Faraón, y ponga gobernadores sobre el país, y quinte la tierra de Egipto en los siete años de la abundancia. Y junten toda la provisión de estos buenos años que vienen, y recojan el trigo bajo la mano de Faraón para mantenimiento de las ciudades; y guárdenlo. Y esté aquella provisión en depósito para el país, para los siete años de hambre que habrá en la tierra de Egipto; y el país no perecerá de hambre (Génesis 41.33-36).

Faraón distinguía una buena idea cuando la oía. José había declarado que Dios era la fuente de su sabiduría, y Faraón pareció reconocer el hecho, diciendo: «¿Acaso hallaremos a otro hombre como éste, en quien esté el espíritu de Dios?» (Génesis 41.38). Este rey pagano puede que no entendiera quién era Dios; sin embargo, tuvo el sentimiento de reconocer un buen liderazgo cuando lo vio, aun en un extranjero de unos treinta años de edad. Faraón dio el valiente paso de asignar a José la tarea de implementar su plan, dándole autoridad final sobre todo en Egipto a excepción de su trono y de las tierras de los sacerdotes paganos.

Esa debió de haber sido una experiencia embriagadora para

José. Ahora poseía el símbolo principal del poder del rey —su anillo— junto con un armario de alta costura, joyas reales, el segundo carro (equivalente del Air Force Two en el antiguo Egipto), reverencia pública de los egipcios, un nombre nuevo y una nueva esposa.

El plan de José para el gobierno centralizado

El plan de manejo de crisis de José era centralizar el gobierno en torno a Faraón. Recorrió la tierra para evaluar el potencial de producción y establecer un sistema de reunir y almacenar la abundancia en las ciudades cercanas a los campos. En algún punto, aparentemente dejó de contar la provisión de grano recogida porque era inmensurable «como arena del mar» (Génesis 41.49).

No encontramos registro de que José pagase a la gente por ese 20 por ciento de sus siete años de producción. Wilfred J. Hahn sugiere que si José hubiera estado pagando el grano del tesoro real, no habría dejado de dar cuentas de cómo se gastaba.[24]

Tras los siete años de abundancia,

comenzaron a venir los siete años del hambre, como José había dicho; y hubo hambre en todos los países, mas en toda la tierra de Egipto había pan. Cuando se sintió el hambre en toda la tierra de Egipto, el pueblo clamó a Faraón por pan. Y dijo Faraón a todos los egipcios: Id a José, y haced lo que él os dijere. Y el hambre estaba por toda la extensión del país. Entonces abrió José todo granero donde había, y vendía a los egipcios; porque había crecido el hambre en la tierra de Egipto (Génesis 41.54-56).

A pesar de este general recorte en la producción, el pueblo de Egipto tenía pan gracias a la planificación de José. Él abrió los almacenes para ellos, pero eso no fue exactamente un compasivo subsidio de paro del gobierno. José les vendía el grano y recogía su dinero. Otros países, al oír que había grano en Egipto, fueron a Egipto para comprar grano también.

En este punto se produce una interrupción entre paréntesis en el relato bíblico. Se insertan seis capítulos en la historia de José que registran detalles de su familia y de su traslado definitivo desde Canaán a Egipto (véase Génesis 42.1–47.12). Mientras José administraba un gobierno en crisis, también estaba orquestando la reconciliación de su familia.

El plan de supervivencia de José

En Génesis 47.13 el enfoque regresa a José y cómo manejó la falta de alimentos en todo el mundo. Cuando la hambruna estaba en su pico más alto, los egipcios comprendieron que no había esperanza alguna aparte de José, y estuvieron dispuestos a someterse a él a toda costa y bajo cualquier condición. Egipto estaba en bancarrota, y su supervivencia habría sido imposible sin la solución que José ofreció: centralizar todo bajo su control como viceregente de Faraón. Esta centralización adoptó varias formas.

La concentración del sustento de los egipcios

«Y recogió José todo el dinero que había en la tierra de Egipto y en la tierra de Canaán, por los alimentos que de él compraban; y metió José el dinero en casa de Faraón» (Génesis 47.14).

Los egipcios ya no podían confiar en el dinero sencillamente porque ya no tenían; habían usado cada céntimo para comprar pan. Todos los hombres, ricos y pobres, quedaron reducidos al mismo nivel. La anterior economía personal y privada de cada casa estaba ahora bajo el control del trono.

La concentración del ganado de los egipcios

«Acabado el dinero de la tierra de Egipto y de la tierra de Canaán, vino todo Egipto a José, diciendo: Danos pan; ¿por qué moriremos delante de ti, por haberse acabado el dinero? Y José dijo: Dad vuestros ganados y yo os daré por vuestros ganados, si se ha acabado el dinero. Y ellos trajeron sus ganados a José, y José les dio alimentos por caballos, y por el ganado de las ovejas, y por el ganado de las vacas, y por asnos; y les sustentó de pan por todos sus ganados aquel año» (Génesis 47.15-17).

Sin ningún dinero y la hambruna que continuaba, José aceptó los rebaños de ovejas y de ganado como pago por más grano. Los ricos habrían podido soportar más tiempo, pero finalmente todos cedieron. Como resultado, el trono una vez más salvó al pueblo y, en el proceso, obtuvo control no sólo de sus carteras sino también de sus posesiones.

La mayoría de nosotros somos gente de ciudad, y el ganado tiene poco significado para nosotros aparte de ser criaturas que podemos ver en las ferias campestres anuales. El economista Wilfred J. Hahn observa que en la economía de la época de José, el ganado era el equivalente de las actuales fábricas. Eran la fuente de productos como leche, carne y cueros, y también el medio de transporte. Al entregar sus ganados, el pueblo quedó más pobre y más dependiente del gobierno central mientras que el tesoro de Faraón prosperó con rapidez.[25]

La concentración de las tierras de los egipcios

Acabado aquel año, vinieron a él el segundo año, y le dijeron: No encubrimos a nuestro señor que el dinero ciertamente se ha acabado; también el ganado es ya de nuestro señor; nada ha quedado delante de nuestro señor sino nuestros cuerpos y nuestra tierra. ¿Por qué moriremos delante de tus ojos, así nosotros como nuestra tierra? Cómpranos a nosotros y a nuestra tierra por pan, y seremos nosotros y nuestra tierra siervos de Faraón; y danos semilla para que vivamos y no muramos, y no sea asolada la tierra. Entonces compró José toda la tierra de Egipto para Faraón; pues los egipcios vendieron cada uno sus tierras, porque se agravó el hambre sobre ellos; y la tierra vino a ser de Faraón (Génesis 47.18-20).

El pueblo acudió a José con los bolsillos y corrales vacíos. Lo único que les quedaba con lo cual negociar eran sus personas y sus tierras. Se ofrecieron a ellos mismos y sus desolados campos a cambio de grano con el cual hacer pan.

La concentración de la ubicación de los egipcios

Después, José reubicó al pueblo desde sus empobrecidas tierras a las ciudades «desde un extremo al otro del territorio de Egipto» (Génesis 47.21).

Aprendimos en Génesis 41 que durante los años de abundancia, José había almacenado la cosecha de grano de Egipto en las ciudades. «Y guardó alimento en las ciudades, poniendo en cada ciudad el alimento del campo de sus alrededores» (Génesis 41.48). Ya que los campos eran estériles e inútiles durante los años de la hambruna, José eliminó los problemas de transporte y de distribución reubicando a la gente a lugares donde estaba almacenado el alimento.

La concentración del trabajo de Egipto

«Y José dijo al pueblo: He aquí os he comprado hoy, a vosotros y a vuestra tierra, para Faraón; ved aquí semilla, y sembraréis la tierra. De los frutos daréis el quinto a Faraón, y las cuatro partes serán vuestras para sembrar las tierras, y para vuestro mantenimiento, y de los que están en vuestras casas, y para que coman vuestros niños» (Génesis 47.23-24).

A medida que terminaba la hambruna, José puso al pueblo a trabajar de nuevo plantando semilla como anticipación del regreso de la fertilidad a la tierra. Sin embargo, ahora ellos estaban trabajando por dirección del gobierno en tierras propiedad del gobierno y distribuyendo sus cosechas según las directivas del gobierno. Todo control de cada aspecto de las vidas económicas del pueblo había sido concentrado bajo el poder de Faraón.

¿Fue José un héroe o un tirano?

Puede que haya usted experimentado reacciones contradictorias a medida que leyó la historia de José. Por un lado, puede que haya reaccionado positivamente a su ingenioso plan para salvar Egipto. Por otro lado, puede que haya reaccionado negativamente a su concentración de poder y riqueza en manos del gobierno a la vez que redujo al pueblo a la condición de siervos. Para hacer nuestras reacciones aún más complejas está la manera positiva en que la Biblia presenta a José. Esteban, en su discurso ante el sumo sacerdote (que condujo a su martirio), afirma con fuerza que José fue un hombre de Dios (véase Hechos 7.9-10), y José está entre los héroes de la fe enumerados en Hebreos 11 (véase el v. 22). Sin embargo, el uso que él hizo de la crisis de hambre en Egipto para concentrar el poder del gobierno sobre los ciudadanos parece desafiar la independencia personal y la libertad que creemos que son una sana alternativa a la tiranía.

¿Cómo hemos de resolver este conflicto? Antes de apresurarnos a juzgar, debemos considerar tres factores: la época de José, las circunstancias y la intención final de Dios. Al examinar estos factores, tenemos ayuda de varias fuentes informadas.

Según el erudito hebreo Nahum Sarna, «los actos de José no pueden medirse según los estándares morales que la Biblia hebrea, especialmente de la tradición profética, ha inculcado en la civilización occidental. En cambio, deben ser juzgados en el contexto del antiguo mundo del Medio Oriente, por cuyas normas José emerge aquí como un modelo muy admirable de administrador sagaz y exitoso».[26]

En otras palabras, la época histórica en la cual vivió José era un factor. La democracia no había surgido aún en el mundo antiguo. En aquellos precarios tiempos, la gente a menudo necesitaba, quería y respetaba a un fuerte líder que pudiera protegerlos de las crisis de la hambruna, las guerras, las plagas u otros desastres recurrentes.

El Dr. Henry Morris muestra que incluso después de la toma de posesión de José, el pueblo de Egipto tenía una carga fiscal mucho menor y retenía una mayor parte de sus ingresos que sus vecinos. Al hablar del requisito de José de que los egipcios pagasen un 20 por ciento de su producción al rey, Morris escribe:

En efecto, eso significaba un impuesto anual permanente de un 20 por ciento de los ingresos brutos. No es excesivo en términos de estándares actuales, especialmente porque los agricultores no tenían que pagar renta, no tenían costos de inversión o mantenimiento; de hecho, nada a excepción de sus propios gastos personales. Faraón y la burocracia del gobierno administrada por José financiaba todas las funciones gubernamentales con ese 20 por ciento.... Vale la pena destacar que hubo pocas quejas, si es que alguna, con respecto a estas condiciones. Por el contrario, los ciudadanos estaban agradecidos a José por salvar sus vidas, reconociendo que estaban siendo tratados justamente y generosamente, y que realmente no podía haber otro plan que pudiera funcionar tan bien bajo tales circunstancias. Ellos sólo deseaban «hallar gracia», o favor, a los ojos de José, para que ese plan siguiera funcionando. De hecho, parecía funcionar tan bien que siguió estando en vigor «hasta este día», es decir, al menos hasta tiempos de Moisés.[27]

El autor de éxitos de ventas, Kent Hughes, observa que el impuesto del 20 por ciento que José impuso a los egipcios era en realidad muy bajo para su época: «Un 40 por ciento era común en Mesopotamia. Y hay ejemplos hasta de un 60 por ciento.... A medida que la hambruna empeoró, todos en Egipto fueron equitativamente alimentados. ¿Y el 20 por ciento? Nadie se quejó al respecto. José era el héroe nacional de Egipto. Todos habrían estado muertos sin él».[28]

Hughes también destaca que en el contexto cultural e histórico del antiguo Egipto había poco concepto de sistemas de beneficencia y de derechos de propiedad que hacían a la nación de Israel única en aquella época:

Debemos recordar que no había sistema de beneficencia ni concepto de propiedad. Además, aquello no era Israel sino Egipto. En el Israel posterior, los miembros de la familia ayudaban a los destituidos comprando sus tierras y empleándolos como sirvientes o esclavos (cf. Levítico 25.13-55). Y quienes estaban bajo esas condiciones recuperaban sus tierras en el año del jubileo, que se producía cada cincuenta años. Egipto no estaba tan iluminado ni era tan humano como Israel. Y los Faraones posteriores no fueron tan magnánimos como el Faraón actual. Finalmente, según los estándares de todo el pueblo de Egipto, José era aclamado por lo que hizo como su salvador terrenal: el hombre que salvó Egipto (cf. v. 25). ¡Los egipcios le adoraban![29]

Como podemos ver, la concentración gubernamental en este contexto antiguo no se percibía como la maldad que se habría considerado en una tierra más humana como Israel o un país basado en las libertades y la democracia, como el nuestro en la actualidad. El pueblo estaba agradecido por la humanidad y el cuidado que José les proporcionó.

El Dr. Henry Morris amplía esta idea, explicando cómo los actos de José debieron de haberse percibido a ojos de los egipcios:

Algunas personas han sentido que fue un plan de José no sólo para obtener riquezas sino también para esclavizar al pueblo. Sin embargo, ellos lo propusieron, y no José, y ... la alternativa —la de poner a todos en un sistema de subsidio de paro— habría destruido la moral personal y nacional, habría dejado en bancarrota al gobierno, y probablemente habría culminado en anarquía social. Los almacenes de alimento pronto habrían quedado vacíos y habría seguido el hambre para todos.

El pueblo había aprendido a confiar en José. Él siempre les había cobrado un precio justo, y aunque ellos habían utilizado ya todo su dinero y sus posesiones, seguían teniendo amor propio.[30]

Otro factor para evaluar los actos de José en Egipto es cómo hizo avanzar el plan general de Dios. Cuando vemos lo que Dios estaba haciendo en Egipto por medio de José, lo que fácilmente podría pasar desapercibido es cómo el resultado engranaba con lo que Dios también estaba haciendo por su propio pueblo: Israel. De hecho, muchos eruditos bíblicos creen que todo el relato de la hambruna se trata de Israel: cómo Dios estaba utilizando a la nación pagana de Egipto para asegurar la supervivencia y el aumento en número de su pueblo escogido. Dos versículos apoyan firmemente esta conclusión: «Así habitó Israel en la tierra de Egipto, en la tierra de Gosén; y tomaron posesión de ella, y se aumentaron, y se multiplicaron en gran manera» (Génesis 47.27). Anteriormente en este mismo capítulo se nos dice que la familia de José habitaba «en lo mejor de la tierra» (Génesis 47.11).

Esto da evidencia de que la «adquisición» de José no se hizo para proporcionar un beneficio a largo plazo para los egipcios, sino más bien para hacer avanzar el plan de Dios para Israel. José entendía eso claramente. Les dijo a sus hermanos: «Y Dios me envió delante de vosotros, para preservaros posteridad sobre la tierra, y para daros vida por medio de gran liberación...mas Dios lo encaminó a bien, para hacer lo que vemos hoy, para mantener en vida a mucho pueblo» (Génesis 45.7; 50.20).

El plan de José produjo el bien de Dios para Israel; acontecimientos subsiguientes muestran que no produjo un bien a largo plazo para los egipcios. Dios puede que utilizase el poder de concentración de José para preparar a esa nación pagana para la espectacular demostración de su poder que llegaría en el futuro. Los faraones que sucedieron al que reinaba en tiempos de José se aprovecharon del sistema de concentración del gobierno que heredaron, y lo utilizaron como medio para una cruel tiranía. Esa tiranía condujo a la total aniquilación de Egipto 430 años después mediante la famosa serie de plagas bajo la vara de Moisés.

El método de José de tratar con Egipto fue positivo en su momento y su lugar, y aunque hizo avanzar los planes a largo plazo de Dios para Egipto e Israel, José claramente no estaba proporcionando un modelo de gobierno positivo para todas las épocas y todas las circunstancias. Lejos de eso.

El resultado a largo plazo de la concentración de poder

He utilizado un espacio considerable relatando la administración de José en Egipto porque nos proporciona un gráfico cuadro de lo que podría suceder fácilmente en la actualidad, dada la presente situación económica en el mundo y en nuestro propio país.

Al igual que el resultado a largo plazo de los actos de José resultó ser desastroso para Egipto, la concentración de poder será sin duda alguna desastrosa para el pueblo de cualquier nación. Como observa Hahn: «No se puede acumular y concentrar riqueza sin que se produzca una depravación de la riqueza de otra persona».[31] Veamos algunos de los factores que nos demuestran por qué eso es cierto.

Sacrificar el mañana sobre el altar del hoy

Lo que José hizo en Egipto era parte del cuidado providencial divino de Israel. Este hecho no niega los efectos negativos a largo plazo de su política de concentración. En casi toda situación en la que se emplea la concentración para manejar una crisis, el resultado es ganancia inmediata y pérdida a largo plazo. Observemos cómo se produjo esto en los años posteriores a la muerte de José. El erudito anglicano Griffith Thomas escribe: «No debemos olvidar que esta política condujo finalmente a la aflicción de Israel bajo un nuevo Faraón. Con todo el poder en manos del rey, fue fácil para el Faraón de la época de José proteger a Israel, y para el nuevo Faraón afligir a Israel cuando José y su obra fueron olvidados».[32]

El libro de Éxodo comienza con estas aleccionadoras palabras: «Entretanto, se levantó sobre Egipto un nuevo rey que no conocía a José» (Éxodo 1.8). El capítulo pasa a describir la esclavitud a la que el pueblo de Israel estaba sujeto por parte del nuevo faraón egipcio.

Las políticas de concentración de José puede que resolvieran un problema a corto plazo, pero el final de la historia no es alentador. Esta es verdaderamente la lección de la Historia, ya sea historia romana, historia alemana o la historia de muchas otras naciones. Cuando llega la crisis, el pueblo es propenso a aceptar una solución que sacrifique el futuro sobre el altar de lo inmediato. Yo creo que eso es lo que estamos viendo suceder ahora en nuestro país. Rescates, compras de acciones, seguros y centralizaciones puede que parezcan ser los rápidos arreglos cuando la crisis nos golpea, pero ¿qué nos harán esas soluciones en el futuro? ¡Los pasos hacia un mayor control del gobierno que han caracterizado a Estados Unidos en el pasado año cambiarán nuestra nación para siempre! Y no para mejor.

Someter el bien de los muchos al control de uno

En décadas recientes hemos visto lo que sucede cuando el gobierno de una persona asume el poder definitivo sobre el pueblo. El siglo XX, uno de los siglos más sangrientos, estuvo marcado por una serie de líderes malvados como Joseph Stalin, Mao Tse-tung y Pol Pot, todos los cuales estaban comprometidos a la misma teoría económica: el comunismo. Sus regímenes comparten características con la del Anticristo venidero.

El comunismo bajo Stalin invadió otros países en un movimiento para establecer la Unión de Repúblicas Socialistas Soviéticas. Él usurpó el control sobre áreas clave de la economía, destruyendo el medio de vida de incontables números de obreros de fábricas y produciendo la hambruna causada por el hombre de 1932-33.

Una de las tácticas favoritas de Stalin era la purga: la masacre masiva de millones de personas de la propia población de la Unión Soviética. Según el autor Jay W. Richards: «En 1937 y 1938 había como promedio mil ejecuciones políticas por día».[33]

«El gran avance» de Mao era su plan de crear algo más que un nuevo orden mundial; era un plan para crear el nuevo cielo y nueva tierra de Dios, pero sin Dios. Implementar ese plan costó las vidas de más de 20 millones de chinos, y sus campos de trabajo se llevaron las vidas de otros 20 millones.

Se ha afirmado que en los cuatro últimos años de la década

de los setenta, «ningún otro régimen trabajó tan duro para crear una sociedad igualitaria» que el de Pol Pot del Khmer Rouge en Camboya. Pero tampoco ningún otro régimen tiene su historial de terror. Bajo su plan «Año Cero», él redistribuyó la riqueza de un solo golpe: abolió el dinero. Reubicó a 2.5 millones de personas de las ciudades al campo. En palabras de Jay Richards: «En cuarenta y cuatro breves meses, el régimen podó la población camboyana en unos 2 millones: más de una cuarta parte de la población total».[34] ¡Eso es proporcionalmente equivalente a la masacre de 75 millones de estadounidenses por parte de nuestro propio gobierno en tres años y medio!

El cálculo total de vidas humanas eliminadas por esos tiranos es de unos 90 millones, sólo en el último siglo.[35]

Estados Unidos no ha llegado al punto en que la concentración dé a un hombre el poder de perpetrar tales atrocidades; pero durante las tres últimas partes de un siglo se han dado pequeños pasos que han conducido a un alarmante aumento de poder gubernamental en manos de cada vez menos personas. Cuando Roosevelt propuso por primera vez la idea de la Seguridad Social en 1935, dudo que imaginase la actual situación en la que «casi el 35 por ciento de estadounidenses confían en la Seguridad Social para recibir casi el 90 por ciento o más de su salario de jubilación».[36] Este programa, pensado para ayudar a quienes tienen necesidad, es ahora un derecho caro y que ahoga el presupuesto que ha causado que millones se vuelvan dependientes del gobierno.

Cuanto más mira la gente al gobierno como el proveedor de su subsistencia en la jubilación, menos ahorra para su futuro y más vive para los placeres del presente. Un estudio publicado en marzo de 2010 por el Instituto de Investigación de Beneficios del Empleado dice que «el 43 por ciento de los estadounidenses tiene menos de diez mil dólares ahorrados para su jubilación... el 27 por ciento dijo que tenía menos de mil dólares».[37]

Esa estadística refleja el tercer año consecutivo en el cual los ahorros para jubilación no crecieron. Nosotros como país estamos apoyándonos cada vez más en el gobierno para nuestros ingresos, seguridad financiera, rescate de decisiones comerciales imprudentes y ahora para proporcionarnos cuidado médico. Con cada una de esas dependencias estamos cediendo libertades básicas y corriendo el riesgo de vendernos a nosotros mismos a faraones sin escrúpulos.

Ese fue precisamente el punto que Niccoló Machiavelli estableció en su libro *El Príncipe*. Escrito en italiano en 1513 y traducido en 1908 por W. K. Marriott, Machiavelli da consejos a líderes en potencia. Entre sus consejos está el siguiente: aprende a utilizar la conveniencia del engaño. Machiavelli escribió que, históricamente, los líderes más exitosos han sido aquellos que utilizaron poco la honestidad. Aprendieron a hablar de maneras que engañan «a quienes han confiado en sus palabras». Un líder sabio no debería ni siquiera pensar en cumplir sus promesas cuando hacerlo no iría a favor de sus propios intereses. ¿Por qué? «Si los hombres fuesen totalmente buenos este precepto no se mantendría, pero debido a que son malos, y no mantendrán la fe en ti, tampoco tú estás obligado a observarlo con ellos».

En otras palabras, ya que las personas son deshonestas, su líder bien podría ser también deshonesto. Como evidencia, él se refería al número de tratados subsiguientemente anulados por líderes que cambiaron de opinión. Observó que un líder siempre podría encontrar excusas plausibles para justificar su duplicidad.

Machiavelli pasó a advertir: «Pero es necesario saber bien cómo disfrazar esta característica, y ser un estupendo fingidor y disimulador; y los hombres son tan simples, y están tan sujetos a las necesidades presentes, que aquel que busca engañar siempre encontrará a alguien que se permitirá a sí mismo ser engañado».

Por tanto, según Machiavelli, no es necesario que un líder en realidad sea bueno; él «sólo debe dar la impresión a su gente de que es misericordioso, fiel, humano, religioso, recto» de tal manera que proporcione la fachada para actuar precisamente de modo contrario.

Puesto que los hombres juzgan generalmente más por la vista que por la mano, porque a todo el mundo pertenece el verte, y a pocos el entrar en contacto contigo. Todos ven lo que tú pareces ser, pocos realmente conocen lo que eres, y esos pocos no se atreven a oponerse a la opinión de los muchos, quienes tienen la majestad del estado para defenderlos; y en los actos de todos los hombres, y especialmente de los príncipes, que no es prudente desafiar, uno juzga por el resultado.[38]

Entonces, Machiavelli añade: tal líder será elogiado porque las personas comunes «siempre quedan sorprendidas por lo que una cosa parece ser y por lo que resulta de ella».

C. S. Lewis, quien nunca habría apoyado el modelo de liderazgo de Machiavelli, estaba de acuerdo con él con respecto a la naturaleza de los hombres: «La humanidad está tan caída que no puede confiarse en ningún hombre que tenga un poder sin supervisión sobre los demás. Aristóteles dijo que algunas personas sólo eran aptas para ser esclavos. Yo no le contradigo; pero rechazo la esclavitud porque no veo a ningún hombre que sea apto para ser amo».[39]

¿Estamos realmente en peligro de ser controlados por líderes con tanta hambre de poder en la actualidad? La evidencia lo sugiere con fuerza. Quizá haya escuchado noticias sobre un discurso de Donald Berwick, nominado del Presidente Obama a jefe de los centros para servicios de Medicare y Medicaid. Él dijo: «Cualquier plan de fondos para el cuidado de la salud que sea justo, equitativo, civilizado y humano debe, *debe* redistribuir la riqueza del más rico entre nosotros al más pobre y el menos afortunado. Un cuidado médico excelente es por definición redistributivo».[40] Como aprendemos de la historia de José en Egipto, el control del gobierno de la salud personal es uno de los principales pasos hacia la concentración de poder sobre las personas.

Además de la redistribución de riqueza, uno de los ámbitos favoritos de los líderes con aspiraciones a controlar es la limitación de la expresión religiosa. El Estado decide qué formas de expresión religiosa han de tolerarse y cuáles han de prohibirse. Un ejemplo es el reciente furor por una sencilla oración de gratitud ofrecida antes de la comida en el Centro de mayores Ed Young en Port Wentworth, Georgia. Ya que las comidas de seis dólares de los ancianos estaban financiadas con dinero federal, la empresa que dirige el centro declaró que «decir una oración común…es una violación de las regulaciones federales».[41] Tal redefinición de los derechos de la Primera Enmienda es un potente medio de extender influencia y poder del gobierno.

Un liderazgo honesto y recto es posible. José cumplió su promesa de suplir para las necesidades de los egipcios y preservar sus vidas. Contrariamente a un líder según el modelo de Machiavelli, él los había tratado de manera honesta y clara, y ellos estuvieron dispuestos a confiar en él, incluso hasta el punto de convertirse en esclavos. Pero tales líderes son extremadamente raros, y dudo de que surjan alguna vez a excepción de mediante la dependencia de Dios.

Prácticamente todos los líderes que concentran poder resultan ser tiranos, primero obteniendo poder al abordar crisis y ocultar su verdadera intención detrás de una máscara maquiavélica de engaño. Hitler fue el ejemplo perfecto de la filosofía maquiavélica de engaño para obtener control.

Hitler había disminuido los salarios; los gobiernos y las economías de estados fueron concentrados bajo el régimen totalitario....Prácticamente cada ámbito de la vida alemana estaba bajo el control del régimen nazi; sin embargo, a la mayoría de ciudadanos no parecía importarles. Alimentado de una dosis regular de propagando por parte de la prensa y entretenido con concentraciones masivas, desfiles y «regalos» del «Fuhrer», el pueblo alemán se hinchó de orgullo por la aparente reacción de su nación.[42]

Hitler y otros tiranos nos dan una escalofriante advertencia de lo que puede suceder cuando una nación en crisis pone demasiado poder en manos de un único líder. Es un peligro que nos mira directamente a la cara en la actualidad. Como explica Erwin Lutzer:

Podemos aprender de la Historia que los políticos con frecuencia utilizan una crisis económica para hacer que sus súbditos sean más dependientes del gobierno, y con esa dependencia viene un mayor control...ningún gobierno en la Historia ha tenido un estupendo registro de proporcionar mayores beneficios sin finalmente también esperar mayor control de sus ciudadanos.[43]

Una de las fábulas de Esopo habla de un pastor que se alarmó por el sonido de un enemigo que se acercaba. Instó al animal que pastaba a huir con él para evitar la captura. El animal contestó: «¿Es probable que el conquistador ponga sobre mí dos pares de alforjas?». «No», respondió el pastor. «Entonces ¿por qué debería huir yo?», respondió el burro. «Mientras lleve las alforjas, ¿qué diferencia hay para mí en a quién sirva?». La moraleja de la historia de Esopo es que con un cambio radical en el sistema de gobierno, las personas con frecuencia no cambian otra cosa que el nombre de su amo.[44]

Actualmente parece cada vez más que nuestras «necesidades presentes» están moviéndonos en la dirección de aceptar sin considerarlo un cambio de gobierno, ya sea de buena gana o sin hacer nada, suponiendo que nada cambiará radicalmente. Sin embargo, tanto la Historia como la naturaleza del poder muestran claramente lo equivocada que es esa idea. La concentración de poder político y económico preparará el escenario para lo definitivo en gobierno malvado: el reinado del Anticristo capacitado por Satanás. En los dos capítulos siguientes descubriremos qué sucederá en el futuro cuando este hombre —la personificación del mal— obtenga control sobre las naciones del mundo.

CAPÍTULO 5

El director ejecutivo de Satanás

¿Qué es exactamente un Director Ejecutivo? Según el diccionario, se refiere a la persona en una empresa cuyo papel principal es tomar decisiones y llevar la autoridad del liderazgo.[1] El director ejecutivo tiene el máximo papel administrativo en una organización, y es el responsable final del éxito y el fracaso de ella. El director ejecutivo marca la dirección para implementar la visión de la empresa y normalmente es su voz pública.

Recientemente encontré una lista de los veinte mejores y los veinte peores directores ejecutivos de todos los tiempos. Entre los mejores se incluían nombres familiares como Warren Buffett de Berkshire Hathaway, Sam Walton de Wal-Mart, y Bill Gates de Microsoft. Entre los peores directores ejecutivos estaban líderes infames como Dick Fuld de Lehman Brothers y Jimmy Cayne de Bear Stearns, ambos importantes personajes en el actual desplome del mercado. Muchos de esos directores ejecutivos se han enfrentado a problemas legales, incluyendo condena, por actividades similares a lo que el Anticristo hará durante su reinado de siete años de terror: mentiras, fraude, engaño, robo, abuso de poder, duplicidad, egoísmo, autobombo, etc.

Como estamos a punto de descubrir, el Anticristo es sin duda el director ejecutivo de la malvada empresa de Satanás. Como director ejecutivo, él lleva a cabo cada deseo de Satanás y está capacitado para hacer todo lo que Satanás le diga que haga. El Anticristo se describe en 2 Tesalonicenses como «el hombre de pecado» y «el hijo de perdición» (2.3). También es identificado con «la primera bestia» de Apocalipsis 13, como «el cuerno pequeño» de Daniel 7.8, y ofreciendo «la abominación desoladora» de Mateo 24.15.

Dios dio al profeta Daniel una revelación con respecto a la venida del Anticristo en los últimos tiempos. La revelación fue dada en forma de sueño, y fue tan importante que Dios envió al ángel Gabriel para interpretarla. Cuando Daniel finalmente entendió el significado del sueño, se nos dice que «quedé quebrantado, y estuve enfermo algunos días» (Daniel 8.27). Las aterradoras palabras de Gabriel fueron:

> Y al fin del reinado de éstos, cuando los transgresores lleguen al colmo, se levantará un rey altivo de rostro y entendido en enigmas. Y su poder se fortalecerá, mas no con fuerza propia; y causará grandes ruinas, y prosperará, y hará arbitrariamente, y destruirá a los fuertes y al pueblo de los santos. Con su sagacidad hará prosperar el engaño en su mano; y en su corazón se engrandecerá, y sin aviso destruirá a muchos; y se levantará contra el Príncipe de los príncipes, pero será quebrantado, aunque no por mano humana. La visión de las tardes y mañanas que se ha referido es verdadera; y tú guarda la visión, porque es para muchos días (Daniel 8.23-26).

El sueño de Daniel predijo la venida del Anticristo. La palabra *anticristo* se refiere, desde luego, a uno que está contra Cristo. Pero el prefijo *anti*, que sabemos que significa «contra», también puede significar «en lugar de». En la Tribulación, el Anticristo buscará ser un sustituto de Cristo. Ya que Cristo es «el Ungido», o «el Mesías», el Anticristo afirmará ser el Mesías...un pseudo-Cristo, por así decirlo. Estará en oposición a Cristo y también le imitará.

La palabra *anticristo* se encuentra sólo en cuatro versículos bíblicos, todos ellos de los escritos del apóstol Juan (1 Juan 2.18, 22; 4.3; 2 Juan 7). Cuando Juan escribe del Anticristo, parece estar dirigiéndose al espíritu contemporáneo del Anticristo más que a la persona malvada que aparecerá en los últimos tiempos. Pablo parece hablar del mismo principio cuando escribe: «Porque ya está en acción el misterio de la iniquidad» (2 Tesalonicenses 2.7). Según Juan y Pablo, el espíritu del Anticristo está en acción aun antes de que la persona del Anticristo sea revelada.

Hay más de veinticinco títulos diferentes que se dan al Anticristo, todos los cuales ayudan a pintar un cuadro del hombre más despreciable que haya caminado jamás sobre la tierra. Algunas personas piensan que es Satanás encarnado. Sabemos con seguridad que Satanás le da su poder, su trono y su autoridad.

John Phillips describe al Anticristo en los siguientes términos gráficos:

El Anticristo será una figura atractiva y carismática, un genio, una persona encantadora controlada por el demonio y enseñada por el diablo. Tendrá respuestas a los horrendos problemas de la humanidad. Será todo para todos los hombres: un hombre de estado político, un león social, un mago financiero, un gigante intelectual, un engañador religioso, un diestro orador y un dotado organizador. Será la obra de arte de engaño de Satanás, el falso mesías del mundo. Con un entusiasmo sin límite, las masas le seguirán y fácilmente le entronarán en sus corazones como salvador y dios de este mundo.[2]

La venida del Anticristo

El Anticristo hará su debut en la Historia al comienzo de la Tribulación (véase Daniel 9.24-27). Algunas de las mismas palabras utilizadas para describir su aparición en la tierra también se utilizan para describir la aparición del Señor Jesús. Según 2 Tesalonicenses 2.3, el Anticristo va a ser *manifestado*. «Manifestado» se traduce de la palabra griega *apokalupto*, que significa «hacer visible a la vista». Esa palabra también se utiliza en referencia a la aparición de Jesucristo en 2 Tesalonicenses 1.7, donde se nos dice: «cuando *se manifieste* el Señor Jesús desde el cielo con los ángeles de su poder» (énfasis añadido). Al igual que habrá un momento en el que el Señor Jesús será manifestado, también habrá un momento en el que el Anticristo será manifestado.

Cuando se menciona el tema del Anticristo, la gente inevitablemente tiene multitud de preguntas, como: ¿Quién es? ¿Está vivo en la tierra actualmente? ¿Cuándo se manifestará?

En su segunda carta a los Tesalonicenses, Pablo responde algunas de esas preguntas. Él proporciona un contexto para la venida del Anticristo enumerando ciertas cosas que deben suceder en la tierra antes de que él pueda ser manifestado. Observe que no dije antes de que él *nazca*. No hay signos que señalen al nacimiento del Anticristo; según todo lo que sabemos, puede que ya haya nacido. Pero antes de poder ser manifestado —antes de que pueda ser identificado como el Anticristo—, deben tener lugar ciertos acontecimientos. Veamos esos acontecimientos uno por uno.

El rapto de la Iglesia

El rapto de la Iglesia precederá a la manifestación del Anticristo. El apóstol Pablo escribió una carta a la iglesia en Tesalónica para aclarar ciertos malentendidos que los tesalonicenses tenían en cuanto al futuro. En primer lugar, puesto que los creyentes en esa ciudad estaban atravesando algunas experiencias difíciles, Pablo les envía alentadoras palabras de elogio; él aplaude a los tesalonicenses por «vuestra paciencia y fe en todas vuestras persecuciones y tribulaciones que soportáis» (2 Tesalonicenses 1.4).

Parece que falsos maestros habían plantado la idea de que la presente persecución de los tesalonicenses era evidencia de que ya estaban viviendo en la Tribulación. Según 2 Tesalonicenses 2.2, esos creyentes pensaban que esa enseñanza era válida porque les había llegado por uno de tres métodos: por el Espíritu, por la Palabra o por una carta de Pablo. Por tanto, junto con sus palabras de elogio, el apóstol añade unas palabras de corrección. Él niega que Dios sea la fuente de cualquier enseñanza que les diga que están experimentando el juicio de la Tribulación; niega que Dios les haya enviado ninguna palabra a ese efecto oralmente; también les asegura que él no les ha escrito ese mensaje falso en ninguna carta.

Aparentemente, un falso maestro que pretendía ser Pablo había enviado una carta a los creyentes tesalonicenses sugiriendo que, a la luz de sus pruebas presentes, o no había tal cosa como el rapto de la Iglesia o ya se había producido y ellos habían sido dejados atrás. Eso contradecía totalmente todo lo que Pablo les había enseñado en su carta anterior. En esa carta, el apóstol había escrito sobre el carácter repentino de la venida de Cristo y la importancia de estar preparados para ello (véase 1 Tesalonicenses 5.1-11).

Parece que el falso maestro había cambiado «venida repentina» por «venida inmediata», y por eso Pablo comienza su segunda carta recordando a los tesalonicenses el rapto y argumentando que, ya que ese evento aún no se había producido, no había manera en que ellos pudieran estar viviendo en el periodo de la Tribulación. La primera frase de Pablo en el capítulo 2 confirma el rapto venidero: «Pero con respecto a la venida de nuestro Señor Jesucristo, y nuestra reunión con él, os rogamos, hermanos» (2 Tesalonicenses 2.1). Observará usted que Pablo no utiliza la palabra *rapto*, pero no deja duda alguna de que eso es lo que quiere comunicar.

Este versículo nos da dos frases separadas que se refieren a un acontecimiento combinado: «la venida de nuestro Señor Jesucristo» y «nuestra reunión con él». La Nueva Traducción Viviente es útil al conectar las dos partes: «Ahora, amados hermanos, aclaremos algunos aspectos sobre la venida de nuestro Señor Jesucristo y cómo seremos reunidos para encontrarnos con él».

Así, Pablo corrige a los cristianos tesalonicenses con un sólido razonamiento: ya que el rapto no se ha producido, ellos no podían estar viviendo en la Tribulación.

Del elogio y la corrección, Pablo pasa al consuelo. Él insta a sus lectores a «que no os dejéis mover fácilmente de vuestro modo de pensar, ni os conturbéis, ni por espíritu, ni por palabra, ni por carta» (2 Tesalonicenses 2.2). La falsa enseñanza puede hacer que las personas sean movidas y conturbadas en su modo de pensar, y la carta del falso maestro había inquietado profundamente a los tesalonicenses. Pablo les asegura que no tienen por qué tener temor a haberse perdido el rapto y estar sufriendo el juicio de la Tribulación. El rapto debe producirse antes de que comience la Tribulación, lo cual nos dice que el rapto es un requisito previo necesario para la manifestación del Anticristo.

El rechazo de la verdad

En 2 Tesalonicenses 2.3 Pablo nos asegura que el Anticristo no será manifestado hasta después de que el mundo sea testigo de un rechazo general de la verdad de Dios: «Nadie os engañe en ninguna manera; porque no vendrá sin que antes venga la apostasía». La clave para entender este versículo se encuentra en el uso que hace Pablo de «el día del Señor», frase que el apóstol utiliza tres veces en sus cartas (véase 1 Corintios 5.5; 2 Corintios 1.14; 1 Tesalonicenses 5.2). El Dr. John Walvoord explica «el día del Señor» en un lenguaje fácil de entender:

> Y de entre ellos salió aquella raíz perversa, Antíoco Epifanes, hijo del rey Antíoco, que, después de haber estado en rehenes en Roma, empezó a reinar al año ciento treinta y siete del imperio de los griegos.... En seguida construyeron en Jerusalén un gimnasio, según el estilo de los gentiles;.... Su santuario quedó desolado como un yermo, convertidos en días de llanto sus días festivos, en oprobio sus sábados, y reducidos a nada sus honores. En fin, la grandeza de su ignominia igualó a la de su *pasada* gloria, y su alta elevación se convirtió en llantos. En esto el rey Antíoco expidió cartas *órdenes* por todo su reino, para que todos sus pueblos formasen uno solo, renunciando cada uno a su ley particular.... A este tiempo llegaron allí los comisionados, que el rey Antíoco enviaba, para obligar a los que se habían refugiado en la ciudad de Modín a que ofreciesen sacrificios y quemasen inciensos a los ídolos y abandonasen la Ley de Dios.[3]

Según el Dr. Walvoord, «ese día» incluye el momento del regreso del Señor, el rapto, la Tribulación y el reinado de mil años de Cristo. Como Pablo les dice a los creyentes tesalonicenses, «ese día» no vendrá hasta que antes haya una «apostasía». La palabra griega es *apostasia*, que aparece sólo una vez más en el Nuevo Testamento, donde se traduce «apostatar» (Hechos 21.21). Pablo nos está diciendo que antes de que llegue la Tribulación, antes de que el Anticristo pueda ser manifestado, habrá una gran apostasía por parte de creyentes profesantes. Debido a que el artículo «la» precede a «apostasía», hemos de entender que es una apostasía concreta. Es probable que parte de la persecución y el sufrimiento del periodo de la Tribulación hayan comenzado a aumentar en los días anteriores al rapto. Cuando aquellos que meramente profesen ser cristianos experimenten ese tiempo de prueba, caerán o «apostatarán» de la fe.

La apostasía espiritual no es ignorancia de la verdad; es alejarse de la verdad. Se produce cuando una persona abandona verdades que anteriormente creía; en otras palabras, es premeditada y deliberada.

En el discurso en el monte de los Olivos, Jesús predijo ese periodo: «Muchos tropezarán entonces, y se entregarán unos a otros, y unos a otros se aborrecerán. Y muchos falsos profetas se levantarán, y engañarán a muchos; y por haberse multiplicado la maldad, el amor de muchos se enfriará» (Mateo 24.10-12). El múltiple uso que hace Jesús de la palabra *muchos* en este pasaje nos muestra claramente que esta apostasía será general.

Pablo escribió sobre esta apostasía venidera en su segunda carta a Timoteo: «Porque vendrá tiempo cuando no sufrirán la sana doctrina, sino que teniendo comezón de oír, se amontonarán maestros conforme a sus propias concupiscencias, y apartarán de la verdad el oído y se volverán a las fábulas» (2 Timoteo 4.3-4).

Tal apostasía ocurrió antes de la primera venida de Cristo,

instigada por el infame rey seléucida Antíoco Epífanes (175-164 a.C.). Tendremos más que decir sobre Antíoco más adelante en este capítulo, pero por ahora baste con decir que él forzó en Israel la adoración a ídolos y muchos alejamientos de la ley judía. Muchos judíos simplemente siguieron la corriente y cayeron en apostasía. Esto se registra en el primer libro de Macabeos, un libro no bíblico intertestamental pero históricamente importante:

> En aquellos días surgieron de Israel unos hijos rebeldes que sedujeron a muchos diciendo: "Vamos, concertemos alianza con los pueblos que nos rodean...rehicieron sus prepucios, renegaron de la alianza santa para atarse al yugo de los gentiles, y se vendieron para obrar el mal....El rey publicó un edicto en todo su reino ordenando que todos formaran un único pueblo y abandonara cada uno sus peculiares costumbres. Los gentiles acataron todos el edicto real....Los enviados del rey, *encargados de imponer la apostasía*, llegaron a la ciudad de Modín para los sacrificios (1 Macabeos 1.11, 15, 41-43; 2.15, énfasis añadido).[4]

Al igual que aquellos judíos se alejaron de su fe antes de la primera venida de Cristo, muchos «cristianos» se alejarán antes de su segunda venida. Pablo alerta a su joven amigo Timoteo de una futura «apostasía» con una advertencia similar a la que dio a los tesalonicenses: «Pero el Espíritu dice claramente que en los postreros tiempos algunos apostatarán de la fe» (1 Timoteo 4.1).

El apóstol Pedro añade que muchas personas verán las advertencias de la segunda venida como alarmistas tácticas de atemorizar: «sabiendo primero esto, que en los postreros días vendrán burladores, andando según sus propias concupiscencias, y diciendo: ¿Dónde está la promesa de su advenimiento? Porque desde el día en que los padres durmieron, todas las cosas permanecen así como desde el principio de la creación» (2 Pedro 3.3-4).

Si no tuviéramos ninguna otra señal profética sino esta única advertencia de una apostasía masiva, probablemente sería suficiente para persuadirnos de que ciertamente nos estamos acercando al regreso del Señor. En gran parte de la religión organizada hay actualmente una creciente resistencia a la verdad bíblica. La mayoría de nosotros estamos familiarizados con las transigencias con la fe que muchas iglesias estadounidenses mayoritarias han hecho en años recientes. Aunque la siguiente lista está lejos de ser exhaustiva, identifica algunos de los engaños más comunes que se han adentrado en esas iglesias:

- Negación de la naturaleza revelada del Dios trino: Padre, Hijo y Espíritu Santo (incluyendo el uso de «Padre/Madre» en referencia a la deidad)
- Negación de la deidad de Jesucristo
- Negación de la inspiración, infalibilidad y autoridad absoluta de la Biblia
- Negación de la salvación por gracia, solamente mediante la fe, basada en la sangre de Jesucristo
- Negación de la creación bíblica, la historicidad de Adán y Eva, y una Caída histórica
- Negación de Jesucristo como el único medio de salvación
- Negación de los milagros sobrenaturales e históricos de la Escritura
- Negación de la condición de Israel como pueblo escogido de Dios mediante su pacto con Abraham
- Negación del nacimiento virginal, la muerte sustitutoria y la resurrección en cuerpo de Jesús

• Negación del regreso de Cristo, de su justo juicio y de las recompensas y castigos eternos

Recientemente leí de un sorprendente ejemplo de apostasía en la entrevista de Marilyn Sewell a Christopher Hitchens en la revista *Portland Monthly*. Hitchens es un prolífico periodista y famoso ateo que escribió el número uno en la lista de éxitos de venta del New York Times, *God Is Not Great: How Religion Poisons Everything* [Dios no es estupendo: Cómo la religión lo envenena todo]. No es necesario decir que él no es un gran seguidor del cristianismo. Sewell, por otro lado, se describe a sí misma como cristiana liberal, quien, antes de su jubilación, convirtió la iglesia First Unitarian de Portland en una de las mayores congregaciones de esa denominación en Estados Unidos.

En una introducción a una de sus preguntas, Sewell afirma: «Yo soy una cristiana liberal, y no tomo literalmente las historias de la escritura. No creo en la doctrina de la expiación (que Jesús murió por nuestros pecados, por ejemplo)».

La clara respuesta de Hitchens a Sewell es notable: «Yo diría que si usted no cree que Jesús de Nazaret era el Cristo y el Mesías, y que resucitó de la muerte, y que por su sacrificio nuestros pecados son perdonados, realmente no es usted cristiana en ningún sentido significativo».[5]

El ateo parece tener un mejor conocimiento de Jesucristo que la apóstata cristiana. No estoy seguro de haber leído un ejemplo más irónico o una definición más clara de apostasía espiritual.

Aunque puede que aún no estemos experimentando la plena *apostasía* de la que habla Pablo en 2 Tesalonicenses y 1 Timoteo, sin duda estamos al borde de ella. «...mas los malos hombres y los engañadores irán de mal en peor, engañando y siendo engañados»

(2 Timoteo 3.13). En mis más de cuarenta años como pastor, nunca ha habido una época en que las verdades bíblicas, los hechos históricos y los absolutos morales hayan estado cada vez más a disposición de cualquiera.

Hay siete cartas dirigidas a siete iglesias distintas que están registradas en el segundo y tercer capítulo de Apocalipsis. La séptima y última de esas cartas fue escrita a la iglesia de Laodicea. La mayoría de eruditos en profecía creen que esta iglesia representa a la Iglesia que Jesús encontrará en la tierra cuando regrese; será una Iglesia de tibieza, complacencia y rechazo de Cristo. ¿Qué tiene que decir el Espíritu de Dios a la iglesia de Laodicea? Sencillamente esto: «Yo conozco tus obras, que ni eres frío ni caliente. ¡Ojalá fueses frío o caliente! Pero por cuanto eres tibio, y no frío ni caliente, te vomitaré de mi boca. Porque tú dices: Yo soy rico, y me he enriquecido, y de ninguna cosa tengo necesidad; y no sabes que tú eres un desventurado, miserable, pobre, ciego y desnudo...» (Apocalipsis 3.15-17).

John Phillips escribe: «Algunos creen que podemos esperar un despertar espiritual mundial antes del rapto, pero el pasaje en 2 Tesalonicenses indica lo contrario; puede esperarse un alejamiento mundial de la fe. Dios podría ciertamente enviar un avivamiento antes del rapto, pero la Escritura no profetiza ninguno».[6]

Esta época concluirá con una gran apostasía. Este es un hecho profético de la Escritura que nada puede alterar, porque está establecido indeleblemente en el consejo de Dios. El Anticristo no puede ser manifestado antes de que se produzcan el rapto o la gran apostasía.

La eliminación del Espíritu Santo

La Biblia nos dice que antes de que el Anticristo pueda manifestarse, el Espíritu Santo debe ser eliminado. «Y ahora vosotros sabéis lo que lo detiene, a fin de que a su debido tiempo se manifieste. Porque ya está en acción el misterio de la iniquidad; sólo que hay quien al presente lo detiene, hasta que él a su vez sea quitado de en medio» (2 Tesalonicenses 2.6-7).

«Quien al presente lo detiene» es una referencia al Espíritu Santo. El Espíritu Santo, actuando por medio de la Iglesia, actualmente participa en un fuerte esfuerzo por refrenar el mal y retrasar la manifestación del Anticristo.

El Espíritu Santo también realiza un distintivo trabajo con respecto al mundo perdido. Jesús anunció este trabajo cuando preparó a sus discípulos para su propio regreso al cielo y la subsiguiente venida del Espíritu Santo: «Pero yo os digo la verdad: Os conviene que yo me vaya; porque si no me fuera, el Consolador no vendría a vosotros; mas si me fuere, os lo enviaré. Y cuando él venga, convencerá al mundo de pecado, de justicia y de juicio. De pecado, por cuanto no creen en mí» (Juan 16.7-9).

Pablo también enseña que llega un tiempo en que el Espíritu Santo será apartado del camino. En realidad, es más una anulación del Espíritu Santo que una eliminación. Cuando se produzca el rapto y todos los creyentes sean llevados al cielo, el Espíritu Santo, que mora en cada creyente, «será apartado del camino» por defecto.

Después del rapto, cuando la Iglesia y el Espíritu Santo sean apartados, Satanás será liberado para dominar por completo sin ningún obstáculo o freno. Aunque es cierto que «el misterio de la iniquidad» ya está obrando en la tierra (2 Tesalonicenses 2.7), está siendo refrenado o mantenido a raya por el ministerio del Espíritu Santo, la influencia de los creyentes y la sal y la luz de la Iglesia. Durante la Tribulación, sin embargo, el freno habrá sido eliminado y la iniquidad correrá libremente. ¿Estará presente el Espíritu Santo durante la Tribulación? ¡Sin duda alguna! Puede que Él muy bien *caiga* sobre personas como lo hacía en el Antiguo Testamento en lugar de morar en ellas como sucede con los cristianos. Él traerá convicción desde fuera, pero no desde el interior como hace ahora. John Phillips nos ayuda a entender esto con más claridad:

La era de la Iglesia es un paréntesis en el trato de Dios con el mundo. La Iglesia, injertada sobrenaturalmente en la Historia en Pentecostés y mantenida sobrenaturalmente mediante el bautismo, la morada y la llenura del Espíritu Santo, será sobrenaturalmente eliminada cuando esta era termine. Lo que ha de ser eliminado, entonces, es la poderosa obra del Espíritu Santo por medio de la Iglesia. Hasta que eso suceda, Satanás no podrá hacer que sus planes prosperen....Después del rapto de la Iglesia, el Espíritu Santo continuará su obra de llevar a personas a la salvación, pero ya no las bautizará en el cuerpo místico de Cristo, la Iglesia, ni tampoco obstaculizará activamente a Satanás para evitar que sus maquinaciones den fruto. Una vez que Satanás haya logrado su meta de los siglos, ¡Cristo regresará y derribará todo![7]

Después del rapto de la Iglesia, después del rechazo de la verdad, después de la eliminación del Espíritu Santo, entonces, y no hasta entonces, el Anticristo, el hombre de pecado, el hijo de perdición, será manifestado (véase 2 Tesalonicenses 2.3).

Las características del Anticristo

En mi libro *¿Qué le pasa al mundo?* recordé a los lectores que ya que nadie puede saber la identidad del Anticristo hasta después del rapto, si ellos creían saber quién era, es que debieron de haber sido dejados atrás. La Biblia no dice nada sobre la identidad del Anticristo. No podemos saber *quién* es, pero lo que sí podemos saber es *qué* es. Tanto el Antiguo como el Nuevo Testamento contienen más de cien pasajes que describen al Anticristo, lo cual significa que Dios obviamente quiere que sepamos algo sobre este príncipe de la oscuridad venidero. Repasemos algunos de sus atributos más destacados.

Será un líder dinámico

En Daniel 7.8 se nos dice que el Anticristo tiene «una boca que hablaba grandes cosas». No sólo grandes cosas, sino «palabras contra el Altísimo» (Daniel 7.25). La NVI traduce «grandes cosas» como «insolencias». Juan, escribiendo en Apocalipsis, dice: «También se le dio boca que hablaba grandes cosas y blasfemias» (Apocalipsis 13.5). Juan utiliza dos palabras griegas, *megas* y *blasphemia*, ninguna de las cuales necesita explicación. ¡El Anticristo conoce el poder de la palabra hablada!

Como director ejecutivo de Satanás, el Anticristo también será su voz pública; podrá influenciar a multitudes con su elocuencia. Sin duda, será un excelente comunicador por televisión, y las personas naturalmente querrán seguirle. Oradores como Abraham Lincoln, Winston Churchill, John F. Kennedy, Martin Luther King Jr., y sí, hasta Adolf Hitler, eran maestros en cautivar y mover a grandes audiencias. Pero incluso sus mejores y más apasionados discursos serán sosos comparados con la retórica del Anticristo. Un escritor ha observado:

Así será con este osado falsificador: tendrá una boca que hable grandes cosas; tendrá un perfecto dominio y fluidez en el lenguaje; su oratoria no sólo obtendrá atención, sino que también mandará respeto. Apocalipsis 13.2 declara que su boca es «como boca de león», lo cual es una expresión simbólica que habla de la majestad y los efectos sorprendentes de su voz. La voz del león sobrepasa a la de cualquier otro animal, así que el Anticristo sobrepasará a oradores tanto antiguos como modernos.[8]

Será un líder desafiante

El Anticristo será la persona más desafiante, arrogante, orgullosa y egoísta que haya caminado jamás sobre la tierra. Rechazará todas las perspectivas tradicionales de la deidad. «Y el rey hará su voluntad, y se ensoberbecerá, y se engrandecerá sobre todo dios; y contra el Dios de los dioses hablará maravillas.... Del Dios de sus padres no hará caso, ni del amor de las mujeres; ni respetará a dios alguno, porque sobre todo se engrandecerá» (Daniel 11.36-37). Pablo le describe como: «el hombre de pecado, el hijo de perdición, el cual se opone y se levanta contra todo lo que se llama Dios o es objeto de culto; tanto que se sienta en el templo de Dios como Dios, haciéndose pasar por Dios» (2 Tesalonicenses 2.3-4).

Satanás pondrá a su director ejecutivo a la vista en el templo de Dios, mostrándose a sí mismo como dios. En ese tiempo, los judíos habrán reconstruido el templo en Jerusalén. Como condición de su pacto con Israel, el Anticristo permitirá que se restaure el sistema de sacrificios judío; pero cuando los judíos hayan servido a sus propósitos, él los dará de lado. Rodeará Jerusalén con sus tropas y se apoderará de su templo; y entonces, como una última burla de Dios, Satanás instalará a su hombre de pecado como dios en el templo.

El Anticristo también situará su corrompida imagen en el templo, dando cumplimiento definitivo a la profecía de Daniel de la abominación desoladora: «Pero cuando veáis la abominación desoladora de que habló el profeta Daniel, puesta donde no debe estar (el que lee, entienda), entonces los que estén en Judea huyan a los montes» (Marcos 13.14).

Cuando el Anticristo se siente en el templo como dios, «la adoraron todos los moradores de la tierra cuyos nombres no estaban escritos en el libro de la vida del Cordero que fue inmolado desde el principio del mundo» (Apocalipsis 13.8).

Será un líder mentiroso

«Inicuo cuyo advenimiento es por obra de Satanás, con gran poder y señales y prodigios mentirosos» (2 Tesalonicenses 2.9).

Poder, señales y *maravillas* son palabras que describen los milagros genuinos de Cristo; sin embargo, esas tres mismas palabras en este pasaje se modifican para describir los falsos milagros del Anticristo: «poder y señales y prodigios mentirosos». La diferencia es que la palabra *mentirosos* desacredita los supuestos milagros del Anticristo. Satanás le capacitará para realizar ciertas señales y prodigios mentirosos, y el mundo entero se maravillará y dirá: «¿Quién como la bestia?» (Apocalipsis 13.4).

El Anticristo engañará a muchos para que crean su mentira.

A quienes hayan escuchado el evangelio y lo hayan rechazado se enviará un engaño tan fuerte que no serán capaces de creer la verdad aunque quieran. Tal como Pablo lo explica, la obra de Satanás mediante el Anticristo será «con todo engaño de iniquidad para los que se pierden, por cuanto no recibieron el amor de la verdad para ser salvos. Por esto Dios les envía un poder engañoso, para que crean la mentira, a fin de que sean condenados todos los que no creyeron a la verdad, sino que se complacieron en la injusticia» (2 Tesalonicenses 2.10-12).

Con frecuencia me preguntan si yo creo que habrá oportunidad para que las personas sean salvas después del rapto. La respuesta, desde luego, es sí. Muchos serán salvos durante el periodo de la Tribulación. Algunos creen que se producirá un avivamiento durante la Tribulación que será como un segundo Pentecostés. Pero normalmente, cuando yo respondo de esa manera, descubro que he pasado por alto el punto de la pregunta. Lo que quien pregunta realmente quiere saber es: «¿Se dará una segunda oportunidad a quienes hayan escuchado y rechazado el evangelio en la era actual durante el periodo de la Tribulación?». John Phillips nos da la respuesta:

Millones de personas serán salvas y entrarán en el reino después del rapto (Apocalipsis 7), pero quienes hayan escuchado y rechazado el evangelio en esta era serán excluidos de ese número. Tales personas creerán la mentira y estarán condenadas.... Un triple repudio de la verdad se expresa en los solemnes versículos que acabamos de citar. El *corazón* participa porque se dice que los injustos «no recibieron el amor de la verdad»; la *mente* participa porque ellos no creyeron la verdad; y la *voluntad* participa porque ellos «se gozaron en la injusticia». Pablo no estaba describiendo una pérdida casual y accidental del camino, sino un deliberado rechazo de la verdad tal como es en Cristo Jesús. En el rapto, todos aquellos que hayan despreciado de esa manera el evangelio de la gracia de Dios serán entregados a Satanás. Ya que no tenían la verdad, entonces que tengan la mentira. Ellos rechazaron al Espíritu Santo; por tanto, sean presa de los espíritus malos. Ellos no quisieron tener parte en Cristo; por tanto, que tengan su parte en el Anticristo. ¿Podría algo ser más justo o más terrible?[9]

Una pregunta tan importante como esta merece una consulta a otro erudito. John F. Walvoord, con algunas perspectivas moderadas, está de acuerdo en principio con John Phillips:

Algunos entienden del versículo 11 [2 Tesalonicenses, capítulo 2] que si una persona en la presente era de la gracia escucha el evangelio y no recibe a Cristo como Salvador, entonces cuando Cristo venga y se lleve a su Iglesia a la gloria, les resultará imposible ser salvo después de que la Iglesia haya sido trasladada. No es probable que una persona que rechaza a Cristo en esta era de la gracia acuda a Él en ese terrible periodo de tribulación; pero el principio general de la Escritura es que mientras haya vida hay esperanza. Es posible, aunque muy improbable, que una persona que haya escuchado el evangelio en esta presente era de la gracia acuda a Cristo después del rapto. La Escritura enseña sin duda que Dios enviará un fuerte engaño a quienes no creen después de que la Iglesia se haya ido. Dios juzgará sus corazones, y si ellos deliberadamente se alejan de la verdad, Él permitirá que crean una mentira. Ellos honrarán al hombre de pecado como su dios y su rey, en lugar de reconocer al Señor Jesucristo. El resultado será «a fin de que sean condenados todos los que no creyeron a la verdad, sino que se complacieron en la injusticia» (v. 12).[10]

Como podemos ver, el poder mentiroso del Anticristo será general y es posible que espiritualmente fatal para aquellos que caigan bajo su hechizo por falta de un verdadero y sólido compromiso con Jesucristo.

Será un líder diabólico

En las primeras etapas de su carrera, el Anticristo será admirado y amado; pero en cuanto haya obtenido la confianza de la gente y el control total del mundo, pondrá su trampa e iniciará sus asesinas obras. La Biblia dice que él perseguirá a los santos (Daniel 7.21-25), matará a los dos testigos (véase Apocalipsis 11.7), y será utilizado para dirigir a todas las naciones contra Jerusalén (véase Zacarías 14.1-3). Su corazón estará lleno de un odio asesino por el pueblo judío y los creyentes gentiles.

El Anticristo será manifestado finalmente tal como es cuando quebrante el pacto con Israel que mencionamos anteriormente. Después de la larga historia de conflicto en el Oriente Medio, muchos verán ese pacto como un bienvenido paso hacia una verdadera seguridad en un mundo abrumadoramente hostil hacia Israel. Para el pueblo de Israel, ese tratado parecerá que llega con mucho retraso. Con el paso de la resolución del Consejo de Seguridad de las Naciones Unidas condenando la defensa de Israel de su tierra y de su pueblo contra más de 12.000 ataques con cohetes desde Gaza, llegó el darse cuenta de que «de los 192 países que hay en el mundo en la actualidad, Israel tiene sólo dieciocho verdaderos amigos», e incluso ese número se tambalea.[11]

Desde su renacimiento, la existencia misma de Israel ha generado la hostilidad de muchas naciones, principalmente en el mundo árabe. Este final director ejecutivo del revivido imperio romano dirá a los líderes de Israel: «Ahora nosotros tenemos el control, y nos gustaría acogerles y defenderles de sus vecinos árabes que quieren destruirlos. Si ustedes firman este pacto con nosotros por siete años, prometeremos paz, y les permitiremos seguir practicando su religión en su nuevo templo, y todo irá bien».

Israel, fatigado por sus décadas de continuo conflicto y vigilancia, firmará el pacto con el Anticristo. Inmediatamente, los judíos apartarán su atención y su economía de la defensa y se concentrarán en edificar la riqueza económica de su país.

«Y por otra semana confirmará el pacto con muchos; a la mitad de la semana hará cesar el sacrificio y la ofrenda. Después con la muchedumbre de las abominaciones vendrá el desolador, hasta que venga la consumación, y lo que está determinado se derrame sobre el desolador» (Daniel 9.27).

De repente, el Anticristo se volverá contra los incautos y ahora no preparados judíos. Él prohibirá su adoración, y los desafiará y humillará contaminando el santo templo.

Será un líder dramático

El libro de Apocalipsis registra una profecía que demuestra hasta dónde se permitirá a Satanás llegar en su intento final por seducir al mundo. Hablando del Anticristo, Juan escribe: «Vi una de sus cabezas como herida de muerte, pero su herida mortal fue sanada; y se maravilló toda la tierra en pos de la bestia» (Apocalipsis 13.3).

Como hemos observado anteriormente, la estrategia de Satanás es imitar a Dios. Como muestran estos pasajes, esa imitación aparentemente llegará hasta imitar la Resurrección. No es difícil imaginar que cuando la aparentemente herida mortal del Anticristo sea sanada, el mundo entero quedará tan sorprendido que le seguirá de buena gana.

Hace varios años, mi amiga Carole Carlson y yo escribimos un libro titulado *Escape the Coming Night* [Escape de la noche venidera]. Creamos la siguiente descripción dramática de cómo pensábamos que podría ser esa «resurrección» del Anticristo y cómo respondería la gente a ella en el mundo de la Tribulación. Por favor, observemos que el nombre que le dimos al Anticristo no fue un intento verdadero de identificarlo. Sólo lo hicimos para dar realismo al drama.

El mundo quedará asombrado. Hombres y mujeres se quedarán pasmados de incredulidad cuando los medios globales griten la increíble noticia.

«Titulares: Disparan al Presidente

«El asesino mata a Judas Christopher

«Estados Unidos de Europa llora la pérdida del líder

«Christopher fue declarado muerto a su llegada al Hospital Internacional de Roma esta mañana. El desfile de automóviles oficiales de E.U.E. iba recorriendo la Vía Veneto cuando el presidente recibió un disparo de bala en la sien. Se desplomó en su asiento a plena vista de sus oficiales del gabinete y millones de personas que lo veían vía satélite interglobal.

«Christopher ha sido aclamado por líderes de todos los países como la mayor figura de la Historia. Fue generalmente aclamado como el político más brillante del segundo milenio.

«La pérdida en el liderazgo mundial no puede medirse. Ningún otro hombre ha hecho más por resolver los problemas del mundo y unificar las naciones».

Durante tres días, no habrá otra historia en las noticias. Los países del mundo estarán en caos, preguntándose cómo pueden encontrar a otro hombre que los guíe en estos tiempos peligrosos.

Mientras esté de cuerpo presente en el Capitol Rotunda de Estados Unidos de Europa, las redes de televisión interrumpirán sus programaciones para cubrir este único acontecimiento. Rodeando el ataúd estarán los gobernadores de los estados europeos. El presidente, y todos los miembros del Congreso de Estados Unidos de América, y los principales oficiales de todos los demás países. La mayoría de ellos estarán helados de tristeza, y muchos estarán llorando abiertamente.

De repente, el cuerpo de Judas Christopher se mueve. Se incorpora. Lentamente, se levanta de su ataúd y camina hasta el micrófono más cercano. Se oye en la sala un suspiro de incredulidad. Y entonces, él habla, y su resonante voz asegura a todos que ha sido verdaderamente resucitado.

«No teman, amigos míos. Estoy vivo. Mírenme. Hace tres días, tenía una bala en mi cabeza. Como pueden ver, estoy totalmente sano. Mi mayor deseo ahora es continuar con la unificación de las naciones y las religiones para llevar a personas de todos los colores y creencias a una coexistencia pacífica. Tendré un mundo basado en el amor y el respeto mutuos».

Y los titulares gritarán:

«¡Él está vivo!

«¡Un mundo pasmado observa mientras
Christopher es resucitado!

«Promesas de trabajar por la paz mundial»[12]

Hasta este momento en su carrera, el Anticristo habrá gobernado el mundo políticamente. Pero desde este momento en adelante, demandará ser adorado. Y, como nos dice Juan: «Y se maravilló toda la tierra en pos de la bestia, y adoraron al dragón que había dado autoridad a la bestia, y adoraron a la bestia, diciendo: ¿Quién como la bestia, y quién podrá luchar contra ella?» (Apocalipsis 13.3-4).

Será un líder exigente

Durante el periodo de la Tribulación habrá muchos que sean salvos mediante el testimonio de los dos testigos de Dios y los 144.000 predicadores judíos. Todos estarán sujetos a las viles regulaciones de la Tribulación establecidas por la trinidad malvada: Satanás, el Anticristo y el Falso Profeta, quienes hacen que todos, grandes y pequeños, ricos y pobres, esclavos y libres, reciben una marca en su mano derecha o en su frente, y que nadie pueda comprar ni vender a excepción de quien tenga la marca o el nombre de la bestia, o el número de su nombre (Apocalipsis 13.16-17).

Mark Hitchcock escribe:

Sólo mediante la adoración al Anticristo las personas podrán recibir la marca que les permita comprar y vender cualquier cosa. Él ejercerá un férreo control sobre los productos básicos de oferta (nadie podrá vender) y demanda (nadie podrá comprar). Nadie podrá ir al mercado, comer en un restaurante, llenar el tanque de gasolina, pagar una factura de servicios, comprar alimentos, pagar para que le sieguen el césped o hacer el pago de la hipoteca sin la marca de la bestia: la marca de fábrica de la Tribulación.[13]

El Anticristo gobernará con rudeza, tiranía y con mano de hierro.

Será un líder derrotado

Ningún poder será capaz de detener al Anticristo hasta que el Señor regrese con sus santos al final del periodo de la Tribulación. Entonces se nos dice que el Señor le destruirá con el aliento de su boca: «Y entonces se manifestará aquel inicuo, a quien el Señor matará con el espíritu de su boca, y destruirá con el resplandor de su venida» (2 Tesalonicenses 2.8). «Y herirá la tierra con la vara de su boca, y con el espíritu de sus labios matará al impío» (Isaías 11.4).

El mismo Señor que dio existencia a este mundo con su aliento aniquilará al Anticristo con su aliento. Puede que eso fuese lo que Martin Lutero tenía en mente en una estrofa de su gran himno «Castillo fuerte es nuestro Dios». En la tercera estrofa escribió:

Que muestre su vigor Satán, y su furor

Dañarnos no podrá;
Pues condenado es ya
Por la Palabra santa.

Sólo eso será necesario: ¡una palabra santa! Cuando Cristo venga en su gloria, este hombre que parece tan poderoso se volverá tan impotente y tembloroso como la llama de una vela que puede ser apagada con un ligero soplido.

Cuando se nos dice que el Anticristo será destruido, eso no significa que será aniquilado; seguirá existiendo por toda la eternidad, pero será derrotado y quedará inoperante. Su poder y sus propósitos serán destruidos. Como lo expresa Daniel: «pero será quebrantado, aunque no por mano humana» (Daniel 8.25).

Será un líder condenado

El profeta Daniel describe el destino final del Anticristo: «Yo entonces miraba [...] hasta que mataron a la bestia, y su cuerpo fue destrozado y entregado para ser quemado en el fuego» (Daniel 7.11).

La descripción que hace Juan es parecida a la de Daniel: «Y la bestia fue apresada, y con ella el falso profeta que había hecho delante de ella las señales con las cuales había engañado a los que recibieron la marca de la bestia, y habían adorado su imagen. Estos dos fueron lanzados vivos dentro de un lago de fuego que arde con azufre» (Apocalipsis 19.20).

Estos pasajes no sólo pintan un cuadro claro del destino del Anticristo y el Falso Profeta, sino que también añaden el interesante hecho de que esos dos secuaces de Satanás llegan al infierno mucho antes que él. Si avanzamos mil años hasta el final del Milenio, leemos: «Y el diablo que los engañaba fue lanzado en el lago de fuego y azufre, donde estaban la bestia y el falso profeta; y serán atormentados día y noche por los siglos de los siglos» (Apocalipsis 20.10). La bestia y el Falso Profeta habrán estado en el infierno mil años antes de que Satanás se una a ellos al final del Milenio.

Un gráfico destello del reinado del Anticristo

En los primeros treinta y cinco versículos de Daniel 11, Daniel profetiza el futuro de un rey cuyo gobierno aún estaba a una distancia de cuatrocientos años en el futuro. El exacto detalle con que esta profecía se cumplió ha causado que muchos eruditos liberales argumenten que el libro de Daniel fue escrito después de que esos acontecimientos se produjesen, que este capítulo es escritura de la Historia y no de profecía. No hay ni un sólo hilo de evidencia para esa explicación. En todos los años que se ha fomentado, nadie ha sido capaz de refutar el milagro de las palabras proféticas de Daniel.

El rey al cual se refiere la profecía de Daniel es el gobernador sirio Antíoco IV, un tipo del Anticristo en el Antiguo Testamento. Antíoco fue un rey sirio que gobernó Palestina, incluyendo Judea, desde el año 175 hasta el 165 a.C. En su ascenso al poder, Antíoco tenía una perspectiva tan envanecida de sí mismo que adoptó el título de *Theos Epiphanes*, que significa «dios manifestado». En otras palabras, él afirmaba ser un dios. Pero su aparente falta de cordura condujo a sus enemigos a convertir *Epiphanes* en *Epimanes*, que significa «loco» o «insensato». Antíoco, el dios manifestado, se convirtió en Antíoco el loco.

Algo de la locura de Antíoco se revela en su brutal ataque contra el pueblo judío. En el año 168 a.c., Antíoco no había obtenido una misión militar en Egipto y estaba furioso y decepcionado cuando regresó a Siria. Era necesario que atravesase Israel, y decidió desahogar su frustración con el pueblo judío. Daniel habla proféticamente de su misión frustrada y su maltrato a los judíos: «Al tiempo señalado volverá al sur; mas no será la postrera venida como la primera. Porque vendrán contra él naves de Quitim, y él se contristará, y volverá, y se enojará contra el pacto santo, y hará según su voluntad; volverá, pues, y se entenderá con los que abandonen el santo pacto» (Daniel 11.29-30).

Lo que Antíoco hizo a continuación no había sucedido jamás. Como dice el historiador judío Solomon Zeitlin, Antíoco se convirtió en «la primera persona en la Historia en perseguir a un pueblo exclusivamente por su fe religiosa. La persecución religiosa era anteriormente desconocida en la historia de la civilización».[14]

Cuando Antíoco y sus enfurecidos seguidores entraron en la ciudad de Jerusalén, unos cuarenta mil judíos fueron masacrados, jóvenes y viejos, hombres, mujeres y niños. Otros cuatro mil fueron tomados cautivos y vendidos como esclavos. Después siguió una persecución religiosa de proporciones monstruosas. El primer libro de Macabeos relata la historia:

Tambión a Jerusalén y a las ciudades de Judá hizo el rey llegar, por medio de mensajeros, el edicto que ordenaba seguir costumbres extrañas al país. Debían suprimir en el santuario holocaustos, sacrificios y libaciones; profanar sábados y fiestas; mancillar el santuario y lo santo; levantar altares, recintos sagrados y templos idolátricos; sacrificar puercos y animales impuros; dejar a sus hijos incircuncisos; volver abominables sus almas con toda clase de impurezas y profanaciones, de modo que olvidasen la Ley y cambiasen todas sus costumbres. El que no obrara conforme a la orden del rey, moriría.... El día quince del mes de Kisléu del año 145 levantó el rey sobre el altar de los holocaustos la Abominación de la desolación. También construyeron altares en las ciudades de alrededor de Judá.... Rompían y echaban al fuego los libros de la Ley que podían hallar.... Al que encontraban con un ejemplar de la Alianza en su poder, o bien descubrían que observaba los preceptos de la Ley, la decisión del rey le condenaba a muerte. Actuaban violentamente contra los israelitas que sorprendían un mes y otro en las ciudades; el día veinticinco de cada mes ofrecían sacrificios en el ara que se alzaba sobre el altar de los holocaustos. A las mujeres que hacían circuncidar a sus hijos las llevaban a la muerte, conforme al edicto, con sus criaturas colgadas al cuello. La misma suerte corrían sus familiares y los que habían efectuado la circuncisión. Muchos en Israel se mantuvieron firmes y se resistieron a comer cosa impura. Prefirieron morir antes que contaminarse con aquella comida y profanar la alianza santa; y murieron (1 Macabeos 1.44-50, 54, 56-63).[15]

Antíoco no sólo prohibió a los judíos seguir sus costumbres religiosas y adorar a su Dios, también demandó que adorasen al dios griego Zeus. Les obligó a edificar altares a Zeus y a ofrecer cerdos sobre ellos. Josefo escribe: «También los obligó a abandonar la adoración que ellos daban a su propio Dios, y a adorar a quienes él consideraba dioses, y les hizo construir templos y levantar altares a ídolos, en cada ciudad y aldea, y a ofrecer cerdos sobre ellos cada día».[16]

A los ojos de los judíos, el acto más abominable de Antíoco fue su profanación deliberadamente blasfema de su santo templo. Josefo describe el ultraje: «Y cuando el rey había edificado un altar al ídolo sobre el altar de Dios, sacrificó un cerdo sobre él, y así ofreció un sacrificio que no era según la ley ni tampoco la adoración religiosa judía en ese país».[17]

Ese sacrificio impío de un animal impuro sobre el sagrado altar del templo es «la abominación desoladora» profetizada primero por Daniel y más adelante por Jesús (Daniel 11.31; 12.11; Marcos 13.14). Ese sacrificio fue el cumplimiento inicial de la profecía de Daniel, la cual es un tipo del cumplimiento final al que Jesús se refiere. Este cumplimiento final se producirá cuando el Anticristo rompa su pacto con Israel, se entrone a sí mismo en el templo, erija una imagen profana en el templo, y probablemente profane el altar del templo con un sacrificio impío.

Por medio de Antíoco Epífanes y su campaña contra los judíos, Dios nos da un destello gráfico y profético del reinado venidero del Anticristo. Será un periodo de terrible persecución para las personas que se vuelvan a Dios en el periodo de la Tribulación. El terror de Antíoco nos proporciona una motivación adicional como creyentes actualmente. A medida que vemos en las noticias y en nuestra cultura señales y sombras de acontecimientos venideros que están claramente predichos en la profecía para señalar que se acercan los últimos tiempos, cuadros gráficos como el del reinado de Antíoco pueden animarnos a una diligencia aún mayor por vivir una vida de compromiso y de evangelismo, a medida que vemos que se aproxima el tiempo en que esos acontecimientos proféticos se convertirán en una realidad presente.

La brillante luz de esperanza

Le he mostrado el lado oscuro de la historia de Antíoco y los judíos, pero esa historia no terminó en oscuridad. Quiero completar este capítulo dándole el resto de esa historia.

La resistencia judía al brutal reinado de Antíoco comenzó en la aldea de Modëin, situada entre Jerusalén y Jope, el hogar de un anciano sacerdote llamado Matatías. Cuando el comisionado de Antíoco ordenó a Matatías que se ocupase de la ofrenda de un sacrificio pagano, Matatías mató al comisionado, derribó el altar y huyó con sus hijos a los montes. Ellos llegaron a ser conocidos como los *Macabeos*, un término que se cree que proviene de la palabra aramea que significa «el martillo», un símbolo de la fiereza de los hijos de Matatías. Muchos otros judíos se unieron a los macabeos y participaron en una guerra de guerrillas contra Antíoco.

En esta oscura época en la historia del pueblo de Dios, la brillante luz de la esperanza se encendió y aún brilla con fuerza en la actualidad. Mediante la fe y la valentía de los guerreros macabeos, el templo fue finalmente recuperado y limpiado. Los judíos establecieron Hanukkah, una fiesta perpetua para conmemorar la limpieza y la liberación del templo de la abominación desoladora. La palabra *Hanukkah* significa «dedicación». A veces se hace referencia a la celebración como la fiesta de la Dedicación o el festival de las Luces. Jesús celebró esta fiesta en Jerusalén (véase Juan 10.22-23).

Cuando el templo fue recuperado, los macabeos quisieron encender el menorah. Buscaron por todas partes el aceite especial requerido para su uso en el menorah del templo y encontraron una pequeña botella que contenía aceite suficiente sólo para encender el menorah durante un día. Según la tradición, milagrosamente el aceite duró para ocho días. Eso les dio tiempo suficiente para obtener nuevas provisiones del aceite purificado para mantener encendido el menorah.

Actualmente los judíos celebran Hanukkah comenzando el día veinticinco de Kislev (noviembre–diciembre en nuestro calendario) al situar el menorah en una ventana o puerta donde será visible desde el exterior. Cada día durante los ocho días de celebración, a la caída de la tarde, se enciende una vela y después se va encendiendo una vela en cada noche sucesiva hasta la octava noche, cuando todas las velas están encendidas.[18]

¡De los días más oscuros de sufrimiento y persecución a la celebración del festival de las Luces! ¡Solamente Dios escribe una historia así! A pesar de los horrores venideros en el periodo de la Tribulación, Dios nunca abandonará a aquellos que se vuelvan a Él.

CAPÍTULO 6

«La marca de la Bestia»

Si entró usted en el buscador Google el día 7 de octubre de 2009, puede que notase que el logo normal de Google había sido sustituido por un *dibujito de Google*: un sencillo código de barras. Si desplazó el ratón sobre el dibujo, habrá visto la frase «Invención del código de barras».

Ese dibujo marcaba el cincuenta y siete aniversario de la primera patente otorgada para lo que es ahora el omnipresente Código Universal de Producto (UPC). La patente fue otorgada a dos licenciados estadounidenses, y el primer uso de la tecnología con escáner se produjo en la caja del supermercado Marsh en Troy, Ohio, en 1974. En la actualidad, ese código se encuentra prácticamente en todos los productos comerciales, desde periódicos hasta alimentos para mascotas.

En 1974 pusimos códigos de barras a productos; actualmente ponemos códigos de barras a personas. En su libro de éxito de ventas, *Shadow Government* [Gobierno en la sombra], el erudito en profecía Grant Jeffrey escribe:

> Muchas agencias de inteligencia militares, agencias del gobierno y grandes corporaciones han introducido sofisticados sistemas de seguridad que requieren que los empleados

lleven un distintivo que contiene un microchip de identificación con frecuencia de radio. Ese chip permite a empresas, agencias y organizaciones monitorear la situación y actividad de cada trabajador durante cada momento en que él o ella estén en las instalaciones. Cuando un empleado entra en la oficina, una computadora registra la hora exacta y comienza a monitorear cada uno de sus movimientos a lo largo del día. Sensores de seguridad situados en puntos estratégicos de todo el complejo de oficinas registran la situación y la duración de las actividades de quien lleva el distintivo.[1]

Los escáneres de lectura pueden introducirse en techos, pisos y puertas de los edificios a fin de monitorear los movimientos de las personas que se encuentran en su interior. Los chips también pueden coserse a las costuras de la ropa, de modo que quien lo lleva ni siquiera sabe que le están monitoreando. Desde 2006, etiquetas con microchips se han vuelto estándar en todos los pasaportes estadounidenses y muchas tarjetas de crédito. Si usted nunca sale de casa sin su tarjeta American Express Blue, está llevando una etiqueta identificativa en su cartera en este mismo instante. Dentro de no mucho tiempo, será monitoreado dondequiera que vaya.

Muchos de nosotros estamos familiarizados con los sistemas electrónicos de identificación externos y hasta con los chips en las tarjetas de crédito. Pero una nueva tecnología menos familiar ahora está haciendo posible que los microchips de identificación sean implantados de modo indoloro debajo de la piel. El chip consiste en un circuito integrado en miniatura que mantiene y procesa información, y también una antena que puede recibir o transmitir una señal.

Kevin Warwick, profesor de cibernética en la universidad

inglesa de Reading, afirma ser la primera persona en el mundo que lleva implantado voluntariamente un chip. Warwick experimentó en sí mismo implantando un sofisticado chip de computadora que le permitía transmitir señales al sistema de comunicaciones de la universidad. El aparato implantado tenía tres milímetros de anchura y veintitrés milímetros de longitud, y emitía señales únicas que se podían oír sólo si había transmisores funcionando en lo que se denomina un «edificio inteligente».[2]

Algunos de mis recuerdos indelebles del 11 de septiembre son las imágenes de policías y bomberos de Nueva York que murieron intentando salvar a víctimas de ese ataque terrorista. Muchos de esos hombres escribieron sus números de identificación sobre sus cuerpos para asegurar su propia identificación en caso de convertirse ellos mismos en víctimas. Tras leer de esa práctica, una innovadora empresa estadounidense vio la necesidad de una identificación positiva en tales emergencias y pasó a trabajar en lo que ahora se denomina el VeriChip. En 2004, el Departamento de Control de Alimentos y Medicamentos (FDA) aprobó este microchip del tamaño de un grano de arroz para su implantación bajo la piel de los seres humanos para proporcionar información personal en situaciones de emergencia.[3]

Antes de seguir adelante, permita que señale que el microchip o VeriChip no es ni bueno ni malo; es sencillamente un grupo de silicona y bits de datos y no tiene ninguna persuasión moral propia. Al igual que el dinero, las pistolas o miles de otras herramientas amorales, esos chips dependen por completo de la ética, propósitos y prioridades de aquellos que las utilizan. Los chips actuarán con la misma eficacia para monitorear a un paciente de Alzheimer que para monitorear a un individuo con el propósito de chantajearlo.

¿Por qué estoy empleando tanto tiempo para hablarle de estas nuevas tecnologías? Porque sus posibles usos tienen implicaciones que atemorizan. Si las tendencias de nuestro gobierno continúan a su ritmo actual, no será necesario mucho tiempo para que la intimidad de los estadounidenses sea añadida a los recuerdos de los tiempos pasados.

Más concretamente al punto, estas tecnologías son de especial preocupación para los estudiantes de la profecía bíblica. Ellos nos muestran que los sistemas tecnológicos ahora están disponibles para cumplir una predicción realizada hace mil novecientos años. «Y hacía [el falso profeta] que a todos, pequeños y grandes, ricos y pobres, libres y esclavos, se les pusiese una marca en la mano derecha, o en la frente; y que ninguno pudiese comprar ni vender, sino el que tuviese la marca o el nombre de la bestia, o el número de su nombre» (Apocalipsis 13.16-17). Es fácil ver cómo el Anticristo podría utilizar estos chips de monitoreo como medio de aplicar esta marca y controlar a la población.

Podría usted preguntar: «¿Pero qué tiene que ver todo esto conmigo? Yo soy cristiano. Si se producen esos acontecimientos durante el periodo de la Tribulación, y yo ya he sido llevado al cielo, ¿por qué debería estar preocupado por algo que sucede en la tierra después de que yo ya me haya ido?».

La respuesta es que estos acontecimientos pueden implicarle a usted más de lo que piensa. Por favor, no me malentienda; no estoy sugiriendo que el rapto pueda dejarle atrás a usted; pero sí he descubierto que muchos entienden mal la secuencia de eventos de los últimos tiempos. La Escritura muestra que los eventos descritos en Apocalipsis 13 tienen lugar en mitad del periodo de siete años de la Tribulación. El rapto de la Iglesia marcará el comienzo de la Tribulación. Si usted cree, tal como creo yo, que el rapto podría producirse en cualquier momento, entonces fácilmente podríamos estar a tres o cuatro años de los acontecimientos de los que estamos hablando en este capítulo.

Eventos futuros proyectan sus sombras delante de ellos. Los acontecimientos de la Tribulación no comenzarán a suceder de repente el día después del rapto; estarán agarrando impulso durante los días anteriores a él. Acontecimientos que suceden en la actualidad muestran que nuestro mundo está siendo preparado para el reinado del Anticristo y la marca de la Bestia. Los sombríos titulares del presente nos permiten entender la profecía como nunca antes.

Aun quienes nunca han leído la Biblia, normalmente están familiarizados con el término *marca de la bestia*. Ha sido popularizado mediante películas como el estreno en 1976 de *The Omen*. Me han dicho que en el remake de *The Omen* en 2006 la marca de la Bestia, representada por el número 666, era un tema destacado a lo largo de la película. El patrón del papel pintado del cuarto del niño demonio Damien era una viña floral que daba vueltas para formar una pared de seises. Era la marca de nacimiento del niño, el 666, la que lo identificaba como el Anticristo. El mercado astutamente estrenó la película el 06-06-06. Esta película secular puede que no presente una correcta aplicación de los acontecimientos bíblicos, pero demuestra que casi todo el mundo tiene algún conocimiento de una siniestra marca que entrará en escena en los últimos tiempos.

Más adelante en este capítulo explicaré con mayor detalle la relación entre la tecnología de identificación por chip y la marca de la bestia. Pero antes debo darle algo de trasfondo que revelará todas las implicaciones de la marca, al igual que cómo se relaciona con el tema de este libro: la venidera desintegración de la economía mundial.

Satanás origina la marca

En las primeras palabras de Apocalipsis 13 descubrimos que la marca de la Bestia y sus implicaciones no son, como muchas personas creen, originadas por el Anticristo. Después de describir la venida del Anticristo como una bestia que sube del mar (v. 1), Juan escribe lo siguiente: «Y el dragón [Satanás] le dio su poder y su trono, y grande autoridad» (v. 2). Satanás es el originador de todo el mal de la Tribulación, y el Anticristo, junto con su Falso Profeta, son los conductos de su poder. La clave para este hecho se encuentra en la palabra *dado* u *otorgado*. El poder maligno del Anticristo y del Falso Profeta les es *dado* por Satanás. Varios versículos en Apocalipsis 13 revelan el papel de Satanás como la fuente de la actividad del Anticristo y el falso profeta:

- «También se le dio boca...y se le dio autoridad» (v. 5).
- «También se le dio autoridad» (v. 7).
- «Se le ha permitido hacer...» (v. 14).
- «Y se le permitió...» (v. 15).

¿Por qué inventó Satanás la marca de la Bestia? ¿Cuál es el propósito final? Para responder con profundidad estas preguntas, debemos regresar a cuando Satanás es introducido en la escena terrenal en el capítulo doce de Apocalipsis:

Después hubo una gran batalla en el cielo: Miguel y sus ángeles luchaban contra el dragón; y luchaban el dragón y sus ángeles; pero no prevalecieron, ni se halló ya lugar para ellos en el cielo. Y fue lanzado fuera el gran dragón, la serpiente antigua, que se llama diablo y Satanás, el cual engaña al mundo entero; fue arrojado a la tierra, y sus ángeles fueron arrojados con él (Apocalipsis 12.7-9).

¿Por qué fue arrojado Satanás del cielo? El profeta Isaías lo explica, desenmascarando la sorprendente motivación de Satanás y usando sus propias palabras:

> Cómo caíste del cielo, oh Lucero, hijo de la mañana! Cortado fuiste por tierra, tú que debilitabas a las naciones. Tú que decías en tu corazón: Subiré al cielo; en lo alto, junto a las estrellas de Dios, levantaré mi trono, y en el monte del testimonio me sentaré, a los lados del norte; sobre las alturas de las nubes subiré, y seré semejante al Altísimo (Isaías 14.12-14).

Como puede ver por este pasaje, Satanás tiene un problema de «Yo». Cinco veces utiliza el pronombre de primera persona del singular; y cada vez hace una afirmación más audaz, hasta que finalmente plantea su meta principal: «y seré semejante al Altísimo». Satanás es impulsado por una compulsión para rivalizar con el Dios Altísimo y recibir la adoración que le pertenece solamente a Dios.

El inflado orgullo de Satanás siguió hinchándose hasta el extremo de que él hasta quiso que Dios le adorase. Cuando Satanás tentó a Jesús en el desierto, leemos: «Otra vez le llevó el diablo a un monte muy alto, y le mostró todos los reinos del mundo y la gloria de ellos, y le dijo: Todo esto te daré, si postrado me adorares» (Mateo 4.8-9). El audaz egoísmo del diablo parece no tener límite.

Satanás ha llegado a entender, sin embargo, que pocos, si es que alguno, van a adorarle voluntariamente; por tanto, recurre tanto al engaño como a la compulsión. En términos de engaño, su estrategia ha sido siempre parecer como Dios, y Satanás es la falsificación más astuta del mundo. No puede derrotar a Dios, y no puede ser Dios, así que ha maquinado formas de duplicar ciertos atributos de Dios. Por ejemplo, él «se disfraza como ángel de luz» (2 Corintios 11.14). En Apocalipsis 13 leemos que él realmente establece su propia trinidad para reflejar a la Santa Trinidad del Dios Todopoderoso. Al igual que Dios se ha revelado a sí mismo como un Dios en tres personas —Dios Padre, Dios Hijo y Dios Espíritu Santo—, así Satanás ha escogido revelarse a sí mismo como las tres entidades de la trinidad impía: Satanás, el Anticristo y el Falso Profeta.

Cuando Jesús caminaba sobre esta tierra, regularmente afirmaba que su poder provenía únicamente del Padre: «Porque yo no he hablado por mi propia cuenta; el Padre que me envió, él me dio mandamiento de lo que he de decir, y de lo que he de hablar. Y sé que su mandamiento es vida eterna. Así pues, lo que yo hablo, lo hablo como el Padre me lo ha dicho» (Juan 12.49-50). El Evangelio de Juan deja muy claro que Jesús vivió su vida terrenal en total sumisión al Padre (véase Juan 4.34; 5.19, 30; 6.38; 8.28, 42; 12.49; 14.10).

De modo perversamente similar, cuando el Anticristo camine sobre la tierra estará lleno del poder y la autoridad de Satanás. Según el apóstol Juan, tanto Satanás (el dragón) como la Bestia (el Anticristo) recibirán adoración: «y adoraron al dragón que había dado autoridad a la bestia, y adoraron a la bestia, diciendo: ¿Quién como la bestia, y quién podrá luchar contra ella?» (Apocalipsis 13.4). Cuando Satanás obtenga su poder sobre los pueblos del mundo, demandará ser adorado en cada una de sus tres manifestaciones. Y, como veremos, obligará a que se cumpla su demanda mediante la tecnología de la marca de la bestia.

Para resumir, la marca de la Bestia es invento de Satanás. Pero la marca será aplicada y administrada por dos de las manifestaciones corporales de Satanás: el Anticristo y el Falso Profeta, a quienes él da su poder y autoridad. Examinemos a estos dos seres satánicos para ver cómo encajan en el cuadro general.

El Anticristo ordena la marca

Hemos establecido que Satanás origina la marca de la Bestia, pero es el Anticristo quien ordena que la marca se aplique. En la visión de Juan, el Anticristo se presenta como una bestia que sube del mar:

> Me paré sobre la arena del mar, y vi subir del mar una bestia que tenía siete cabezas y diez cuernos; y en sus cuernos diez diademas; y sobre sus cabezas, un nombre blasfemo. Y la bestia que vi era semejante a un leopardo, y sus pies como de oso, y su boca como boca de león.... Vi una de sus cabezas como herida de muerte, pero su herida mortal fue sanada; y se maravilló toda la tierra en pos de la bestia (Apocalipsis 13.1-3).

Juan describe de manera gráfica a la Bestia en una grotesca composición de los cuatro mismos animales que Daniel vio en su profecía (véase Daniel 7). En esa profecía, las cuatro bestias representaban a cuatro reinos que surgirían consecutivamente: Babilonia,

Media-Persia, Grecia y, finalmente, Roma. La bestia de la visión de Juan tiene siete cabezas y diez cuernos, y sobre cada cabeza hay un nombre blasfemo. Algunos creen que esta bestia representa el avivamiento del imperio romano. De eso no podemos estar seguros, pero sin duda retrata al gobernador de ese imperio reavivado: el Anticristo mismo.

Juan nos dice que el cuerpo de la Bestia es como de leopardo. Algunos eruditos de la Biblia han destacado que el leopardo es el único animal con colores que representan las tres razas principales de la humanidad. Su lomo es marrón como el asiático; su estómago es blanco como el europeo o el caucásico; y sus manchas son negras: el color de los pueblos africanos. Al igual que el leopardo es una representación multinacional y multirracial, el Anticristo será una figura internacional. Reunirá a todos los pueblos del mundo bajo su dinámico liderazgo.

Es decir, reunirá a todos los pueblos a excepción de un grupo: los cristianos. El Anticristo hará guerra con aquellos que se vuelvan a Cristo durante la Tribulación, pero todos los demás en la tierra le adorarán. Como explica Juan: «Y se le permitió hacer guerra contra los santos, y vencerlos. También se le dio autoridad sobre toda tribu, pueblo, lengua y nación. Y la adoraron todos los moradores de la tierra cuyos nombres no estaban escritos en el libro de la vida del Cordero que fue inmolado desde el principio del mundo» (Apocalipsis 13.7-8).

¡Qué espantoso es entender que la forma definitiva de maldad será un mundo en el cual la gente ya no adore al Dios del cielo sino al Satanás del infierno! En nuestro tiempo la maldad manifiesta de Satanás se ha demostrado verdaderamente sólo en algunas ocasiones horribles. Esto se debe a que la obra de contención del Espíritu Santo pone límites a su poder; pero durante

la Tribulación, el Espíritu Santo será apartado del camino (véase
2 Tesalonicenses 2.7). Satanás será desatado, y el mundo será
expuesto a la fuerza plena de la maldad mediante la capacitación
de Satanás al Anticristo y al Falso Profeta. Será un periodo de
profundo horror, casi demasiado terrible para imaginarlo.

El Falso Profeta orquesta la marca

Ahora veremos la otra manifestación de Satanás sobre la tierra en
los últimos tiempos: el Falso Profeta. Hemos mostrado que Satanás es el originador de la marca de la Bestia y que su marioneta,
el Anticristo, pondrá la marca en ejecución. El tercer miembro
de esta trinidad falsificada, el Falso Profeta, orquestará realmente
todo el sistema.

La descripción del Falso Profeta (Apocalipsis 13.11-12)

Así es como el apóstol Juan presenta al Falso Profeta: «Después
vi otra bestia que subía de la tierra; y tenía dos cuernos semejan-
tes a los de un cordero, pero hablaba como dragón. Y ejerce toda
la autoridad de la primera bestia en presencia de ella, y hace que
la tierra y los moradores de ella adoren a la primera bestia, cuya
herida mortal fue sanada» (Apocalipsis 13.11-12).

Mientras que Juan describe al Anticristo como una bestia que
sube del mar, ve al Falso Profeta como una bestia que sube de la
tierra: una criatura que se parece a un cordero pero tiene la voz de
un dragón. En otras palabras, el Falso Profeta parece ser amable y
benevolente, pero su voz —el contenido y el significado de lo que
dice— es cualquier otra cosa menos benigno. El Falso Profeta,

como el término da a entender, será una figura religiosa, pero su religión será demoníaca. En realidad es un hombre poseído por Satanás que ejerce autoridad y poder en el nombre del Anticristo y que hace que el mundo entero se postre y adore al Anticristo y a su imagen.

El expositor bíblico John Phillips describe la estrategia engañadora del Falso Profeta:

> El papel del falso profeta será hacer que la nueva religión sea atractiva y aceptable para los hombres....Sus argumentos serán sutiles, convincentes y atractivos. Su oratoria será hipnótica, porque será capaz de llevar a las masas a las lágrimas o a un frenesí. Él controlará los medios de comunicación del mundo y organizará con destreza la publicidad de masas para promover sus fines. Será el maestro de toda idea promocional y todo truco en las relaciones públicas. Manejará la verdad con astucia que sobrepasa las palabras, torciéndola y distorsionándola....Su mortal atractivo estará en el hecho de que lo que él diga sonará tan correcto, tan sensato y exactamente lo que los hombres no regenerados siempre han querido oír.[4]

El Falso Profeta de Apocalipsis 13 es la personificación de todo falso profeta que haya habido antes de él. Jesús advirtió a sus seguidores de tales engañadores: «Guardaos de los falsos profetas, que vienen a vosotros con vestidos de ovejas, pero por dentro son lobos rapaces» (Mateo 7.15).

Cuando Satanás controle la población del mundo mediante el Anticristo; cuando todos sean obligados a aceptar la marca de la Bestia en la frente o en la mano; cuando todos los que tomen la marca se postren y adoren a Satanás y al Anticristo; será el Falso Profeta, el líder religioso del mundo, quien esté orquestando toda la trama.

Esto con frecuencia resulta sorprendente para la mayoría de estudiantes de la Biblia que han supuesto que la marca de la Bestia pertenecerá exclusivamente al Anticristo. No es así. Es el definitivo líder religioso del mundo quien orquesta todo el escenario. Este hecho nos dice algo más sobre el Falso Profeta. Él no sólo será una renombrada figura religiosa, sino que también será un experto en economía. Wilfred J. Hahn encuentra este hecho más que importante:

> Siempre he pensado que una reveladora alerta es que será una figura religiosa la que termine siendo el último «gurú económico» del mundo. ¿Una extraña coincidencia? No. Vistos en conjunto, la macroeconomía y la globalización hoy día son la mayor religión del mundo. Las creencias que yacen en el núcleo de esas ideologías son la esperanza prevaleciente de la humanidad en la actualidad. Como tal, es adecuado que una figura religiosa predique tal evangelio de la prosperidad final al mundo entero.[5]

Blaise Pascal lo expresó bien: «Los hombres nunca hacen el mal tan completamente y tan alegremente como cuando lo hacen desde la convicción religiosa».[6]

Las obras engañosas del Falso Profeta (Apocalipsis 13.13)

El Falso Profeta tendrá la capacidad de falsificar los milagros de Dios. «También hace grandes señales, de tal manera que aun hace descender fuego del cielo a la tierra delante de los hombres» (Apocalipsis 13.13).

Al hacer descender fuego del cielo, el Falso Profeta estará estableciendo dos relaciones con sus seguidores. En primer lugar, intenta hacerse pasar por el Elías de los últimos tiempos prometido por el profeta Malaquías: «He aquí, yo os envío el profeta Elías, antes que venga el día de Jehová, grande y terrible» (Malaquías 4.5).

Elías es el único profeta del Antiguo Testamento que hizo descender fuego del cielo. En su competición con los profetas de Baal en el monte Carmelo, Elías desafió a los falsos profetas de su tiempo a pedir a sus dioses que enviaran fuego del cielo y consumiera el sacrificio que ellos habían preparado. Desde la mañana hasta la tarde los profetas de Baal clamaron a sus dioses y no hubo respuesta. Después llegó el turno de Elías. Después de saturar su sacrificio con agua hasta que se derramaba sobre el altar, Elías clamó a su Dios, Jehová. «Entonces cayó fuego de Jehová, y consumió el holocausto, la leña, las piedras y el polvo, y aun lamió el agua que estaba en la zanja. Viéndolo todo el pueblo, se postraron y dijeron: ¡Jehová es el Dios, Jehová es el Dios!» (1 Reyes 18.38-39).

Al repetir el milagro de Elías, el Falso Profeta de Apocalipsis estará diciendo: «Yo soy el Elías que predijo su propio profeta: Malaquías. Para demostrar mi afirmación, aquí está el fuego».

Mediante el milagro del fuego, el Falso Profeta engañará a sus seguidores de otra manera: estará imitando el milagro de los dos testigos que destruirán a sus enemigos por fuego. «Si alguno quiere dañarlos, sale fuego de la boca de ellos, y devora a sus enemigos; y si alguno quiere hacerles daño, debe morir él de la misma manera» (Apocalipsis 11.5).

Este milagro y otros engañarán fácilmente a las personas en el periodo de la Tribulación porque la mayoría supondrá que son verdaderamente de Dios. Por eso Jesús advirtió a la gente que no fuese engañada simplemente sobre la base de un milagro: «Porque se levantarán falsos Cristos, y falsos profetas, y harán grandes señales y prodigios, de tal manera que engañarán, si fuere posible, aun a los escogidos» (Mateo 24.24). Ray Stedman explica:

Los profetas de antaño hacían milagros para establecer sus credenciales, la autoridad que Dios les había dado. Moisés y Elías hicieron grandes milagros, y, al igual que los dos testigos del capítulo 11 de Apocalipsis, hicieron descender fuego del cielo. Por tanto, este hombre debe hacer descender fuego del cielo. Pablo nos dice que el diablo tiene también la capacidad de hacer milagros. Así, no debemos confiar en cada milagro como si Dios lo hubiera hecho, pues puede que sea obra del enemigo: el maligno. Este profeta hace descender fuego del cielo, y engaña al mundo por tales medios.[7]

Desde el principio mismo, el engaño ha sido una herramienta primordial de Satanás. Comenzó en Edén cuando él tentó a Eva: «Entonces Jehová Dios dijo a la mujer: ¿Qué es lo que has hecho? Y dijo la mujer: La serpiente *me engañó*, y comí» (Génesis 3.13, énfasis añadido). El engaño seguía siendo el método de Satanás cuando Pablo escribió a los creyentes corintios: «Pero temo que como la serpiente con su astucia *engañó* a Eva, vuestros sentidos sean de alguna manera extraviados de la sincera fidelidad a Cristo» (2 Corintios 11.3, énfasis añadido). Satanás sigue obrando por medio del engaño, y por eso la Biblia hace tantas advertencias contra él:

- «Guardaos, pues, que vuestro corazón no se infatúe» (Deuteronomio 11.16).
- «Mirad que no seáis engañados» (Lucas 21.8).
- «No erréis» (1 Corintios 6.9).
- «No erréis» (1 Corintios 15.33).
- «No os engañéis» (Gálatas 6.7).
- «No erréis» (Santiago 1.16).

La necesidad de observar estas repetidas advertencias nunca será tan aguda como en el periodo de la Tribulación, cuando el engaño final de Satanás mediante su Falso Profeta esclavice al mundo entero.

El engaño final del Falso Profeta (Apocalipsis 13.14-15)

Los engaños del Falso Profeta que hemos observado hasta ahora son sólo preludios del acto atrozmente engañoso mediante el cual él obtendrá el control definitivo del pueblo. El pasaje que hemos estado explorando, Apocalipsis 13, describe esta obra:

> Y [el falso profeta] engaña a los moradores de la tierra con las señales que se le ha permitido hacer en presencia de la bestia, mandando a los moradores de la tierra que le hagan imagen a la bestia que tiene la herida de espada, y vivió. Y se le permitió infundir aliento a la imagen de la bestia, para que la imagen hablase e hiciese matar a todo el que no la adorase (vv. 14-15).

Como muestra este pasaje, el Falso Profeta engañará a las personas para que edifiquen una imagen para ser utilizada como medio de adoración al Anticristo. Yo creo que el Falso Profeta erigirá esta imagen en la zona más sagrada del recién construido templo judío.

En este punto, Satanás, el Anticristo y el Falso Profeta han cumplido sus propios delirios asumiendo la trinidad y recibiendo adoración. El Falso Profeta hará que la imagen hable. Algunos creen que se hará mediante alguna forma de ventriloquía; otros, mediante reproducción electrónica de voz. O podría ser que lo haga mediante su poder satánico delegado, pues sabemos que, al igual que el Anticristo, él actúa «por obra de Satanás, con gran poder y señales y prodigios mentirosos» (2 Tesalonicenses 2.9). Con la gente de la tierra engañada, Satanás, mediante las obras del Falso Profeta, moverá ficha hacia su tiranía definitiva.

Las demandas del Falso Profeta (Apocalipsis 13.16-18)

Ahora llegamos al corazón del sistema de control de la población de Satanás en los últimos tiempos. Apocalipsis 13.16-17 nos dice que «Y [el falso profeta] hacía que a todos, pequeños y grandes, ricos y pobres, libres y esclavos, se les pusiese una marca en la mano derecha, o en la frente; y que ninguno pudiese comprar ni vender, sino el que tuviese la marca o el nombre de la bestia, o el número de su nombre».

El erudito en profecía, Arnold Fruchtenbaum, ha escrito lo siguiente sobre la marca: «Será dada a todo aquel que se someta a la autoridad del Anticristo y le acepte como dios. La marca servirá como un pasaporte para los negocios (v. 17a). No podrán ni comprar ni vender nada a menos que tengan la marca.... Sólo a aquellos que tengan este número se les permitirá trabajar, comprar, vender o simplemente ganarse la vida».[8]

Por medio de esta marca, Satanás y sus marionetas intentarán una vez más falsificar el programa de Dios. Dios tiene una marca; Satanás debe tener una marca. En el capítulo siete de Apocalipsis, la marca de Dios se describe como un sello:

Vi también a otro ángel que subía de donde sale el sol, y tenía el sello del Dios vivo; y clamó a gran voz a los cuatro ángeles, a quienes se les había dado el poder de hacer daño a la tierra y al mar, diciendo: No hagáis daño a la tierra, ni al mar, ni a los árboles, hasta que hayamos sellado en sus frentes a los siervos de nuestro Dios. Y oí el número de los sellados: ciento cuarenta y cuatro mil sellados de todas las tribus de los hijos de Israel (vv. 2-4).

Al igual que Dios sella a sus siervos en la frente, el Anticristo marcará a sus seguidores en la frente. Satanás tratará de imitar todo lo que Dios hace. La marca de Dios sella a sus testigos judíos para Él; por tanto, mediante la marca de la Bestia el Anticristo intentará sellar a su gente para él.

Pero hay importantes diferencias entre la marca de Dios y la de Satanás. Una es que la marca falsificada de Satanás no tendrá poder alguno sobre quienes lleven la auténtica marca de Dios. El sello de Dios protegerá a sus testigos de sufrir daño, mientras que el sello de Satanás someterá a su gente al daño. Otra diferencia es que el sello de Dios se dará sólo a unos cuantos elegidos: los 144.000 testigos judíos. Pero el sello del Anticristo se requerirá a todos: «Y hacía que a todos, pequeños y grandes, ricos y pobres, libres y esclavos, se les pusiese una marca en la mano derecha, o en la frente» (Apocalipsis 13.16).

La palabra para «marca» en griego es *charagma*, que significa «sello» o «marca de fábrica». En la antigüedad, una *charagma* podía adoptar varias formas: podía ser una placa de arcilla cocida que llevaba un esclavo y tenía grabada información autenticando su autorización para realizar compras para su amo. La *charagma* también podía ser un tinte para sellar documentos oficiales o para imprimir su imagen en un sello de cera. En el imperio romano, la palabra siempre estaba relacionada con el emperador y muchas veces llevaba su nombre y efigie. La *charagma* estaba en sus monedas, sus sellos, sus esclavos, y su uso estaba autorizado para sus oficiales. La *charagma* era necesaria para comprar y vender, y se requería que fuera adjuntada a documentos para atestiguar de su validez.

Al igual que el sello del emperador, el sello satánico se dará de modo que «ninguno pudiese comprar ni vender, sino el que tuviese la marca o el nombre de la bestia, o el número de su nombre» (Apocalipsis 13.17). Ahora está claro por qué el Falso Profeta es un líder tanto económico como religioso. La marca que él ejecuta se aplica a ambos ámbitos y los vincula. La marca permitirá que los seguidores del Anticristo compren y vendan porque los identifica como los ortodoxos religiosos, sumisos seguidores de la Bestia y adoradores de su imagen. Aquellos que no tengan la marca tendrán prohibido comprar porque son identificados como traidores, quizá parecido al modo en que quienes están en países musulmanes y niegan el islam son identificados como infieles. La ley de la Bestia en ese tiempo será: «¡Adórenme o mueran de hambre!».

¿Qué es la marca de la Bestia?

Los poderes gobernantes normalmente han tenido marcas o símbolos. La antigua República de Roma estaba representada por un *fasces*: un conjunto de varas simbolizando unidad, con una

sobresaliente hacha simbolizando autoridad. La Alemania nazi
tenía su esvástica. La actual Israel tiene su Estrella de David,
Canadá su hoja de maple, y Estados Unidos su águila. Las marcas
también se utilizan por otras razones, como cuando Dios marcó
al asesino Caín en Génesis 4.15: «Ciertamente cualquiera que
matare a Caín, siete veces será castigado. Entonces Jehová puso
señal en Caín, para que no lo matase cualquiera que le hallara».
Como nos dice Apocalipsis 13.18, la marca de la Bestia está
relacionada con el número 666: «Aquí hay sabiduría. El que tiene
entendimiento, cuente el número de la bestia, pues es número de
hombre. Y su número es seiscientos sesenta y seis».

Debido a la asociación de ese número con el mal, las personas
en la actualidad son con frecuencia aprensivas en cuanto a su
uso. Cuando Ronald Reagan dejó la presidencia, él y su esposa
se trasladaron a la acomodada zona de Bel Air en Los Angeles.
La dirección de su casa era: 666 St. Cloud Road. Nancy Reagan enseguida hizo que se cambiase oficialmente el número de la
calle al 668 para evitar el siniestro número 666. La superstición
y la astrología puede que hayan tenido más que ver con su decisión que la convicción bíblica; sin embargo, su acto muestra la
sensibilidad de las personas hacia ese número.[9] No lo queremos
en nuestras direcciones; no lo queremos en nuestros números de
teléfono; y no lo queremos en nuestras matrículas.

Aun así, a pesar del desagrado generalizado con el número 666,
pocos saben lo que realmente significa. Se han ofrecido muchas
sugerencias. Algunas pueden tomarse en serio; otras, definitiva-
mente no. Las siguientes son tres ideas que podemos descartar:
el Dr. Henry Morris señala que si tomamos los números enteros
entre 1 y 36, los sumamos (1+2+3+4, etc.), y cuando llegamos
al treinta y seis pulsamos el botón de total en la calculadora, la

suma que aparecerá es 666.[10] Eso puede ser intrigante, pero no es significativo. Algunos han sugerido que a fin de darle a todos en el mundo su propio número único, serán necesarios dieciocho dígitos, o tres conjuntos de seis dígitos cada uno. Curiosamente, en cuanto a lo que sé, posiblemente cierto; pero no es el significado simbólico del número bíblico. En Apocalipsis 13, el número 666 se encuentra en el versículo 18. Dieciocho es la suma de seis más seis más seis. ¿No es eso revelador? Bien, sea lo que sea que revele, no es el significado del 666.

El versículo 18, sin embargo, sí nos da una indicación del significado del número cuando nos dice que el 666 es «número de hombre». Para entender la implicación que eso tiene, consideremos primero otro número: el número siete. El siete se considera el número de lo completo. La Biblia con frecuencia utiliza el número siete en referencia a Dios o a cosas relacionadas con Dios. Dios descansó el séptimo día. El candelero del templo tenía siete velas. Cristo se dirigió a siete iglesias en Apocalipsis. Apocalipsis habla de siete espíritus delante del trono de Dios, siete candeleros de oro, siete sellos, siete truenos, siete ángeles, siete trompetas y siete copas.

El número seis, por otro lado, siendo uno menos que siete, es un número de lo incompleto. Por tanto, el hombre, siendo a semejanza de Dios pero no Dios, se asocia con el número seis. El hombre fue creado el sexto día, y se le exige que trabaje seis de siete días. Incluso el hombre más grande descrito en la Biblia, el gigante Goliat, no era un siete. Él medía seis codos de altura, llevaba una lanza que pesaba seis shekels, y llevaba seis partes de la armadura. A pesar de lo grande que sea un hombre o crea que es, sigue sin ser Dios; es meramente un hombre.

El número 666 designa al hombre al triple. Es lo mejor que el hombre puede ser sin Dios: lo último en ingenuidad y competencia humana elevadas al punto en que él cree que es un dios. Pero él no es Dios; sigue siendo incompleto, imperfecto. A pesar de lo elevado que sea el pedestal, lo mejor que él puede ser es un grupo de seises; no es y nunca puede ser un siete. ¿Puede ver cómo ese número caracteriza al Anticristo?

La marca en operación

Ahora estamos en el punto donde podemos explicar cómo el Falso Profeta puede emplear la tecnología moderna para imponer el uso de la marca. Grant Jeffrey nos ayuda a entender cómo será en la práctica:

> Utilizando tecnología existente, la marca o número 666 puede ser implantado bajo la piel de cada persona utilizando un microchip de identificación. Un potente escáner electrónico podría detectar el chip desde una distancia y revelar toda la información personal, mucho más que su nombre, dirección, edad y estado civil. Aunque el microchip implantado y su información sería legible por un escáner de radio frecuencia, la persona no sabría ni cómo ni cuándo se estaba teniendo acceso a su información privada, ni quién estaba accediendo a la información.[11]

Actualmente, cuando usted presenta su tarjeta de crédito o de débito para pagar una compra y su tarjeta es rechazada, no tiene otra opción sino la de dejar el producto a menos que tenga otro medio de pago. Durante la Tribulación, los escáneres podrán leer los datos de la persona del microchip de identificación implantado cuando se pongan en la fila para pagar. Un mensaje de «aprobado» o «rechazado» en el escáner indicará si el comprador tiene la marca. Si no la tiene, no hay venta.

Uno puede imaginar escenarios durante la Tribulación como los que aparecen en los libros de Corrie ten Boom. Cuando ella pasaba por la línea de inspección en el campo de concentración nazi, oraba para que los guardias no descubriesen la Biblia que ella llevaba. Y así era. O como el hermano Andrés, que llevaba Biblias de contrabando a países comunistas y oraba para que los guardias de la frontera no vieran las Biblias amontonadas a plena vista en su auto. Y así era. ¿Habrá cristianos en la Tribulación que pasen por las líneas de pago sin la marca de la Bestia, orando para sean milagrosamente aprobados para comprar alimentos aunque no tengan la marca?

No podemos saber cómo Dios protegerá a aquellos que se vuelvan a Él durante la Tribulación, pero yo creo que podemos estar seguros de que Él protegerá a los suyos de algún modo maravilloso, especialmente cuando los cristianos sin duda serán una minoría indefensa en un periodo de extrema persecución y mal sin precedente.

El destino del Falso Profeta

Cuando leo una novela llena de suspense, no quiero saber el final antes de llegar ahí. He hablado del destino de la Bestia en el capítulo anterior, pero creo que un pequeño repaso puede que sea útil aquí.

En uno de los últimos capítulos de Apocalipsis leemos sobre la batalla final contra Satanás en la cual Cristo mismo conducirá la carga. Aquí vemos el resultado de esa batalla:

Y vi a la bestia, a los reyes de la tierra y a sus ejércitos, reunidos para guerrear contra el que montaba el caballo, y contra su ejército. Y la bestia fue apresada, y con ella el falso profeta que había hecho delante de ella las señales con las cuales había engañado a los que recibieron la marca de la bestia, y habían adorado su imagen. Estos dos fueron lanzados vivos dentro de un lago de fuego que arde con azufre (Apocalipsis 19.19-20).

Al final de todo, la Bestia (el Anticristo) y el Falso Profeta terminan en el infierno. Pero ¿qué les sucede a sus seguidores, a quienes tomaron la marca y adoraron la imagen? Sus decisiones decidieron igualmente su destino. Su juicio se describe en dos pasajes:

Y el tercer ángel los siguió, diciendo a gran voz: Si alguno adora a la bestia y a su imagen, y recibe la marca en su frente o en su mano, él también beberá del vino de la ira de Dios, que ha sido vaciado puro en el cáliz de su ira; y será atormentado con fuego y azufre delante de los santos ángeles y del Cordero; y el humo de su tormento sube por los siglos de los siglos. Y no tienen reposo de día ni de noche los que adoran a la bestia y a su imagen, ni nadie que reciba la marca de su nombre (Apocalipsis 14.9-11).

Oí una gran voz que decía desde el templo a los siete ángeles: Id y derramad sobre la tierra las siete copas de la ira de Dios. Fue el primero, y derramó su copa sobre la tierra, y vino una úlcera maligna y pestilente sobre los hombres que tenían la marca de la bestia, y que adoraban su imagen (Apocalipsis 16.1-2).

Mientras la Tribulación está en progreso, los malvados, en

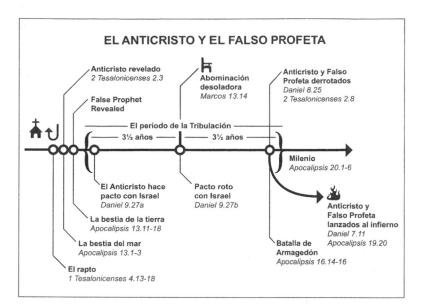

EL ANTICRISTO Y EL FALSO PROFETA

virtud de la marca, parecen estar recibiendo seguridad y protección mientras que los santos que rechazan la marca están siendo perseguidos y asesinados. Pero los anteriores pasajes muestran que, al final, quienes llevan la marca serán castigados junto con la Bestia y el Falso Profeta. Y quienes rechazaron la marca serán reivindicados.

La reivindicación de los santos «no marcados»

Acabamos de ver el fin de quienes aceptan la marca de la Bestia. Prosperan mientras la Bestia tiene el control, pero al final se enfrentan al juicio de Dios. ¿Qué les sucede a los seguidores de Cristo que se niegan a tomar la marca? Encontramos la respuesta en Apocalipsis 20.4:

Y vi tronos, y se sentaron sobre ellos los que recibieron facultad de juzgar; y vi las almas de los decapitados por causa del testimonio de Jesús y por la palabra de Dios, los que no habían adorado a la bestia ni a su imagen, y que no recibieron la marca en sus frentes ni en sus manos; y vivieron y reinaron con Cristo mil años.

Quienes rechazaron la marca estaban siguiendo la sabiduría de Cristo cuando dijo: «Y no temáis a los que matan el cuerpo, mas el alma no pueden matar; temed más bien a aquel que puede destruir el alma y el cuerpo en el infierno» (Mateo 10.28).

De nuevo, puede que piense que estas advertencias no se aplican a usted porque Cristo regresará a llevar a su Iglesia al cielo antes de que tengan lugar esos acontecimientos, librándole a usted de la necesidad de tomar la decisión de si aceptar la marca o sufrir persecución. Es cierto que los cristianos del presente no tendrán que enfrentarse a esa elección concreta porque no estaremos en la Tribulación. ¿Pero qué de los «dolores de parto» de los que habla Pablo en Romanos 8.22 y que conducirán a ese periodo culminante en el que los gobiernos hagan cada vez más difícil para los cristianos operar fielmente sin pagar un precio?

Ya estamos comenzando a sentir esos dolores. Cada vez más nuestro gobierno está aprobando leyes que abaratan la verdad de Dios y amenazan la libertad de los cristianos. Ya hemos sido obligados a contribuir a la financiación federal de abortos mediante los dólares de nuestros impuestos. La santidad del matrimonio está disponible para todos en cada estado de la Unión. En algunos ámbitos uno puede ser demandado por hablar en contra de la homosexualidad. La libertad religiosa está siendo asaltada en las escuelas, en los tribunales, en los medios de comunicación y en las iglesias. Yo creo que estas tendencias aumentarán antes del regreso de Cristo.

En un sentido muy real, cuando el temor evita que defendamos los principios bíblicos, que no nos pongamos del lado de Cristo es, en realidad, una decisión de ponernos del lado de Satanás. Cuando hacemos eso, en un sentido muy real estamos recibiendo la marca de Satanás. Estamos siguiendo su programa por nuestro temor a las consecuencias de hacer lo correcto. Por eso, la tentación de «seguir la corriente para evitar problemas» en lugar de arriesgarse a la persecución es fatal.

Al concluir este capítulo, permítame plantearle una última pregunta. Y es una pregunta difícil. ¿Qué haría usted si le obligasen a decidir entre honrar a Dios rechazando la marca o aceptarla por la seguridad y el bienestar de usted y de su familia? Tenemos un estupendo ejemplo bíblico que nos muestra la respuesta correcta: una historia de tres jóvenes judíos que tuvieron que tomar esa decisión. Daniel nos relata la historia:

> El rey Nabucodonosor hizo una estatua de oro cuya altura era de sesenta codos, y su anchura de seis codos; la levantó en el campo de Dura, en la provincia de Babilonia.... Y el pregonero anunciaba en alta voz: Mándase a vosotros, oh pueblos, naciones y lenguas, que al oír el son de la bocina, de la flauta, del tamboril, del arpa, del salterio, de la zampoña y de todo instrumento de música, os postréis y adoréis la estatua de oro que el rey Nabucodonosor ha levantado; y cualquiera que no se postre y adore, inmediatamente será echado dentro de un horno de fuego ardiendo (Daniel 3.1, 4-6).

Más de un erudito ha destacado que la imagen de Nabucodonosor tenía sesenta codos de alturas, seis codos de anchura, y había seis expresiones musicales que convocaban a sus adoradores. ¿Resulta familiar? Esa estatua era obviamente un prototipo de la del Anticristo en Apocalipsis 13.

A continuación conocemos a tres jóvenes hebreos que se negaron a ser obligados a seguir la idolatría de su época. Los conocemos por sus extraños nombres babilonios: Sadrac, Mesac y Abed-nego. Toda la población de la gran ciudad de Babilonia, al oír la señal musical para adorar a la estatua, inmediatamente se arrodillaba; pero justamente en medio de la multitud estaban aquellos tres jóvenes, de pie y confiados. Nabucodonosor se enfureció por su negativa a obedecer su decreto y aún más por su insistencia en que, dada la opción, ellos volverían a negarse. Él decretó que fuesen lanzados al horno de fuego.

Desde la primera vez que leí sus palabras de respuesta, he amado a esos tres jóvenes y he orado para que si alguna vez yo llegase a ser probado como ellos lo fueron, siga su valiente ejemplo. Aquí está la respuesta que dieron al rey:

No es necesario que te respondamos sobre este asunto. He aquí nuestro Dios a quien servimos puede librarnos del horno de fuego ardiendo; y de tu mano, oh rey, nos librará. Y si no, sepas, oh rey, que no serviremos a tus dioses, ni tampoco adoraremos la estatua que has levantado (Daniel 3.16-18).

En esencia, aquellos valientes jóvenes se negaron a llevar la marca de la Bestia. Y mediante su ejemplo nos muestran cómo también nosotros podemos evitarla. Las decisiones a veces parecen complejas porque queremos sopesar todos los factores y seguir todos los matices y ramificaciones del probable resultado. Pero cuando se reduce a la esencia de casi cualquier decisión moral, normalmente es bastante sencillo: o seguimos a Dios o seguimos a Satanás. Los factores atenuantes puede que sean incómodos o incluso dolorosos, pero en última instancia no son consideraciones válidas para tomar la decisión. Los matices son meras distracciones. Lo único necesario es la claridad para saber de qué lado está usted y la valentía de seguir los mandamientos de Él.

Sí, el resultado puede ser un horno de fuego; puede significar negación de derecho o libertades. Pero tenemos la promesa de Dios de que si le somos fieles en medio de pruebas y persecución, en última instancia reinaremos con Él.

CAPÍTULO 7

Señales económicas de los últimos tiempos

El autor de éxitos de ventas, Robert Kiyosaki, hizo una afirmación terriblemente precisa que caracteriza el mundo económico: «Cuando las personas están batallando económicamente, están más que dispuestas a que un gobierno las salve, intercambiando sin saberlo su libertad personal por la salvación económica».[1]

Sus palabras traen a la mente la letra de una canción pop de los años setenta: «Haces tus apuestas y entonces pagas el precio, las cosas que hacemos por amor, las cosas que hacemos por amor».[2] En la actualidad, las personas han apostado sus vidas a la seguridad financiera, y ahora están dispuestas a pagar el precio para respaldar esa apuesta: la salvación económica a toda costa. La disposición a vender nuestra libertad por nuestra seguridad económica es una obvia señal de que el amor al dinero es verdaderamente la marca de nuestra época. Cuando ese amor se une a las capacidades de la tecnología moderna de tener acceso y control de cada área de nuestras vidas, afrontamos un potencial cada vez mayor de una confrontación entre nuestra fe y las fortalezas del mal.

El amor al dinero está lejos de ser nuevo en la experiencia humana. Es tan viejo como el hombre. De principio a fin, la Biblia con frecuencia habla del asunto de la riqueza material en todas sus facetas, desde el amor desmesurado de ella hasta el profundo desprecio; desde la excesiva abundancia hasta la total carencia; desde los buenos usos a los malos; desde la prudencia en su uso hasta el descuido extravagante. Desde el comienzo de los tiempos, el dinero y la riqueza material han dictado los actos de personas y de naciones.

Abraham y Lot se separaron porque la tierra no podía sostener el abundante ganado que ambos poseían. Esaú vendió su primogenitura por un mero plato de guiso, reduciendo efectivamente su herencia —su futura riqueza— a la mitad. Los hermanos de José abandonaron su plan de matarlo cuando descubrieron que podían obtener beneficio al venderlo como esclavo. Moisés abdicó de la riqueza de Egipto para hacer lo que Dios le llamó a hacer. Los israelitas utilizaron la riqueza del botín de sus amos egipcios para hacer un falso dios. Dios prometió a su pueblo la riqueza de la tierra de Canaán, pero entonces les permitió sufrir derrota cuando un avaro guerrero se quedó con botín en contra del mandamiento de Él. Rut y Noemí quedaron en la extrema pobreza hasta que encontraron el favor de Dios mediante el rico Booz. David pasó de los harapos a la riqueza, mientras que Salomón pasó de las riquezas a la desesperación. Los fariseos anhelaban riqueza, mientras que el Hijo del Hombre no tenía dónde recostar su cabeza. Ananías y Safira mintieron y murieron por afirmar dar a la iglesia una falsa contribución, mientras que los macedonios dieron hasta más de lo que podían. Y llegará un día en que Dios promete que caminaremos sobre oro bajo nuestros pies.

Considerando la influencia histórica de las riquezas para bien o para mal, no debería sorprendernos descubrir que muchas señales de los últimos tiempos tengan tonos económicos. En el capítulo anterior aprendimos que nos dirigimos hacia un periodo en que casi cada persona sobre el planeta tierra será controlada mediante un diabólico sistema económico. Si ese periodo es inminente, como yo creo que lo es, ¿cuáles son las señales que se acercan? ¿Qué deberíamos estar buscando?

Responderé esas preguntas en este capítulo. En las siguientes páginas identificaremos y exploraremos cuatro diferentes señales económicas que indican los últimos tiempos y la venida de Cristo para llevarse a su Iglesia al cielo.

La proliferación de tecnología

En los versículos finales de su profecía, a Daniel se le dice: «Cierra las palabras y sella el libro hasta el tiempo del fin» (Daniel 12.4). «El tiempo del fin» se describe como una era en la que «muchos correrán de aquí para allá, y la ciencia se aumentará» (Daniel 12.4). Ambas partes de esta profecía sin duda se han cumplido. La ciencia ha aumentado y se ha difundido vía comunicaciones tecnológicas hasta el extremo de que el tiempo presente ha sido adecuadamente denominado «la era de la información». No es menos cierto que en nuestra época la gente corre «de aquí para allá». Junto con autos confiables y una red de buenas carreteras y autopistas, el viaje global por aire nos ha dado una movilidad sin precedente y relativamente segura.

A principios de 2010 el *Jerusalem Post* informaba que el aeropuerto Ben Gurion en Tel Aviv había implementado un sistema de seguridad biométrico y único en su clase para hacer que los viajes por aire sean más seguros y los escáneres de seguridad más eficaces que nunca antes. El sistema Unipass Airport Management fue desarrollado por la Autoridad de Aeropuertos de Israel, añadiendo a la reputación de Israel por tener la seguridad aeroportuaria más avanzada del mundo. El nuevo sistema, actualmente en fase de pruebas, se espera que tenga un uso generalizado en 2012. Crea una tarjeta personal inteligente para cada viajero internacional participante escaneando el pasaporte, las huellas dactilares y la imagen facial de la persona en un único proceso de registro.

La máquina, que está en el primer punto de comprobación de seguridad del aeropuerto, escanea tanto el pasaporte como la tarjeta inteligente Unipass para verificar la identidad de la persona. Una vez aprobada, el pasajero pasa a otra máquina que tiene una pantalla táctil para responder preguntas sobre seguridad. Cuando el pasajero ha pasado por esos dos puntos, la tarjeta Unipass es escaneada otra vez en los puntos de comprobación de equipaje, embarque y equipaje de mano.

Mientras que la explicación que se da con mayor frecuencia para la implementación de este nuevo sistema es «reducir significativamente el tiempo de espera en varias de las comprobaciones de seguridad»,[3] no puede haber ninguna duda de que es un medio seguro y aplicado igualitariamente de identificar a pasajeros potencialmente peligrosos para la aerolínea.

Y tiene un potencial aún más siniestro: es un arma perfecta en el arsenal de un tirano resuelto a tener control del mundo. Como sabemos por un capítulo anterior, un gobernante déspota gobernará el mundo entero durante la última mitad del periodo de la Tribulación, y probablemente utilizará la tecnología para lograr sus propósitos (Apocalipsis 13.16-17).

La nueva tecnología para la Internet también está hecha a medida para el Anticristo. Según un artículo de la revista *WORLD* titulado «La Torre de Google», la Internet es «el cerebro de la sociedad, continuamente patrullado por ciber bots que establecen conexiones».⁴ El ya aparentemente omnipresente buscador —sea Google, Bing o cualquier otro— ya está extendiendo su alcance mediante «la optimización del buscador». Con esta mejora, Google puede seguir el mercado concretamente según nuestros intereses siguiéndonos por la Internet y notando dónde nos detenemos, compramos y buscamos.

No sólo pueden descubrir lo que nos gusta y queremos; van más allá de eso creando esas mismas necesidades y deseos para nosotros. Sergey Brin, cofundador de Google, ha expresado un deseo en cierto modo aterrador de ver «el desarrollo de un chip sin cables que sea implantado directamente en el cerebro humano».⁵ Ese es el tipo de control que el Anticristo quiere.

En 1965, el cofundador de Intel, Gordon Moore, formuló una regla general que ha llegado a conocerse como «la ley de Moore». Esta ley cuantifica el crecimiento exponencial de la tecnología afirmando que el número de transistores que pueden colocarse en un circuito integrado se duplica aproximadamente cada dieciocho meses. Esta regla explica el poder cada vez mayor en un espacio cada vez menor del que hemos sido testigos en todos los aparatos electrónicos, desde supercomputadoras hasta teléfonos celulares.

Robert Samuelson, columnista de temas políticos, económicos y sociales del *Washington Post*, traza una línea recta entre nuestros avances tecnológicos y el mundo financiero:

> Es uno de esos vastos levantamientos sociales que todo el mundo entiende pero que apenas nadie nota, porque parece demasiado normal: La «sociedad sin dinero en efectivo» hace tanto tiempo predicha ha llegado quietamente, o casi. El dinero electrónico es más barato que el efectivo o los cheques... [y] es más cómodo... Hemos cruzado un umbral

cultural y también económico cuando plástico y dinero son sinónimos.[6]

Añadamos la voz de Peter Ayliffe, ejecutivo jefe de Visa en Europa: «Pagar productos con billetes y monedas podría ser considerado historia dentro de cinco años... y algunos minoristas podrían comenzar pronto a cobrar un recargo a los clientes si éstos eligen pagar los productos con dinero en efectivo».[7] Si ha volado usted recientemente en cualquiera de nuestras aerolíneas nacionales, ya se habrá encontrado con la cabina sin dinero donde pueden hacerse compras de comida, bebida y hasta auriculares de dos dólares sólo con una tarjeta de crédito.

Durante cierto número de años, los sistemas bancarios de este país han sido inundados por una masa de papel, de gastos tanto con cheques como con tarjetas de crédito. ¿Recuerda aquellos viejos recibos de crédito que se hacían por triplicado: uno para el cliente, otro para el vendedor y otro para el banco? ¿Y esa arcaica máquina, que aplastaba los nudillos, utilizada para imprimir su nombre y su número de cuenta en esas dos hojas de ligero papel y otra de cartón, cada una de ellas separada por papel carbón? En aquellos primeros tiempos de las tarjetas de crédito, era necesaria una llamada telefónica al emisor de la tarjeta para obtener autorización para el cargo.

Algunos lectores puede que hasta recuerden cuando uno tenía que rellenar completamente su propio cheque personal en caja y después esperar mientras el vendedor anotaba su número de licencia de conducir y su número de teléfono. Actualmente, en muchas cajas el cheque lo escribe la misma máquina que totaliza su cuenta, y lo único que se requiere de usted es una firma.

Samuelson nos dice: «En 1996, los cheques y el efectivo representaban casi el 80 por ciento de los pagos del consumidor; ahora,

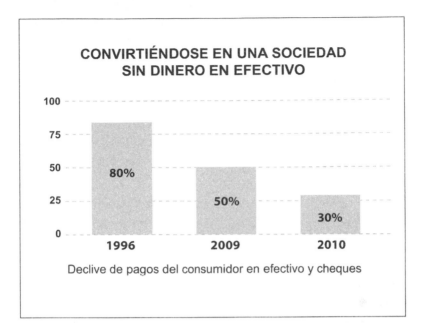

CONVIRTIÉNDOSE EN UNA SOCIEDAD
SIN DINERO EN EFECTIVO

Declive de pagos del consumidor en efectivo y cheques

son menos de la mitad».[8] Él pasa a proyectar que en el futuro cercano las tarjetas de crédito o de débito representarán el 70 por ciento o más de todos los pagos. Esta tendencia nos dice que es probable que en el futuro cercano, nada de dinero real pase de mano a mano. Incluso el cheque de su salario se le acreditará electrónicamente a su cuenta bancaria como el del 83 por ciento de todos los receptores de la Seguridad Social, si es que no es así ya.

El no emplear papel tiene el obvio beneficio de ahorrar tiempo y árboles, pero hay otra motivación para una sociedad sin dinero en efectivo. La pandemia en 2009 de la gripe H1N1 puede que demuestre ser una de esas crisis que nos llevan un paso más cerca de la eliminación del efectivo. El dinero es sucio. No me estoy refiriendo al vil metal del que se habla en 1 Timoteo 3, sino al simple hecho de que «los billetes pueden ser reservas» de virus de la gripe.

La revista *Scientific American* observaba en su sección «Ciencia en 60 segundos» el 5 de enero de 2009 que «los virus de la gripe pueden sobrevivir en el papel moneda hasta diecisiete días».[9] Usted dice: «Muy bien; entonces si utilizo mi tarjeta de crédito, ¿no podrían los gérmenes sobrevivir también en el plástico?». Probablemente un poco menos porque el papel es más poroso. ¿Pero ha observado la proliferación de terminales en puntos de venta en los que nadie toca la tarjeta a excepción de usted? El número de esos terminales se triplicó en seis años. Actualmente, se indica que bien hay más de siete millones de esos artefactos en uso en todo el mundo, pero al igual que toda la tecnología, hasta esos aparatos se están volviendo obsoletos.[10]

Actualmente, muchos de nosotros llevamos nuestros propios terminales de punto de venta con nosotros en forma de nuestros teléfonos celulares.[11] Debido al enorme boom en el uso de esos aparatos, la mayoría de futuristas financieros prevén una economía global que sea operada en gran parte desde teléfonos celulares. Este fenómeno general y creciente merece una observación más detallada porque tiene inquietantes implicaciones relacionadas con la profecía de los últimos tiempos.

Los teléfonos celulares son pequeños, cómodos, fáciles de usar, y ofrecen un cada vez mayor número de aplicaciones. En los treinta y siete años desde su invención, los teléfonos portátiles han pasado desde los pesados y grandes prototipos de treinta onzas a ser módulos del tamaño de un bolsillo que pesan menos de tres onzas. Un iPhone 3G pesa menos de cinco onzas y permite a su usuario tener acceso a la Internet y ver televisión y películas en la pantalla mediante el uso de videos digitales, además de poder escribir mensajes de correo y —ah, sí— mantener conversaciones de voz.

Los teléfonos celulares no sólo son cómodos; se están volviendo omnipresentes. Casi todo el mundo tiene un teléfono celular en estos tiempos, hasta «más de la mitad de todos los niños de doce años de edad».[12] Pew Research informa que el 85 por ciento de los estadounidenses tienen teléfonos celulares y el 56 por ciento de ellos tienen acceso a la Internet sin cables.[13]

Los más de 229 millones de suscriptores sin cables en Estados Unidos utilizaron 2.2 billones de minutos, enviaron 1 billón de mensajes de texto, y produjeron un total de beneficios de 148.1 mil millones de dólares en 2008.[14] Los informes del tercer trimestre de 2009 para el proveedor comercial de Apple, AT&T, mostraban un aumento anual de 2 millones de suscriptores y un 8 por ciento en beneficios hasta los 13.65 mil millones de dólares. Verizon llegó a un 24.4 por ciento y 15.8 mil millones de dólares con un millón de nuevos suscriptores.[15]

Este crecimiento es cierto no sólo en Estados Unidos. La economía de India, en rápido desarrollo, informó de 391.76 millones de suscriptores inalámbricos, 109.7 millones solamente en las áreas rurales del país. Esa cifra llegó hasta el 50 por ciento durante el mismo periodo sólo un año antes.[16] Incluso la férreamente controlada Corea del Norte tuvo 20.000 usuarios de teléfonos celulares al final del primer trimestre de 2009 y anunció la planeada expansión de su red 3G a todo el país en 2012.[17]

Para resumir esas cifras, en 2009 el número de usuarios de teléfonos celulares había alcanzado los 4.4 billones globalmente. Según la red iTWire, este uso mundial de teléfonos celulares hace «que sea tecnológicamente posible conectar al mundo a los beneficios de la información y la tecnología de la comunicación».[18]

Una este generalizado uso de los teléfonos celulares a su creciente ámbito de aplicaciones, y comenzará a ver su enorme potencial tanto para el bien como para el mal. En la era moderna de las computadoras personales, dos sistemas operativos dominan: Microsoft Windows y Apple OS X. Con los teléfonos celulares, ahora hay en existencia una tercera «plataforma»: smartphones, caracterizada por el enormemente popular iPhone de Apple. Al igual que la computadora personal tiene aplicaciones específicas a la plataforma para el manejo de tareas (como administración financiera), así los smartphones tienen ahora su propios conjuntos de aplicaciones. En noviembre de 2009 el iPhone tenía 100.000 aplicaciones separadas, unas veinte de las cuales trataban cierto aspecto de las finanzas.[19]

Mientras que sólo un 0.02 por ciento de todas las aplicaciones estuvieron una vez relacionadas con la banca, recientemente los bancos han estado activamente extendiéndolas, y llegarán muchas más.[20] El Bank of America comenzó la tendencia a finales de 2007, poniendo a disposición de sus clientes la banca móvil con tecnología iPhone. Ahora, Chase, PNC y Wells Fargo también proporcionan aplicaciones parecidas. Junto con la banca, otras aplicaciones financieras permiten a los usuarios comerciar con acciones con una aplicación gratuita E*Trade, enviar fondos vía aplicación PayPal, y administrar finanzas con una aplicación Quicken.[21] El innovador banco USAA actualizó sus aplicaciones para permitir a los clientes depositar cheques de modo inalámbrico enviando una imagen en fotografía de ambas caras del cheque —con su teléfono celular, desde luego— al banco para su verificación y depósito.[22]

Jim Bruene, escribiendo en NetBanker.com, especula que bien puede haber hasta 10.000 aplicaciones financieras desarrolladas, especialmente cuando otros jugadores móviles entren en la arena dominada por Apple. Él prevé que «más de la mitad de la población de banca en línea en Estados Unidos estará utilizando la banca móvil» a mitad de esta década. Dado el meteórico ascenso en tres años, desde cero usuarios de banca móvil en 2007 hasta un cálculo de 40 millones en 2015, parece que la banca móvil es la figura emergente en la banca a conveniencia.[23]

La tecnología financiera ahora puede incorporarse a un teléfono, haciendo posible utilizarla para compras como lo haría usted con una tarjeta de crédito o de débito. En 2009, los titulares filipinos de tarjetas SMART Money fueron alentados a utilizar «su servicio electrónico» para «realizar compras en línea seguras con la ayuda de sus teléfonos celulares».[24] Estados Unidos está detrás de otros países en implementación de «billetera inteligente». Las personas en Japón, por ejemplo, pagan productos y servicios moviendo sus teléfonos celulares, no una tarjeta de plástico.

Esas billeteras en teléfonos celulares también están ocupando el lugar de la computadora personal al convertirse en otra opción para tener conexión a la Internet. Según Facebook, 65 millones, o un 25 por ciento, de sus 250 millones de actuales usuarios acceden a su servicio mediante un teléfono celular.[25]

La otra cara muy debatida de la revolución financiera inalámbrica es el posible riesgo de cáncer de cerebro debido a la radiación del teléfono celular, aunque hasta la fecha no hay ningún dato que corrobore cualquier relación.[26] El riesgo es minimizado, sin embargo, porque no se requiere hablar para la mayoría de transacciones económicas vía teléfono celular.

Es muy probable que su institución bancaria le proporcione multitud de servicios electrónicos que están disponibles tan sólo a unos cuantos golpes de tecla. Un ejemplo es una «zona Internet», donde usted puede realizar todas sus transacciones bancarias desde su casa: transferir fondos, pagar sus facturas o casi todo a excepción de retirar dinero en efectivo. ¿Y si está usted fuera de casa? No hay ningún problema. Sencillamente utilice su teléfono celular. Para algunos de ustedes eso no es futuro; puede que sea el modo en que usted compró este libro.

En nuestro ministerio de radio y televisión, Turning Point, creemos que la última ola de predicación del evangelio en todo el mundo puede que no sea necesariamente por televisión o por radio, sino por aplicaciones para teléfonos celulares. Los teléfonos celulares funcionan casi como radios. En una reciente convención de Emisores Religiosos Nacionales, vi varias nuevas aplicaciones que ponen a disposición la enseñanza de la Palabra de Dios mediante el teléfono celular.

Le proporciono este elaborado resumen de nueva tecnología y lo que puede hacerse a fin de reafirmar una realidad: los acontecimientos proféticos proyectan sus sombras sobre ellos. A medida que aparecen estas innovaciones tecnológicas, estamos a la vanguardia de tener toda la tecnología que el Anticristo y el Falso Profeta necesitarían para tener conectado el mundo entero para sus malvados propósitos. Este momento bien está dentro del rango de posibilidades para que un poder centralizado obtenga un control mundial de toda la banca y las compras. A medida que vemos tomar forma en este momento cosas que están profetizadas para el periodo de la Tribulación, somos conscientes del hecho de que seguramente el regreso del Señor no esté tan lejos.

Si usted se pregunta qué tiene que ver la tecnología financiera con la marca de la Bestia, le insto a recordar que la profecía fue escrita con las palabras y desde el contexto de los autores humanos en su época. Por tanto, cuando el apóstol Juan escribió de una *marca*, él naturalmente pensaba en la marca del esclavo o el criminal de su época, la cual grababa una marca literal y permanente sobre la mano o la frente. Aunque eso resulta que encaja mucho en el escenario del chip de identificación del que hablamos en el capítulo anterior, no podemos estar seguros de que la marca se conformará de forma tan específica a la idea que Juan tenía de ella. La marca bien puede ser una firma electrónica de identificación vía teléfono celular u otro aparato que controlará la capacidad personal de realizar compras si el mundo ha llegado a ser un mundo sin dinero en efectivo en la época del Anticristo.

La polarización de la riqueza

En el sexto capítulo de Apocalipsis, el apóstol Juan describe un futuro escenario en el cielo. El Señor Jesucristo está desenrollando el rollo que registra la secuencia de acontecimientos que se producirá en la tierra los siguientes siete años. A medida que se desvelan los rollos, se quitan sucesivos sellos que desvelan una serie de juicios, cada uno de ellos más aterrador que el anterior. En última instancia, se revelan tres series de siete juicios: los siete sellos, las siete trompetas y las siete copas.

Cuando es abierto el primer sello, Juan ve uno de los infames cuatro jinetes del Apocalipsis: un jinete sobre un caballo blanco. Este jinete simboliza al Anticristo en los primeros tiempos de la Tribulación. Se abre el segundo sello para revelar al jinete sobre el caballo rojo de sangre derramada y guerra. Una vez más se abre el rollo, y se quita el tercer sello para revelar al tercer jinete del Apocalipsis. Cuando este jinete carga, Juan describe lo que ve:

> Cuando abrió el tercer sello, oí al tercer ser viviente, que decía: Ven y mira. Y miré, y he aquí un caballo negro; y el que lo montaba tenía una balanza en la mano. Y oí una voz de

en medio de los cuatro seres vivientes, que decía: Dos libras de trigo por un denario, y seis libras de cebada por un denario; pero no dañes el aceite ni el vino (Apocalipsis 6.5-6).

El caballo negro es la hambruna, y sigue al caballo rojo porque el hambre sigue naturalmente a la guerra. Esta es la hambruna que Jesús predijo como parte del «principio de dolores» en Mateo 24.7-8: «Porque se levantará nación contra nación, y reino contra reino; y habrá pestes, y hambres, y terremotos en diferentes lugares. Y todo esto será principio de dolores».

Las «dos libras de trigo» que Juan menciona en su visión era la mínima cantidad de alimento necesario para sostener a una persona diariamente. El denario era una moneda romana que equivalía al salario de un trabajador durante un día. Antes del hambre de la Tribulación, habría sido posible comprar cinco o seis libras de trigo por un denario. Este pasaje nos dice que en los primeros tiempos del periodo de la Tribulación, un hombre tendrá que trabajar un día entero sólo para obtener suficiente comida para alimentarse a sí mismo. Obviamente, dos libras de trigo no habrían llenado los hambrientos estómagos de la familia de un hombre en la época de Juan. El hombre se vería obligado a comprar cebada, un grano más barato normalmente reservado para el ganado. Por un denario podría comprar tres libras de cebada, pero no le quedaría dinero para aceite o sal, y mucho menos para carne o leche. La aplicación es clara: al principio de la Tribulación, las personas tendrán sólo el mínimo necesario para la subsistencia.

Pero observemos que no toda la población del mundo será alcanzada por esta hambruna. El texto dice que el aceite y el vino estarán excluidos de este juicio. El aceite y el vino se consideraban comida de un hombre rico en el mundo de Juan. Esto sugiere que aunque el alimento del pobre se verá severamente restringido, los lujos de los ricos seguirán igual. En otras palabras, los acomodados escaparán de la importante dificultad mientras que las masas se verán batallando mucho por subsistir. Uno debe preguntarse qué será de los ancianos, los incapacitados y los niños.

Hablando de la creciente división entre los ricos y los pobres del mundo, el experto nutricionista global Arnold Schaefer escribió: «Un estómago vacío es el peor consejero político del mundo. Pero un estómago vacío está actuando como Secretario de Estado para casi la mitad de la población del planeta».[27]

Como observaba Shaefer hace cuarenta años, la polarización entre riqueza y pobreza había comenzado, y se está haciendo mucho mayor. La tendencia aumentará aún más hasta que llegue a niveles desesperados en los últimos tiempos. Mark Hitchcock escribe:

> Durante la Tribulación venidera, el golfo entre ricos y pobres se hará más grande que nunca antes. La comida será tan cara que sólo los más ricos tendrán suficiente. El hambre martilleará de modo implacable a la clase media hasta que la clase media desaparezca. La vasta mayoría de las personas estará en la miseria, pero los ricos continuarán disfrutando de su lujoso estilo de vida. El mundo estará radicalmente dividido entre la élite que «tiene» y la masa que «no tiene».... Eso hará que el sufrimiento de quienes no tienen sea más insoportable al observar a los pocos privilegiados que se permiten tener lujos.[28]

El caos económico siempre golpea a las clases pobres y medias más que a los ricos. Además, los súper ricos rara vez son alcanzados por él. Si el valor neto de un multimillonario cae en un 50 por ciento, sigue siendo multimillonario. Incluso las personas más ricas pueden gastar sólo cierto número de dólares en un día. Pero si una persona pobre o de clase media que vive al día se ve golpeada por la recesión económica, se hunde de inmediato en un estándar de vida más bajo.

Recientemente hemos observado este fenómeno en América. Ya que los americanos tienden a vivir al día o por encima de sus medios y mantienen pocos ahorros o ningunos, un deterioro en las condiciones económicas impacta su vida inmediatamente y drásticamente.

Durante nuestra más reciente recesión, observé una profusión de libros y seminarios que se promovían para ayudar a las personas a aprovecharse de la mala economía. Esas ofertas se edifican en torno a un tema común: la depredación. Durante periodos de caos económico, quienes tienen dinero pueden hacerse más ricos interviniendo y comprando a precios de ocasión lo que las clases más bajas deben abandonar, como bienes inmuebles y acciones de Bolsa. Así, con cada agitación económica, la brecha entre ricos y pobres se agudiza, y seguirá haciéndolo hasta que alcance proporciones de crisis en el tiempo de la Tribulación.

A finales de octubre de 2009, el Pew Research Center informó que la historia de portada en las noticias, o los temas que se cubrían en las noticias de televisión, era la economía. Se empleaba más tiempo en noticias económicas que en el virus H1N1 que se extendía rápidamente y el pánico por la falta de vacunas. La proporción de distribución de tiempo entre la economía y la gripe porcina era de 4 a 1. Se empleaba más tiempo en la economía que en las guerras en Iraq y en Afganistán o en cualquier otra cosa.

La historia que impulsaba la cobertura económica era el furor público por la percibida distribución injusta de riqueza en la actual crisis económica. En particular, como lo resumía Chip

Reid en la CBS: «Para los titanes de Wall Street, es como si la recesión nunca hubiera sucedido. Menos de un año después de que los grandes bancos ayudasen a causar la crisis financiera, prevén pagar un récord de 140 mil millones de dólares en extras este año».[29]

En 2006, las Naciones Unidas publicaron los resultados del primer estudio global de la distribución de riqueza entre los hogares del mundo. Ellos definieron riqueza como la medida de ingresos, bienes, deudas, tierra y otros bienes tangibles. Se recopilaron datos de más de treinta y ocho países.[30]

El informe mostraba lo siguiente: más del 33 por ciento de la riqueza del mundo vive en Norteamérica; el 27 por ciento vive en Japón; el 6 por ciento en Reino Unido; el 5 por ciento en Francia; y la mitad de la población adulta del mundo posee apenas un 1 por ciento de la riqueza global.[31]

Estados Unidos de América, Canadá y México poseen el 33 por ciento de la riqueza del mundo. Con mucha diferencia, la mayoría de esta riqueza se concentra en Estados Unidos, aunque E.U. esté lejos de ser el país con mayor población del mundo.

«Según la encuesta de distribución de riqueza en el mundo publicada en diciembre de 2006 (la primera encuesta sobre riqueza en la Historia), los ricos se han hecho más ricos. El 2% y el 1% de la población del mundo se calcula que poseen el 51% y el 40% de la riqueza del mundo respectivamente. Es muy probable que el mundo actualmente tenga un desequilibrio de riqueza mucho mayor —los ricos siendo más ricos, y los no ricos relativamente más pobres— que nunca antes en la Historia».[32]

Cuando los ricos se hacen más ricos y los pobres se hacen más pobres, el resultado es lo que se denomina «restricción de clase media». La principal causa de esta restricción es que los salarios

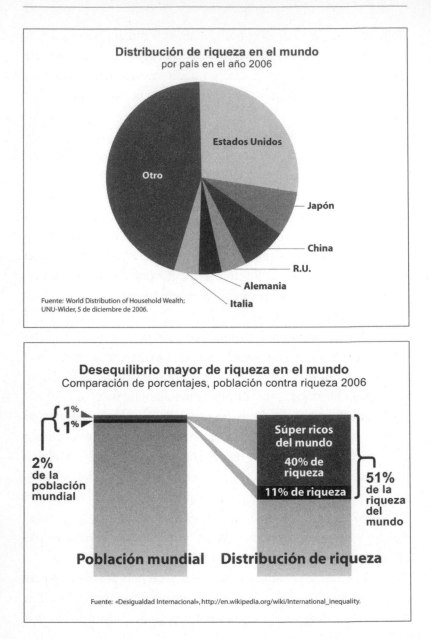

Distribución de riqueza en el mundo
por país en el año 2006

Estados Unidos

Otro

Japón

China

R.U.

Alemania

Italia

Fuente: World Distribution of Household Wealth;
UNU-Wider, 5 de diciembre de 2006.

Desequilibrio mayor de riqueza en el mundo
Comparación de porcentajes, población contra riqueza 2006

1%
1%

2%
de la
población
mundial

Súper ricos
del mundo

40% de
riqueza

11% de riqueza

51%
de la
riqueza
del
mundo

Población mundial   Distribución de riqueza

Fuente: «Desigualdad Internacional», http://en.wikipedia.org/wiki/International_inequality.

206

no siguen el ritmo de la inflación, haciendo que los ingresos disminuyan en poder adquisitivo y así forzando a la clase media a categorías más pobres. La economía mundial se está preparando para años de mayor inflación debida a las masivas cantidades de dólares recién emitidos creados principalmente por los esfuerzos de estímulo de Estados Unidos.

Cuando se inyectan miles de millones de dólares a la economía, el resultado es una disminución del valor de cada dólar, lo cual es lo mismo que un aumento de precios. Precios más elevados reducen el poder adquisitivo de los dólares ganados, obligando a las personas a disminuir sus estándares de vida o incluso a pasarse sin necesidades vitales. Hemos visto este creciente fenómeno en el número de familias que ya no tienen seguro médico, en la emergencia de ciudades de tiendas de campaña en grandes áreas metropolitanas, y en familias anteriormente de clase media que ahora dependen de los bancos de alimentos.

Estos desarrollos puede que sean el resultado de una crisis económica temporal y no necesariamente una condición permanente. Pero si la inflación pasa a ser hiperinflación, la capacidad de personas anteriormente de clase media de recuperar su posición se verá gravemente obstaculizada. En el tiempo de la Tribulación, la brecha entre los ricos y los pobres se ampliará y se convertirá en un abismo, y la clase media desaparecerá por completo.

La prioridad del petróleo

Aunque dediqué un capítulo completo al tema del petróleo y a la relacionada batalla de Gog y Magog por el nuevo eje del mal en un libro anterior, debo regresar a este tema aquí porque es una de las principales señales económicas que nos apuntan hacia la Tribulación. Para mostrar cómo se relaciona este tema con los últimos tiempos venideros, regresaremos a las palabras del profeta Ezequiel:

Así ha dicho Jehová el Señor: En aquel día subirán palabras en tu corazón, y concebirás mal pensamiento, y dirás: Subiré contra una tierra indefensa, iré contra gentes tranquilas que habitan confiadamente; todas ellas habitan sin muros, y no tienen cerrojos ni puertas; para arrebatar despojos y para tomar botín, para poner tus manos sobre las tierras desiertas ya pobladas, y sobre el pueblo recogido de entre las naciones, que se hace de ganado y posesiones, que mora en la parte central de la tierra (Ezequiel 38.10-12).

Sabemos por la primera parte de Ezequiel 38 que esta profecía concierne a la guerra de Gog y Magog contra Israel. Algunos creen que esta guerra podría tener lugar antes del rapto. Yo creo que tendrá lugar justamente después del rapto, en los primeros tiempos de la Tribulación. En cualquiera de los casos, deberíamos dar cierta prioridad a entender esta guerra, porque si creemos que Jesús podría regresar durante nuestra vida, eso significa que la guerra bien podría tener lugar en los próximos cinco años.

Ezequiel nos dice que el asalto Gog-Magog contra Israel es el resultado de una idea malvada que ponen en la mente del líder de un ejército de coalición formado por muchos países. Esos países salen contra Israel con la intención de borrarlo de la faz de la tierra. Nadie más está al lado de Israel contra los ejércitos de Gog y Magog sino el Dios del cielo.

¿Dónde está Estados Unidos en ese momento? ¿Por qué no se

nos retrata del lado de nuestro perenne aliado Israel? El que Estados Unidos desertara a Israel antes se consideraba impensable, pero ya no. Cada vez más, nuestro país está atendiendo a los países productores de petróleo cuyo producto les da un inadecuado dominio sobre nuestro estilo de vida contemporáneo. Esos países tienen un odio expresado por Israel.

Como si fuera para demostrar mi punto, en palabras nunca utilizadas cuando se habla de enemigos demostrados como Irán y Corea del Norte, la secretaria de Estado Hillary Clinton, con la aparente autorización de la Administración, se refirió a la propuesta de Israel de construir viviendas en su propia capital como «un insulto a Estados Unidos».[33] El presidente de la Liga anti-difamación, Abraham Foxman, observó: «No podemos recordar una ocasión en que tal lenguaje áspero fuera dirigido a un amigo y aliado de Estados Unidos».[34]

Aunque Clinton después ofreció seguridad de que nuestro vínculo con Israel es «inconmovible» y que nuestro compromiso con la seguridad de Israel es «absoluto», no puede negarse que hay un desgarro de ese vínculo por parte de Estados Unidos.[35]

Otra indicación de esta grieta se hizo muy obvia con el desaire sin precedente de la Casa Blanca al primer ministro israelí, Benjamin Netanyahu, en una visita en marzo de 2010 a Estados Unidos. El presidente, enojado por no haber podido convencer al primer ministro de que abandonase el plan de construir viviendas en Jerusalén, escogió no cenar con él y rechazó la rueda de prensa que normalmente acompaña a las visitas de jefes de estado. Según el periódico israelí *Haaretz*: «El Primer Ministro abandona América deshonrado, aislado y realmente más debilitado que cuando llegó».[36]

Si los amigos de Israel le amenazan de esa manera, no es

sorprendente que las malvadas ideas de sus enemigos un día los lleven a hacer guerra contra él. ¿Qué podría producir ideas lo bastante malvadas para que países reúnan ejércitos contra esta diminuta nación? Bien, ¿qué tiene Oriente Medio que el mundo entero necesita? Creo que usted ya sabe la respuesta: petróleo.

Es probable que el petróleo sea ese «para arrebatar despojos y para tomar botín» de que se habla en el anterior pasaje de Ezequiel. Oriente Medio tiene abundantes depósitos de petróleo porque fue anteriormente una zona con mucha más lozanía y exuberancia que cualquier otro lugar del planeta. El huerto de Edén estaba en Oriente Medio. Si, como creen la mayoría de científicos, el petróleo se forma principalmente por la descomposición de materia animal y vegetal, entonces esa es la zona donde podríamos esperar los mayores depósitos de petróleo. Y ese es ciertamente el caso, como muestra el siguiente gráfico:

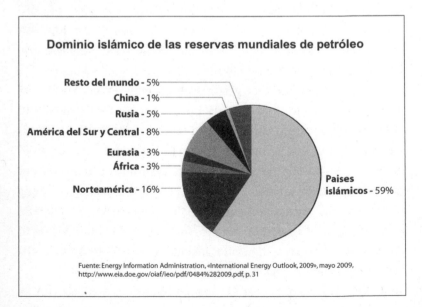

Dominio islámico de las reservas mundiales de petróleo

Resto del mundo - 5%
China - 1%
Rusia - 5%
América del Sur y Central - 8%
Eurasia - 3%
África - 3%
Norteamérica - 16%

Paises islámicos - 59%

Fuente: Energy Information Administration, «International Energy Outlook, 2009», mayo 2009, http://www.eia.doe.gov/oiaf/ieo/pdf/0484%282009.pdf, p. 31

Este gráfico también revela otra estadística sobre las reservas mundiales de petróleo, una que causa una grave preocupación: la mayoría de las reservas están en países islámicos. Casi el 60 por ciento de todo el petróleo en los principales países productores de petróleo del mundo está en reservas bajo países que odian a Israel y a Estados Unidos. La creciente demanda de petróleo en el mundo les dará a esos países hostiles mayor influencia y poder a medida que países consumidores de petróleo como Estados Unidos se vuelven cada vez más cuidadosos en cuanto a mantener intactas las relaciones con esos países.

Pero surge la pregunta: ¿Por qué querrían esos países atacar a Israel? Yo supe la probable respuesta cuando me reuní recientemente con el presidente de la compañía Zion Oil and Gas. Él me dijo que a su empresa se le han otorgado licencias por parte del gobierno israelí para perforar y buscar petróleo en Israel. Aunque la empresa ha sido difícil y el costo elevado, no se sorprenda si en el futuro escucha que la nación de Israel ha descubierto petróleo en su propia tierra. ¿Qué podría significar eso en términos de profecías de los últimos tiempos?

Los actuales países ricos en petróleo desean destruir a Israel, y ya lo han intentado dos veces en la historia moderna. Sólo la superior capacidad militar de Israel, lograda mediante armamentos y ayuda de Estados Unidos, ha capacitado a Israel para repeler ataques de esos países hostiles. Considere lo que podría suceder a medida que Estados Unidos se vuelva cada vez más dependiente del petróleo de Oriente Medio y si Israel sí descubre masivos depósitos de petróleo en su tierra. ¿Acaso no se abalanzarían los enemigos de Israel sobre ella para obtener «despojos y para tomar botín» de esa recién descubierta riqueza, sabiendo que esta vez Estados Unidos no saldrá en su ayuda debido a su profunda dependencia del petróleo de ellos?

Incluso si Israel no descubre petróleo, ¿no utilizarían los países ricos en petróleo que la odian su petróleo como influencia para obligar a los aliados de Israel, hambrientos de petróleo, como Estados Unidos a mantenerse al margen cuando se hagan intentos de aniquilar a su enemigo histórico? De cualquier modo, podemos ver por qué las profecías de los últimos tiempos predicen una reunión masiva de ejércitos contra Israel en Oriente Medio.

En Ezequiel 38.4 Dios les dice a esos países que se reúnen contra Israel con su malvado plan: «Y te quebrantaré, y pondré garfios en tus quijadas». Yo creo que el petróleo es el garfio en la quijada. Ya que esos países tienen la intención de llevar a cabo su malvado plan, Dios permitirá que su deseo de riqueza les conduzca a su propia destrucción. Será el hambre de petróleo lo que reunirá a esos países para hacer guerra contra Israel. Ezequiel es intencionadamente claro sobre la motivación de los corazones de quienes van a los pueblos sin muros de Israel: «Subiré contra una tierra indefensa, iré contra gentes tranquilas que habitan confiadamente; todas ellas habitan sin muros…para arrebatar despojos y para tomar botín, para poner tus manos sobre las tierras desiertas ya pobladas, y sobre el pueblo recogido de entre las naciones, que se hace de ganado y posesiones, que mora en la parte central de la tierra» (Ezequiel 38.11-12).

Como escritor y conferencista, Terry James concluye: «¿Cuánto esfuerzo es entonces creer que las fuerzas de Gog-Magog considerarían un día esta región como un objetivo principal para la invasión? Y llevando esta lógica a su conclusión bíblicamente profética, ¿es sorprendente que Armagedón, que implica a casi todas las naciones de la tierra, tenga lugar precisamente en esta región para hacer batalla por el gran despojo —el oro negro líquido— que está bajo las arenas de Oriente Medio?».[37]

La preocupación por el materialismo

Junto con la proliferación de tecnología, la polarización de la riqueza, y la prioridad del petróleo, la Biblia predice que los últimos tiempos serán también un periodo de preocupación por el materialismo. Así es como el apóstol Pablo enseña a su alumno Timoteo con respecto a «los últimos tiempos»:

> También debes saber esto: que en los postreros días vendrán tiempos peligrosos. Porque habrá hombres amadores de sí mismos, avaros, vanagloriosos, soberbios, blasfemos, desobedientes a los padres, ingratos, impíos, sin afecto natural, implacables, calumniadores, intemperantes, crueles, aborrecedores de lo bueno, traidores, impetuosos, infatuados, amadores de los deleites más que de Dios, que tendrán apariencia de piedad, pero negarán la eficacia de ella; a éstos evita (2 Timoteo 3.1-5).

Pablo llena este breve pasaje de diecinueve características que describen a aquellos que estarán en la tierra en los peligrosos últimos tiempos antes de que Jesús regrese. No son necesariamente las características de personas irreligiosas; Pablo nos dice que son personas que tienen apariencia de piedad, pero niegan la eficacia de ella. Son personas religiosas, personas que afirman amar a Dios pero parecen amar, en cambio, todo lo demás. No está dentro del propósito de este libro hablar de esas diecinueve características impías, pero las dos primeras demandan nuestra atención porque nos dan señales de condiciones económicas venideras en los últimos tiempos.

El primer punto que Pablo observa es que en los últimos tiempos las personas serán amadoras de sí mismas. El amor al yo comienza cuando negamos al Señor su lugar supremo en nuestras vidas. Existe la vieja superstición de que las brujas repiten el Padrenuestro al revés. Primero recitan: «danos hoy nuestro pan de cada día» y «líbranos del mal», y después, al final, «santificado sea tu nombre y hágase tu voluntad». En cierto sentido, parece ser la misma oración; tiene el mismo contenido. Pero cuando se invierte la oración se invierte en sus prioridades, convirtiéndola en una oración totalmente diferente que pone al yo en primer lugar y a Dios en el último.

Esa inversión muestra cómo la impiedad puede comenzar tan fácilmente en las personas piadosas. El amor al yo puede arraigarse de modo invisible en nuestro corazón y aumentar hasta que domina toda nuestra vida. Sin embargo, todo el tiempo nos convencemos a nosotros mismos de que seguimos aferrados a Dios. No hay duda de que esto está sucediendo dentro de la Iglesia en la actualidad. Hay quienes tienen una apariencia externa de piedad pero en realidad son ateos en la práctica.

Vemos el amor al yo más obviamente en el mundo secular, donde todas las recientes historias de mala conducta financiera encuentran su raíz en este pecado. Los Martha Stewart, los Bernie Madoff, los Dennis Kozlowski, los Kenneth Lay, los Bernard Ebberse de nuestra generación no estaban pensando en nadie más que en sí mismos. «Por tanto, ¿y si las personas pierden todos sus ahorros? ¿Y si se producen bancarrotas? ¿Y si miles resultan defraudados y heridos? Si yo sigo por delante, todo va bien». Ese es el espíritu de esta era, y según Pablo, es una señal de los últimos tiempos venideros.

Mientras trabajaba en este capítulo, mi agente literario y amigo Sealy Yates me pidió que leyese un manuscrito escrito por uno de sus nuevos autores. El autor, David Platt, es el pastor principal de la congregación de 4.000 miembros de la iglesia Brook Hills en Birmingham, Alabama. El título de su libro seguro que captará su atención: *Radical: Taking Back Your Faith from the American Dream* [Radical: Recuperar su fe del sueño americano]. Debo decirle que fue una lectura de lo más desafiante e incómoda. Para mostrarle lo que quiero decir, el siguiente es un párrafo del nuevo libro de David Platt:

> Cuando juntamos nuestros recursos en nuestras iglesias, ¿cuáles son nuestras prioridades? Cada año en Estados Unidos, gastamos más de 10 mil millones de dólares en edificios para iglesias. Solamente en América, la cantidad de bienes inmuebles que iglesias institucionales poseen tiene un valor de más de 230 mil millones de dólares. Tenemos dinero y posesiones, y estamos construyendo templos por todas partes. Imperios, en realidad. Reinos. Los llamamos lugares de adoración; pero en el núcleo, ¿no son con demasiada frecuencia modelos desfasados de religión que definen erróneamente la adoración según un lugar y consumen excesivamente nuestro tiempo y dinero cuando Dios nos ha llamado a ser un pueblo que emplea su vida por causa de su gloria entre los necesitados que están fuera del nuestras puertas?[38]

Anteriormente en su libro, el Dr. Platt define claramente a esos necesitados que están fuera de nuestras puertas. Quizá yo haya visto antes estas estadísticas, pero nunca conmovieron mi corazón como cuando las leí aquí:

> En la actualidad, más de mil millones de personas en el mundo viven y mueren en la más desesperada pobreza.

Intentan sobrevivir con menos de un dólar al día. Cerca de otros dos mil millones viven con menos de dos dólares al día. Eso supone que la mitad del mundo está batallando por encontrar alimento, agua, y cobijo con la misma cantidad de dinero que yo gasto en patatas fritas para la comida. Más de 26.000 niños actualmente darán su último aliento debido al hambre o a una enfermedad que puede prevenirse...para ponerlo en perspectiva, para la iglesia que yo pastoreo, si esa fuera mi comunidad, entonces cada niño de dieciocho años o menos en nuestro país estaría muerto en los dos próximos días.[39]

Yo pastoreo una de esas iglesias grandes. Sí nos extendemos para tocar a las personas que están fuera de nuestras puertas. Hemos establecido varias congregaciones étnicas y las apoyamos. Damos el 20 por ciento de nuestros ingresos a las misiones en el mundo. Hemos intentado ser seguidores de la Gran Comisión y del Gran Mandamiento. Pero la brecha entre lo que estamos haciendo y lo que es necesario hacer está creciendo, y con frecuencia nos deja sintiéndonos impotentes para ser eficaces.

Para evitar, en efecto «orar el Padrenuestro al revés», debemos estar continuamente vigilantes de nuestras prioridades. ¿A quién amamos en primer lugar? ¿A nosotros mismos o a los demás? ¿A quién amamos más? ¿A nosotros mismos o a nuestro Dios? Esta vigilancia de nuestros amores debe ser más activa que nunca a medida que se acercan los últimos tiempos, cuando la orden del día es una tendencia rápidamente creciente hacia el amor al yo.

Se deduce naturalmente que cuando alguien es un amante de sí mismo, también amará el dinero. El dinero da poder para agradar al yo, y esto nos lleva a la segunda advertencia de Pablo. Él advirtió a Timoteo que, en los últimos tiempos, los hombres serán amadores del dinero. El amor al dinero está en el núcleo de lo que motiva a la sociedad actual; alimenta los motores que impulsan el comercialismo; es el modo en que las personas son juzgadas, el estándar por el cual se miden los logros.

Wilfred J. Hahn escribe: «¿No parece inimaginable que una cosa inanimada como el dinero, que en un tiempo servía sólo como medio de intercambio, llegara a convertirse en algo tan grande y complejo, requiriendo legiones de personas para manejar los innumerables arreglos de quién lo debe y quién lo posee?... Todo este fenómeno es evidencia de lo controlador que se ha vuelto el sistema monetario».[40]

Al pensar en términos parecidos, el filósofo inglés Simon Critchley se pregunta: «¿Qué es el dinero?... ¿Qué significa realmente el dinero? ¿Cuál es la idea de dinero que tenemos en nuestra mente cuando lo aceptamos, lo cambiamos, lo despilfarramos o lo ahorramos?». Y pasa a decir algo que explica por qué muchos piensan que el dinero es la «religión» más poderosa de nuestra época: «En el mundo aparentemente impío del capitalismo económico global, el dinero es lo único en lo cual realmente debemos tener fe. El dinero es el único y verdadero Dios en el que todos creemos.... Y cuando se desploma, como ha hecho tan dramáticamente en el último año, entonces la gente experimenta algo cercano a una crisis de fe».[41]

Robert South, clérigo inglés del siglo XVIII, no anduvo con miramientos cuando estableció un punto parecido: «No son pocos los que no creen en ningún otro Dios sino Mamón, en ningún otro demonio sino la ausencia de oro, en ninguna otra condenación sino la de ser pobre, y en ningún otro infierno sino en una cartera vacía; y no son pocos los descendientes de ellos que están viviendo muertos».[42]

Esos hombres sólo están confirmando las palabras de Jesús, que dijo que cuando se trata de dinero, no puede haber terreno neutral: «Ninguno puede servir a dos señores; porque o aborrecerá al uno y amará al otro, o estimará al uno y menospreciará al otro. No podéis servir a Dios y a las riquezas» (Mateo 6.24).

Un clérigo irlandés dominicano, Donagh O´Shea, entendió claramente el punto de Jesús cuando escribió estas penetrantes palabras:

Dinero significa muchas cosas diferentes; es mucho más de lo que parece ser. Es el mayor rival de Dios. Es mucho más que el papel que parece ser, o el metal, o el plástico. Es nuestro amor a las cosas; es nuestro escape de la dependencia de las personas, es nuestra seguridad contra la muerte; es nuestro esfuerzo por controlar la vida...

Es más fácil amar cosas que amar a personas. Las cosas están muertas, así que se pueden poseer fácilmente....Si no puede amar a las personas comenzará a amar el dinero. Él nunca herirá sus sentimientos ni desafiará sus motivos, pero tampoco le responderá nunca: porque está muerto....Y después de un tiempo, el problema comenzará a aparecer: usted mismo comenzará a verse muerto...Después de un tiempo, usted será incapaz de amar a nadie, y entonces bien podría estar usted también muerto....El dinero es neutral. Pero estar apegado a él en extremo no es neutral; es un tipo de religión contraria....La religión de Dios es la religión del amor. El instinto del amor es compartir, dar; pero el instinto de Mamón es acumular.[43]

Por favor, entienda que ni Jesús ni Pablo dijeron que usted no podía tener dinero y a la vez amar a Dios. Jesús dijo que usted no podía *amar* el dinero y *amar* a Dios. Hace mucho tiempo me enseñaron que las crisis no nos hacen lo que somos; revelan lo que somos. Entonces ¿qué ha revelado sobre nosotros nuestra crisis más reciente? Wilfred J. Hahn responde esta pregunta de modo que usted inmediatamente la reconocerá cierta:

Mientras que otras culturas considerarían las plagas, la pestilencia y las hambrunas como lo peor que podría temerse, nuestras sociedades de altos ingresos consideran peor una cosa: la destrucción de riqueza. Nuestra definitiva definición de desastre es una materialista, fijada como lo está en los altibajos de los valores de los bienes financieros «ciberbit», los precios de la vivienda, los patrones cíclicos en el empleo y el comercio, y otras cosas parecidas.[44]

Hahn nos ha brindado un cuadro demasiado preciso. Podemos ver evidencia de esta verdad alrededor de nosotros actualmente. Cuando hay el más ligero hipo en la economía, toma el control inmediato y completo de nuestras vidas. Domina la discusión en los programas de radio; llena las pantallas en las noticias en televisión; está en primera página de los periódicos y aparece en todas las principales noticias de las revistas.

Sin embargo, a pesar de la creciente obsesión mundial con el dinero, nosotros los cristianos sabemos que es una falsa medida de la riqueza y el valor verdaderos. En su libro *Desiring God* [El deseo de Dios], John Piper nos muestra con claridad la locura de tratar la riqueza económica y sus adornos como el valor definitivo:

Imagine a 269 personas entrar en la eternidad a causa de un accidente de avión en el mar de Japón. Antes del accidente hay un destacado político, un ejecutivo millonario, un playboy y su acompañante, un muchacho misionero que regresan después de visitar a sus abuelos. Después del accidente están delante de Dios, totalmente despojados de tarjetas Master-Card, chequeras, líneas de crédito, ropa de marca, libros sobre cómo tener éxito y reservas en el hotel Hilton. Ahí están el político, el ejecutivo, el playboy y el muchacho misionero, todos al mismo nivel sin tener nada, absolutamente nada en sus manos, poseyendo sólo lo que tenían en sus corazones. Qué absurdo y trágico parecerá ese día quien ama el dinero, como un hombre que emplea toda su vida coleccionando tickets de tren y al final está tan agotado por la colección que pierde el último tren.[45]

Este fuerte énfasis en el dinero y en las cosas que compra proporciona amplia evidencia de que nos estamos acercando a los últimos tiempos de los que Pablo habló en su advertencia a Timoteo. Esta y otras señales se están conjuntando tal como él, Daniel y Ezequiel predijeron, y se están volviendo cada vez más inequívocas. La tecnología global está proliferando, aumentando nuestro conocimiento y movilidad de modo exponencial y preparándonos para el control masivo por parte de una autoridad central. La distancia entre quienes tienen y quienes no tienen se está convirtiendo en un abismo cada vez mayor. El petróleo en Oriente Medio se está volviendo una fuente de poder y arrogancia para países deseosos de aniquilar a Israel. Y la gente cada vez se preocupa de modo más alarmante por la riqueza y la buena vida. Las señales de advertencia no podrían ser más claras.

Sin embargo, parece que pocas personas prestan atención a esas señales. Desgraciadamente, ser tan inconscientes del desastre inminente parece típico de nuestra raza como Jesús nos dijo:

Como fue en los días de Noé, así también será en los días del
Hijo del Hombre. Comían, bebían, se casaban y se daban en
casamiento, hasta el día en que entró Noé en el arca, y vino el
diluvio y los destruyó a todos. Asimismo como sucedió en los
días de Lot; comían, bebían, compraban, vendían, plantaban,
edificaban; mas el día en que Lot salió de Sodoma, llovió del
cielo fuego y azufre, y los destruyó a todos. Así será el día en
que el Hijo del Hombre se manifieste (Lucas 17.26-30).

Este pasaje no relata una historia de libertinaje en los últimos
tiempos, como algunos han enseñado. Todo lo contrario; las personas que vivían en la época del Diluvio y de la destrucción de
Sodoma y Gomorra sencillamente vivían sus vidas cotidianas.
Comían, bebían, se casaban y eran dados en matrimonio. Compraban, vendían, plantaban y edificaban. Aquellas personas seguían
con su amor a la «buena vida» como si nada inusual se cerniera
sobre el horizonte. Se negaron a prestar atención a las advertencias
y simplemente siguieron haciendo lo que siempre habían hecho,
hasta que descendió el juicio y su ventana de oportunidad se cerró
para siempre.

En la actualidad, las señales de advertencia son más claras que
nunca. Esto debería causarnos a todos un sentimiento de urgencia
en cuanto a examinar nuestras propias vidas y realizar los cambios
necesarios en nuestras prioridades. Y debería impulsarnos hacia
una mayor preocupación por las vidas de quienes conocemos y
queremos.

CAPÍTULO 8

El colapso del mercado financiero global

Día 29 de octubre de 1929 —lo denominan el Martes Negro—, el día en que el mercado se derrumbó y comenzó la Gran Depresión. El índice Dow perdió un 23 por ciento de su valor en un solo día. Al final del mes siguiente, se perdieron 100.000 millones de dólares, dejando «arruinadas económicamente a personas de todo trasfondo económico. Los ahorros de toda la vida desaparecieron. Bancos y negocios se derrumbaron y el desempleo subió vertiginosamente».[1]

Los «rugientes años veinte», la década que condujo al derrumbe, fue un periodo de riqueza y exceso. Un boom especulativo se había asentado con retraso en la década, conduciendo a cientos de miles de estadounidenses a invertir muy fuerte en el mercado de valores. Un número importante incluso pidió prestado dinero para comprar más acciones. En agosto de 1929, los corredores de Bolsa estaban prestando rutinariamente a los pequeños inversores más de dos terceras partes del valor nominal de las acciones que compraban. Había más de 8.5 mil millones de dólares en préstamos, más que la cantidad total de divisas que circulaban en Estados Unidos en la época.[2]

En el primer capítulo de este libro hicimos una crónica del

reciente desplome financiero de América, que muchos han comparado con el desplome de 1929. Pero permítame asegurarle que ni el desplome de 1929 ni el reciente trauma financiero global llegan a acercarse a lo que la Palabra de Dios dice sobre la destrucción económica anunciada para el futuro. Antes de ver esa época futura, sin embargo, echemos nuestra vista atrás a una era que no está tan lejos de nosotros.

En los tiempos anteriores a que los bancos recibieran fondos de rescate del gobierno, se sabía que ofrecían primas, como tostadores y cafeteras, para atraer a nuevos clientes. En el período desde la Depresión hasta mitad de los años cincuenta, muchos bancos repartieron una serie de populares libritos sobre economía personal. El autor de esos libritos fue el hombre que publicó el primer atlas de carreteras de América, George Samuel Clason. Sus historias en forma de parábola, situadas en la antigua Babilonia, instaban a la gente a aplicar sabiduría a sus propias finanzas obteniendo la de su pequeño personaje: *el hombre más rico de Babilonia.*

Las parábolas se centraban en un hombre llamado Bansir, un artífice de carros babilonio muy trabajador pero pobre. Bansir está buscando aprender los secretos de Arkad, que anteriormente era pobre como Bansir y sus amigotes pero que se hizo muy rico. Clason razonaba que, aunque la ciudad había sido reducida a lo largo de los muchos años de tiempo, «la sabiduría de Babilonia perdura.... Fue la cuna en la cual se alimentaron los principios básicos de economía, ahora reconocidos y utilizados en todo el mundo».[3]

El erudito del Antiguo Testamento y de Oriente Medio, Dr. Charles H. Dyer, confirma la evaluación de Clason:

> Durante casi dos mil años, Babilonia era la ciudad más importante del mundo. Era el centro comercial y económico

para toda Mesopotamia, el centro de una «X» geográfica que unía Oriente con el Mediterráneo y Egipto con Persia. Sus escribas y sacerdotes difundieron su herencia cultural por todo el mundo conocido. Las artes de la adivinación, la astronomía, la astrología, la contabilidad y el derecho comercial privado surgieron desde Babilonia.[4]

Como nos muestra el Dr. Dyer, el cálculo de Clason de la influencia de Babilonia fue exacto. Esa influencia no terminó con la desaparición de la ciudad, ni tampoco hemos visto aún su final. La ciudad y su sistema perduran.

Anteriormente destacamos que el primer intento de un orden mundial se registra en el primer libro de la Biblia. Sucedió en Babilonia con la construcción de la renombrada Torre de Babel (véase Génesis 11). Ahora, en el último libro de la Biblia, vamos a ver el último orden mundial económico, que también estará situado en Babilonia. Aunque los acontecimientos que estaremos estudiando sucederán hacia el final del periodo de la Tribulación, permítame desafiarle a considerarlos seriamente. Puede que piense que esos acontecimientos no le afectarán, pero sí lo harán; su sombra está avanzando por todo el mundo incluso en la actualidad.

Babilonia ya no existe como una ciudad importante del mundo, pero sabemos que ascenderá al poder otra vez porque la Biblia lo da como un hecho. El capítulo dieciocho de Apocalipsis nos da información muy concreta sobre Babilonia como la reconstruida capital comercial del mundo durante el periodo de la Tribulación.

¿Por qué Babilonia? ¿Por qué esta antigua y antes poderosa ciudad, ahora oscura y polvorienta, surgirá otra vez? El científico y erudito de la Biblia, Dr. Henry Morris, sugiere algunas respuestas:

Babilonia es ciertamente una posibilidad perfecta para la reconstrucción, totalmente aparte de cualquier indicación profética. Su situación es la más ideal en el mundo para cualquier tipo de centro internacional. No sólo está en la hermosa y fértil llanura del Tigris-Éufrates, sino también cerca de algunas de las reservas de petróleo más abundantes del mundo.... Babilonia está muy cerca del centro geográfico de todas las grandes masas de terreno de la tierra. Está dentro de distancias navegables al Golfo Pérsico y está en el cruce de los tres grandes continentes de Europa, Asia y África. Por tanto, no hay una situación más ideal en ningún lugar para un centro comercial mundial, un centro de comunicación mundial, un centro bancario mundial...¡o especialmente una capital mundial!

Con todas estas ventajas naturales, no es descabellado en absoluto sugerir que la futura capital financiera de la federación de diez países establecida al comienzo de la Tribulación debiera construirse aquí. Arnold Toynbee, el historiador más grande de los tiempos modernos, solía subrayar que Babilonia sería el mejor lugar para construir una futura metrópolis cultural mundial.[5]

La reconstrucción de Babilonia no es sólo el tema de especulación de los libros eruditos. Cuando Saddam Hussein ascendió al poder en Iraq, concibió un plan grandioso para la reconstrucción de esa antigua ciudad. El prometió que los grandiosos palacios de Babilonia y sus legendarios jardines colgantes (una de las Siete Maravillas del Mundo Antiguo) se levantarían del polvo. Al creer que él mismo era la reencarnación del rey Nabucodonosor II, que había conquistado Jerusalén 2.500 años antes, Hussein invirtió más de 500 millones de dólares en su meta de restaurar la antigua ciudad de Babilonia.

En 1987, mientras visitaba las ruinas del palacio de Nabucodonosor, Hussein preguntó cómo sus guías estaban tan seguros de la fecha de su construcción. El director mostró a Hussein algunos de los ladrillos originales, grabados con el nombre de Nabucodonosor II y la fecha a la que ahora nos referimos como año 605 a. C. Hussein, para no quedarse atrás, hizo poner ladrillos en el muro de su palacio que decían: «En el reinado del victorioso Saddam Hussein, el presidente de la República,... el guardián del gran Iraq, el renovador de su renacimiento y el constructor de su gran civilización, se realizó la reconstrucción de la gran ciudad de Babilonia en 1987».[6]

Para cimentar aún más la implicación de una relación entre él mismo y Nabucodonosor, Hussein tenía un sello que grababa imágenes paralelas de él mismo y también el gobernador de antaño. La inscripción estaba escrita alrededor de los bordes en antigua escritura cuneiforme al igual que, por extraño que parezca, en inglés.

Nabucodonosor y Saddam Hussein

Hussein se consumía con revivir los días de gloria de Babilonia bajo Nabucodonosor. Él hizo a Babilonia «el punto focal del nacionalismo iraquí», y un 22 de septiembre de 1987, él inauguró el evento musical conocido como el festival de Babilonia. Saddam parecía decidido a hacerse eco de la valiente proclamación de Nabucodonosor: «¿No es ésta la gran Babilonia que yo edifiqué para casa real con la fuerza de mi poder, y para gloria de mi majestad?» (Daniel 4.30). Los extravagantes planes de Sadam quedaron interrumpidos por la invasión estadounidense de Iraq en 2003. A pesar de ser derribado del poder y su subsiguiente ejecución, el trabajo para reconstruir Babilonia continúa.

¿Cómo una nación desgarrada por la guerra como Iraq saca los fondos para reconstruir un lugar antiguo? Obviamente, algunos de los recursos vienen de la exportación de petróleo. A principios de 2010, las exportaciones de petróleo iraquí alcanzaron su mayor nivel en más de una década. El gobierno del Primer Ministro Nouri al-Maliki anunció planes para cuadruplicar la producción de petróleo hasta 2.5 millones de barriles por día a finales de 2010. El gobierno iraquí ha hecho contratos a largo plazo con empresas petroleras extranjeras para administrar diez de los mayores campos de petróleo de Iraq. Al-Maliki tienen la meta de hacer a Iraq «un productor destacado que rivalizará, si no eclipsará, con Arabia Saudita y Rusia» como los predominantes productores de petróleo del mundo.[7]

El petróleo no es la única fuente de fondos de Iraq. A pesar de su enorme déficit presupuestario, Estados Unidos sigue inyectando dinero para la reconstrucción en Iraq. Esto a pesar del calculado superávit presupuestario de Iraq en un exceso de sesenta mil millones de dólares, poco de lo cual se está invirtiendo en la reconstrucción del país.[8]

Actualmente, la Organización de las Naciones Unidas para la Educación, la Ciencia y la Cultura (UNESCO) también está inyectando millones de dólares a Babilonia. Con la ayuda de donantes privados, las Naciones Unidas esperan convertir Babilonia en un próspero centro de turismo y comercio. Si todo va según el plan, Babilonia será un centro cultural completo con centros comerciales, hoteles, y quizá incluso un parque temático.

En 2009 el Departamento de Estado de Estados Unidos emitió una nota de prensa anunciando que comprometía 700.000 dólares al proyecto El Futuro de Babilonia, explicando que «Babilonia destaca entre las abundantes contribuciones de Iraq a la humanidad». La nota seguía diciendo que este proyecto «demuestra el compromiso del pueblo americano con la preservación de la herencia humana y su respeto por la herencia cultural de Iraq».[9]

Un artículo en el periódico británico *The Independent* se titulaba: «Nueva aventura de Iraq: vacaciones en el huerto de Edén», y tenía como su subtítulo: «Iraq intenta atraer visitantes a la tierra de Babilonia con el eslogan "turismo, no terrorismo"». El artículo sigue diciendo: «La cuna de la civilización, la tierra de Babilonia y el huerto de Edén, se convertirán en un paraíso para turistas extranjeros».[10]

El gobierno de Estados Unidos está tomando en serio el surgimiento de la ciudad de Babilonia y el lugar central de Iraq en el futuro del mundo. El 5 enero 2009, la mayor Embajada de Estados Unidos y la más cara, con 474 millones de dólares, abrió en Bagdad, no lejos de Babilonia. El complejo de 104 acres y veintisiete edificios está situado en las riberas del río Tigris.[11] Incluye 619 apartamentos para el personal, restaurantes, canchas de baloncesto y vóleibol, y una piscina cubierta de tamaño olímpico.[12]

Esta embajada, conocida como «Embajada Bagdad», es la

mayor de su clase en el mundo. Tiene el tamaño de ochenta campos de fútbol americano —tan grande como Ciudad del Vaticano— con una población de 5.500 personas. Eclipsa a las embajadas de Estados Unidos en otros lugares, que normalmente cubren unos diez acres. La Embajada en Bagdad tiene su propia fuerza defensiva y está diseñada para ser totalmente autosuficiente.

Podemos ver por estos movimientos hacia la reconstrucción de Babilonia que la ciudad tiene un interés especial a los ojos de las potencias del mundo. Yo creo que estos pasos indican el comienzo del cumplimiento de la profecía bíblica. Henry Morris explica:

> Nunca una gran ciudad del mundo ha tenido un desarrollo tan meteórico como Nueva Babilonia, y ninguna experimentará nunca tal cataclismo y caída total.... Babilonia en el Éufrates ha estado latente y ominosa durante siglos.... Pero la poderosa Babilonia no está realmente muerta.... De repente, surgirá una vez más. Bajo el impacto de abrumadoras necesidades geopolíticas, será autorizada e implementada por el programa de construcción sin precedente que el imperio federal de diez reinos de Occidente llevará a cabo, y después será empujada para ser dinámicamente finalizada por la Bestia. Finalmente será inaugurada como la gran capital mundial de la Bestia, quien se habrá convertido en rey de todos los reinos del planeta.[13]

El renacimiento de Babilonia como centro financiero mundial

Esta reconstrucción de la moderna Babilonia es de especial interés para nuestro presente estudio debido al histórico pasado y futuro profético de la ciudad. Nimrod, el primer dictador del mundo, intentó convertir Babilonia en la primera capital mundial. Y la profecía bíblica nos dice que la ciudad reconstruida está destinada a ser una de las tres capitales del Anticristo: el dictador mundial definitivo.

Según el plan profético bosquejado en Apocalipsis, cuando el Anticristo tome control del mundo, su gobierno funcionará desde tres principales ciudades. Desde *Roma* él gobernará el mundo político (véase Apocalipsis 17); desde *Jerusalén* controlará el mundo religioso después de hacer un pacto con los judíos (véase 2 Tesalonicenses 2.4); desde *Babilonia* dirigirá su imperio mundial de intereses económicos y financieros (véase Apocalipsis 18).

Apocalipsis 18.12-13 cataloga veintiocho puntos que forman la base del comercio económico de los últimos tiempos. Esta lista incluye las variadas posesiones materiales por las cuales hombres y mujeres han trabajado, ideado y se han esclavizado a lo largo de la Historia, lo cual hace que la lista sea simbólica de la perenne búsqueda de riqueza del hombre. Aunque Juan enumera productos que eran importantes en su época, es sorprendente ver lo intemporales que siguen siendo en la actualidad y que obviamente serán en esos últimos tiempos:

Mercadería de oro, de plata, de piedras preciosas, de perlas, de lino fino, de púrpura, de seda, de escarlata, de toda madera olorosa, de todo objeto de marfil, de todo objeto de madera preciosa, de cobre, de hierro y de mármol; y canela, especias aromáticas, incienso, mirra, olíbano, vino, aceite, flor de harina, trigo, bestias, ovejas, caballos y carros, y esclavos, almas de hombres (Apocalipsis 18.12-13).

Oro, plata y piedras preciosas están en primer lugar. No

podemos saber si esto indica a un regreso a un sistema económico mundial de oro/plata. Pero como destaca Henry Morris, sí sabemos que

> los metales preciosos y las joyas…siempre han servido como la medida de valor y la base de los sistemas monetarios. Especialmente en épocas de inflación, como en los años de la Tribulación, los hombres buscarán proteger sus ahorros invirtiendo en productos de valor intrínseco —oro, plata, piedras preciosas y perlas— y comerciando con tales productos, ya que siempre han sido y seguirán siendo predominantes en los planes de los comerciantes internacionales.[14]

A medida que las divisas del mundo (como el dólar) se desmoronan y continúan perdiendo valor, puede ser que el mundo entero recurra a una divisa estándar en oro/plata. El dinar de oro árabe actualmente se está utilizando como divisa en nueve países, así que es sin duda un patrón para el mercado en oro/plata. Si Iraq repentinamente comenzase a demandar el pago de su petróleo en dinares, la entrada de oro en ese país sería inmensa. Eso probablemente no sucederá, pero a medida que la deuda internacional continúa elevando la inflación, podemos estar seguros de que el oro desempeñará un papel cada vez más importante en la economía mundial.

El resto de la lista de productos incluye cosas que son para adorno personal, seguido de artículos de raras y preciosas maderas, metal y marfil. Perfumes, lujos variados, y artículos más importantes como caballos y carros también constituyen el inventario.

La prosperidad de Babilonia atraerá a comerciantes de todo el planeta, personas cuya riqueza las clasificará como los grandes hombres del mundo. Como Henry Morris explica:

Banqueros internacionales, directores de empresas, barones mercantiles, magnates del comercio, y todos sus subordinados que adoran el dinero y buscan el poder, que anteriormente situaron sus órbitas en torno a Nueva York y Ginebra, Londres y París, Moscú y Berlín, Johannesburgo y Tokio, ahora descubren que es gloriosamente beneficioso centrarlo todo en Gran Babilonia.[15]

En otras palabras, Babilonia está destinada a surgir de nuevo como el mayor centro de poder financiero que aún ha de conocer el mundo. Pero como estamos a punto de ver, no perdurará.

La destrucción de Babilonia

Babilonia, desde su primera mención en Génesis en la torre de Babel, siempre ha sido sinónimo de paganismo, humanismo y rebelión. Esta infame ciudad es la segunda que más referencias recibe en la Biblia. Se menciona 295 veces en 261 versículos, apareciendo por primera vez en Génesis 10 y por última en Apocalipsis 18. Babilonia se menciona 31 veces en sólo un capítulo: Jeremías 51. Parece bastante obvio que Babilonia desempeñará un papel principal en el plan de Dios para los últimos tiempos.

Jerusalén, la ciudad más frecuentemente mencionada en la Biblia, se sitúa contra Babilonia como el polo opuesto de un imán. Las referencias a Jerusalén son siempre positivas, mientras que las referencias a Babilonia son siempre negativas. Jerusalén siempre ha sido la ciudad de Dios, su lugar de morada, el centro de adoración y gobierno sobre el pueblo de Dios.

No debería sorprender que Babilonia estuviera implicada en el asalto final a la promesa de Dios de dar a Abram y a su descendencia la Tierra Prometida. Como explica Charles H. Dyer:

> Génesis 14 describe un ataque por parte de una alianza de cuatro reyes del Oriente contra cinco reyes residentes en la tierra de la promesa. Entre los cuatro reyes que atacaron la tierra de Abram estaba Amrafel, rey de Sinar (Babilonia)....Esta fue la primera gran prueba de la promesa de Dios y la fe de Abram....Fue la amenaza inicial contra la Tierra Prometida de Dios, y Dios dio victoria a Abram.[16]

Tal como el mal y la rebelión que comenzaron en Babilonia han caracterizado la ciudad a lo largo de las épocas, seguirán caracterizándola en el futuro. Fue Babilonia la que puso fin a la existencia de Judá como nación independiente, y seguirá plagando al pueblo de Dios aún en los tiempos venideros. El educador y erudito en profecía, Dr. Ed Hindson escribe: «la Babilonia de los últimos tiempos es simbólica de toda maldad, orgullo, opresión, y poder que se exalta asimismo contra Dios. Combinará los mejores esfuerzos de una humanidad colectiva para gobernarse a sí misma sin Dios. ¡Y fracasará!».[17]

La Biblia no es delicada a la hora de llamar a Babilonia exactamente lo que es:

> *Y en su frente un nombre escrito, un misterio:*
> *BABILONIA LA GRANDE,*
> *LA MADRE DE LAS RAMERAS Y DE*
> *LAS ABOMINACIONES DE LA TIERRA*
> *(Apocalipsis 17.5).*

Debido a la persistente expulsión de mal de Babilonia, llegará un momento en que Dios finalmente organizará su destrucción final. En el clímax final de la historia del mundo, cuando la eternidad se superponga al tiempo, la polarización entre Babilonia y Jerusalén llegará a su fin. Babilonia ya no estará, y la nueva Jerusalén descenderá del cielo como ciudad capital de la nueva tierra y el eterno lugar de morada de Dios y de su pueblo (véase Apocalipsis 21).

En su profecía contra Babilonia, Jeremías la describe como un lugar que será desolado para siempre, un montón de ruinas, una morada de chacales, un objeto de horror y burla, un lugar seco y desértico, un lugar donde ningún hombre vive y a través del cual nadie viaja (véase Jeremías 51.26, 37, 43). Isaías nos dice que Babilonia será una tierra desolada que nunca más será habitada en todas las generaciones, un lugar donde ningún árabe levantará su tienda ni ningún pastor apacentará a sus rebaños (véase Isaías 13.19-20).

Ya que algunos enseñan que las profecías con respecto a la destrucción de Babilonia ya se han cumplido, es importante separar la *caída* de Babilonia en la Historia de la *destrucción* de Babilonia en el futuro. Persia no destruyó Babilonia en el año 539 a. C., como algunos han enseñado. Cuando Ciro capturó Babilonia, lo hizo por subterfugio, no por destrucción militar (véase Daniel 5). La noche del llamativo banquete de Belsasar, de repente apareció la mano de Dios, escribiendo en la pared. El mensaje decía: «Contó Dios tu reino, y le ha puesto fin.... Tu reino ha sido roto, y dado a los medos y a los persas» (Daniel 5.26-28). Esa profecía se hizo realidad aquella misma noche cuando el ejército medopersa tomó la ciudad.

Aquellos conquistadores no destruyeron la ciudad; la convirtieron en la capital secundaria del imperio persa. Cuando los griegos conquistaron a los persas en el año 331 a. C., Alejandro Magno constituyó Babilonia como su capital y murió allí.

Babilonia tampoco ha sido nunca desolada, tal como Isaías lo profetizó en el capítulo 13 de su profecía. De hecho, Babilonia existe en la actualidad en el centro de Iraq como provincia de Babil, un área de 5.603 kilómetros cuadrados que contiene ocho ciudades con una población combinada de 1.651.600 personas.[18] Aunque su población ha variado a lo largo de los siglos, casi se ha triplicado desde 1977 cuando su ciudadanía llegaba a los 592.000.[19]

Como podemos ver, en los siglos que han pasado desde los imperios antiguos, Babilonia se ha desvanecido en la oscuridad pero no ha quedado olvidada. Ha degenerado a ser una gran ciudad hasta su estado actual como provincia iraquí. Pero si tomamos la Biblia en serio, entendemos que Babilonia debe ascender otra vez al poder para recibir el juicio que Isaías, Jeremías y el apóstol Juan han profetizado. Sabemos que esto sucederá porque la Biblia con frecuencia habla del futuro de Babilonia en términos de su grandeza. La frase griega utilizada para describir la ciudad en Apocalipsis 18 es *ha megala polis*, que significa «la megalópolis». Este título nos conduce a creer que la población de la reconstruida ciudad de Babilonia justamente antes de su destrucción futura será mucho mayor que la población actual de su provincia.

Es probable que Babilonia fuese la ciudad más grande del mundo en la época de Jeremías. En los tiempos del apóstol Juan, sin embargo, ya no era una ciudad grande. Por tanto, en el libro de Apocalipsis cuando Juan describe la visión que recibe de Dios con respecto a la destrucción de una próspera mega-Babilonia, obviamente habla de un acontecimiento futuro en una ciudad futura.

Esta futura Babilonia se describe en Isaías 13.19 como «Babilonia, hermosura de reinos y ornamento de la grandeza de los caldeos [iraquís]». Ésa será la situación de Babilonia justamente antes de que sea aniquilada por una destrucción tan completa que nunca más volverá a ser habitada.

¿Es la destrucción de Babilonia literal o metafórica?

Un aspecto de las profecías con respecto a la destrucción de Babilonia ha generado una gran controversia entre los eruditos de la Biblia. ¿Deberíamos tomar esas referencias literalmente o metafóricamente? ¿Realmente la Biblia se refiere a la destrucción de la ciudad misma? ¿O al sistema económico y la filosofía humanística que la ciudad personifica? El autor y educador Dr. Mal Couch afirma la segunda opción sin descartar la primera. «En cualquiera de los casos –dice él–, la Escritura deja claro que Babilonia representa el sistema del mundo generalizado, global, político y eclesiástico de los últimos tiempos».[20]

Algunos eruditos ven Apocalipsis 18.1-2 una indicación de un significado metafórico dual: «Después de esto vi a otro ángel descender del cielo con gran poder; y la tierra fue alumbrada con su gloria. Y clamó con voz potente, diciendo: Ha caído, ha caído la gran Babilonia». El escritor/editor Dr. J. A. Seiss creía que la repetición de la frase indica dos partes o etapas separadas de la caída: la desaparición de Babilonia como un entidad religiosa y también como una entidad económica.[21]

En el anterior pasaje de Apocalipsis 18, Juan nos dice que la profecía con respecto a la destrucción de Babilonia la da un ángel tan poderoso que ilumina el mundo entero. Cuando este ángel dice: «ha caído, ha caído la gran Babilonia», utiliza una frase que describe una acción instantánea. Esto nos indica que la destrucción de la ciudad o del sistema de Babilonia no será gradual, sino instantánea. Apocalipsis 18 destaca una y otra vez lo repentino de la destrucción que llegará al final del periodo de la Tribulación:

* «Por lo cual en un solo día vendrán sus plagas» (v. 8).
* «Porque en una hora vino tu juicio» (v. 10).
* «Porque en una hora han sido consumidas tantas riquezas» (v. 17).
* «Pues en una hora ha sido desolada» (v. 19).

Cuando Dios venga contra Babilonia, será con lo repentino y la eficacia de un cepo. Notemos en particular el versículo 17, el cual nos dice que cualquier otra cosa que signifique la destrucción de Babilonia, sin duda incluirá un desplome económico.

¿Por qué será destruida Babilonia?

¿Por qué está Dios decidido a derramar su juicio sobre la ciudad de Babilonia? En general, ya hemos visto amplias razones. Desde el principio, la filosofía y la religión de Babilonia han estado en oposición directa a Dios, constituyéndola en el ejemplo de una perspectiva que ha corrompido a la humanidad a lo largo de todas las edades.

Pero dentro de esta amplia visión general podemos divisar de la visión profética de Juan seis razones concretas y reveladoras del porqué Babilonia o sus influencias no puede permitirse que existan en el reino de Dios. Las consideraremos una por una.

Babilonia será destruida debido a sus hechicerías

En Apocalipsis 18.2 leemos que «Babilonia... se ha hecho habitación de demonios y guarida de todo espíritu inmundo, y albergue de toda ave inmunda y aborrecible».

En los tiempos de Daniel el profeta, Babilonia era lugar de magos, adivinos y astrólogos que eran miembros del grupo de confianza del rey Nabucodonosor. Apocalipsis 18 nos muestra que esta maldad se intensificará a medida que el sistema babilonio sea invadido por la influencia satánica de la Bestia. Babilonia será el centro de depravación, donde espíritus demoníacos se esfuercen por obtener el control de la mente de cada hombre.

A medida que el mundo desciende al materialismo, tiende a rechazar a Dios. Pero al rechazar a Dios, las personas no eliminan la profunda necesidad del ser humano de tener una conexión espiritual. Cuando eliminan a Dios del cuadro, el vacío resultante con frecuencia se llena acudiendo al ocultismo, al misticismo y a los contactos con el mundo espiritual. Se atribuye a G. K. Chesterton haber dicho: «Lo contrario de una creencia en Dios no es una creencia en nada; es una creencia en cualquier cosa».[22] Jesús advirtió que en tal vacío de incredulidad, una persona se vuelve vulnerable a múltiples «espíritus inmundos» y, así, está mucho peor que cuando creyó (véase Lucas 11.24-25).

Babilonia será destruida debido a sus seducciones

Apocalipsis 18 pasa a decir esto de Babilonia: «Porque todas las naciones han bebido del vino del furor de su fornicación; y los reyes de la tierra han fornicado con ella, y los mercaderes de la tierra se han enriquecido de la potencia de sus deleites» (v. 3).

Esto es un eco de una profecía de Jeremías: «Copa de oro fue Babilonia en la mano de Jehová, que embriagó a toda la tierra; de su vino bebieron los pueblos; se aturdieron, por tanto, las naciones» (Jeremías 51.7).

Babilonia será famosa en todo el mundo como la ciudad más iluminada y liberada sobre el planeta. Su constitución dará rienda suelta a toda forma de inmoralidad y depravación, haciendo que Las Vegas, París y Hong Kong parezcan insípidas en comparación. Babilonia será un lugar de escapada favorito de las personas más ricas y las más poderosas del mundo, buscando placeres y actividades que no estén legalmente disponibles en sus ciudades de origen. Por tanto, los jefes de gobierno y de las grandes corporaciones serán seducidos a ser infieles a Dios en todas las maneras posibles.

El expositor de la Biblia John Phillips sugiere: «El sindicato del crimen, que ya es enormemente rico y poderoso, feudal, despiadado y omnipresente, trasladará sus oficinas centrales a Babilonia. Puede haber poca duda de que el sindicato, controlando el tráfico del vicio del mundo e insinuándose a todo tipo de negocios legítimos, finalmente mirará a la Bestia como su jefe».[23]

Babilonia personifica la influencia impía que reinará sobre la vida social, política, cultural y comercial del hombre en la Tribulación. Naciones, reyes, y comerciantes serán intoxicados por ella. La única manera en que este sembrador mundial de maldad pueda ser detenido es que Dios lo destruya.

Babilonia será destruida debido a sus pecados

Además del juicio de Babilonia por sus hechicerías y sus seducciones, será juzgada porque «sus pecados han llegado hasta el cielo, y Dios se ha acordado de sus maldades» (Apocalipsis 18.5).

La palabra griega traducida *llegado* en este pasaje significa literalmente «estar pegado» o «estar soldado». El cuadro es gráfico, Los pecados de Babilonia se han apilado uno sobre otro como los ladrillos en un edificio, una obvia alusión a la Torre de Babel, la cual fue el principio de la malvada carrera de Babilonia. Al igual que los constructores de Babilonia en una ocasión pusieron ladrillos uno sobre otro para construir la torre física, los reconstructores de la ciudad apilarán sus pecados uno sobre otro hasta que lleguen a Dios en el cielo. Una vez más, Él tendrá que intervenir y derribar la torre profana.

Babilonia será destruida debido a su auto glorificación

«Cuanto ella se ha glorificado y ha vivido en deleites, tanto dadle de tormento y llanto; porque dice en su corazón: Yo estoy sentada como reina, y no soy viuda, y no veré llanto» (Apocalipsis 18.7).

No es difícil imaginar la altiva arrogancia y blasfemias a medida que la ciudad de Babilonia sea reconstruida. Lo que se diga en las calles será que esta ciudad es aún más grande que la construida por Nabucodonosor. Tal postura de glorificación propia y rebelión ha sido una característica de Babilonia desde su principio. Según el historiador Josefo, Nimrod construyó la Torre de Babel desafiando a Dios y como una forma de protección en caso de que Dios se atreviera a enviar un diluvio sobre la tierra otra vez. Nimrod planeó construir una torre «demasiado alta para qué las aguas llegasen a ella» y sobre la cual habría una plataforma donde Nimrod pudiera «gritar su desafío y odio hacia Dios».[24]

Como nota al margen, las recientes renovaciones de Babilonia están siendo retrasadas —quizá ya lo imaginó— por el agua. El grupo que dirige el proyecto El Futuro de Babilonia indica que todos los restos de la Torre de Babel en la actualidad son escombros, los cuales «están rodeados por agua estancada».[25]

En Babel, Dios intervino para evitar que la raza humana cayese bajo la influencia de un tirano absoluto sobre toda la tierra. Pero en los últimos tiempos, precisamente este lugar proporcionará una plataforma para el tirano más malvado que el mundo haya conocido jamás. El orgullo de Nabucodonosor vivirá de nuevo en el gobernador de la Babilonia final. Y al igual que el monarca de antaño, también él se considerará inmortal e invencible. Pero ese inmenso orgullo será derribado tan ciertamente como lo fue la torre de Nimrod. El orgullo será la caída de Babilonia, como siempre lo es: «Antes del quebrantamiento es la soberbia, y antes de la caída la altivez de espíritu» (Proverbios 16.18).

Babilonia será destruida debido a su esclavitud

Anteriormente hablamos del catálogo de productos económicos por los cuales Babilonia se convertirá en el centro de comercio mundial. Esa lista tristemente concluye con «esclavos, almas de hombres» (Apocalipsis 18.13). En otras palabras, la esclavitud estará generalizada en esa malvada economía. La esclavitud emocional a las cosas materiales sin duda será prevalente a un grado sin precedente en esos tiempos, pero este no es el tipo de esclavitud que este pasaje concreta. Este pasaje se refiere al tráfico de hombres y mujeres obligados a ejercer la prostitución. El tráfico internacional de seres humanos y la esclavitud física manifiesta serán parte de la prosperidad de Babilonia.

En el sistema de comercio final que caracterizará el periodo de la Tribulación, no se pensará en los seres humanos como seres creados a imagen de Dios. Estarán deshumanizados, no se verán como nada más que animales muy desarrollados; un producto que poseer, intercambiar y vender.

Según el activista y profesor de sociología inglés Kevin Bales, aunque la esclavitud es ilegal en todo el mundo, en la actualidad más de 27 millones de personas están atrapadas como esclavas. Esta es una esclavitud ligada a la economía global. Los nuevos esclavos no se consideran inversiones a largo plazo, como lo fueron anteriormente. Su valor está en que son baratos, requieren poco cuidado y son desechables.[26] Esta horrible práctica aumentará mucho en el periodo de la Tribulación. Dios le pondrá fin con la destrucción final de Babilonia.

Babilonia será destruida debido a sus sacrificios

Como si una sola de las cinco causas enumeradas anteriormente no fuese suficiente para merecer el juicio de Dios, Babilonia añade sus sacrificios a sus ofensas. «Y en ella se halló la sangre de los profetas y de los santos, y de todos los que han sido muertos en la tierra» (Apocalipsis 18.24). «Vi a la mujer ebria de la sangre de los santos, y de la sangre de los mártires de Jesús» (Apocalipsis 17.6).

Babilonia no sólo será llena de actividad demoníaca y ocultismo, lo cual incluye con frecuencia el sacrificio ritual de animales, sino que también será responsable del martirio de los profetas y los santos de Dios. Muchos de ellos pueden ser quienes sean perseguidos por haberse negado a aceptar la marca de la Bestia. Otros, sin duda, serán ejecutados simplemente por llevar el nombre de Cristo y defender la moralidad, la pureza y la ética contra la odiosa tiranía de Satanás, el Anticristo y el Falso Profeta.

Como nos dice Juan al escribir su visión, Dios no olvidará el sacrificio leal y valiente de quienes mueran por su nombre:

Cuando abrió el quinto sello, vi bajo el altar las almas de los que habían sido muertos por causa de la palabra de Dios y por el testimonio que tenían. Y clamaban a gran voz, diciendo: ¿Hasta cuándo, Señor, santo y verdadero, no juzgas y vengas nuestra sangre en los que moran en la tierra? Y se les dieron vestiduras blancas, y se les dijo que descansasen todavía un poco de tiempo, hasta que se completara el número de sus consiervos y sus hermanos, que también habían de ser muertos como ellos (Apocalipsis 6.9-11).

La sangre de los mártires tan despiadadamente derramada por la opresión de Babilonia será reivindicada cuando Dios lleve a cabo su prometida y final destrucción de esa ciudad, la cual se ha convertido en el símbolo mundial de maldad y enemistad contra el santo pueblo de Dios.

Llega la destrucción de Babilonia

Ladrillo sobre ladrillo, pecado sobre pecado, la torre de iniquidad de Babilonia se elevará hasta la presencia misma de Dios, dándole toda la razón para actuar. «Por lo cual en un solo día vendrán sus plagas; muerte, llanto y hambre, y será quemada con fuego; porque poderoso es Dios el Señor, que la juzga» (Apocalipsis 18.8). Unos versículos después, Juan describe la finalidad de la destrucción de Babilonia:

Y un ángel poderoso tomó una piedra, como una gran piedra de molino, y la arrojó en el mar, diciendo: Con el mismo ímpetu será derribada Babilonia, la gran ciudad, y nunca más será hallada. Y voz de arpistas, de músicos, de flautistas y de trompeteros no se oirá más en ti; y ningún artífice de oficio alguno se hallará más en ti, ni ruido de molino se oirá más en ti. Luz de lámpara no alumbrará más en ti, ni voz de esposo y de esposa se oirá más en ti; porque tus mercaderes eran los grandes de la tierra; pues por tus hechicerías fueron engañadas todas las naciones (Apocalipsis 18.21-23).

Notemos que en este pasaje la palabra *más* se usa seis veces. Ese es el término más fuerte disponible en idioma griego para expresar «nunca más». Un escritor ha descrito la escena de esta manera: «Las palabras del ángel anuncian de manera muy impresionante la desaparición para siempre de todos los gozos y deleites de la gran ciudad: la música y el canto, el ajetreo de la industria, el brillo de su iluminación y, por encima de todo, las alegrías del novio y la novia, que en la Biblia representan lo más elevado de todos los gozos del ser humano».[27]

Nunca más volverán a existir las alegrías humanas en Babilonia. ¡Qué cuadro de desolación final! Cuando Dios juzga a una nación, a una ciudad o a un sistema, el juicio es seguro, rápido y final.

En lo más alto de la gloria de Babilonia, los reyes más grandes de la tierra la ocuparán; pero en una hora toda su majestad y su poder se habrán ido. En esta ciudad estarán las personas vestidas más a la moda de todo el mundo, pero en una hora todas esas ropas caras y costosas se habrán ido. En esta ciudad vivirán los mejores músicos, pero en una hora toda nota será silenciada.

Las empresas internacionales, bancos e instituciones financieras más grandes del mundo estarán centrados en Babilonia. Los más poderosos jefes de las empresas comerciales y financieras del mundo morarán en Babilonia, pero en una hora sus sueños financieros serán aplastados. El globalismo que anteriormente parecía prometer una utopía manejable y general habrá creado una red de interconectividad, cuyo fracaso derribará al mundo entero.

En ese momento de la destrucción de Babilonia, el sistema financiero mundial se colapsará. Todos los mercados globales quebrarán. Bancos cerrarán; empresas quedarán instantáneamente en bancarrota; comerciantes dejarán los negocios; todas las acciones en los negocios quedarán sin valor al instante. Todas las divisas no serán otra cosa sino papel impreso, bueno para poco más que para encender la chimenea. Miles de millones de personas se quedarán al instante sin trabajo; sus cuentas bancarias ya no existirán. El mundo entero experimentará un cataclismo financiero múltiples veces peor que cualquier cosa que se haya visto jamás y muy por encima de nada de lo que el pronosticador más pesimista podría imaginar. Un acontecimiento tan cataclísmico no pasará inadvertido.

Reacciones del mundo a la destrucción de Babilonia

¿Cómo reaccionará el mundo a la caída de Babilonia? El apóstol Juan nos da las reacciones de tres grupos, cada uno de ellos expresando una horrible conmoción al utilizar la misma expresión: «Ay, ay». Esa palabra no se usa con mucha frecuencia en la actualidad, pero todo el mundo la entiende como una expresión de calamidad y tristeza. Exploremos por qué estos tres grupos utilizarán esa palabra.

Los reyes de la tierra lamentarán

Y los reyes de la tierra que han fornicado con ella, y con ella han vivido en deleites, llorarán y harán lamentación sobre ella, cuando vean el humo de su incendio, parándose lejos por el temor de su tormento, diciendo: ¡Ay, ay, de la gran ciudad de Babilonia, la ciudad fuerte; porque en una hora vino tu juicio! (Apocalipsis 18.9-10).

Los reyes que pensaban que todo el poder era de ellos harán lamentación porque la gran ciudad capital del imperio financiero de la Bestia ha sido destruida. Como explica el autor profético Walter K. Price: «Esos reyes que lamentarán la caída de Babilonia son los gobernantes provinciales que administran el imperio mundial del Anticristo, y cuyos dominios son más afectados por la repentina interrupción del comercio».[28]

Aparentemente, Babilonia era la esperanza final de esos reyes. Cuando Babilonia es destruida, ellos quedan profundamente devastados y no pueden hacer otra cosa sino lamentar su enorme pérdida económica.

Los mercaderes de la tierra lamentarán

Y los mercaderes de la tierra lloran y hacen lamentación sobre ella, porque ninguno compra más sus mercaderías....Los frutos codiciados por tu alma se apartaron de ti, y todas las cosas exquisitas y espléndidas te han faltado, y nunca más las hallarás. Los mercaderes de estas cosas, que se han enriquecido a costa de ella, se pararán lejos por el temor de su tormento, llorando y lamentando, y diciendo: ¡Ay, ay, de la gran ciudad, que estaba vestida de lino fino, de púrpura y de escarlata, y estaba adornada de oro, de piedras preciosas y de perlas! Porque en una hora han sido consumidas tantas riquezas (Apocalipsis 18.11, 14-17).

La palabra que se traduce aquí como «mercaderes» es la palabra griega *emporoi*. Se refiere en particular a mayoristas, o quienes manejan grandes cantidades de productos de comercio. Estos mercaderes quedarán instantáneamente arruinados; lamentarán porque su base de poder comercial —el centro económico del mundo— ya no estará. Las Bolsas se derrumbarán y los bancos cerrarán sus puertas. La bancarrota se extenderá por las economías del mundo. En ese día, el dios Mamón demostrará no tener valor alguno. ¡En una hora todo el bienestar económico se desvanecerá!

Los pilotos de la tierra se lamentarán

Los magnates mercantes del mundo y sus empleados se lamentarán junto con los gobernantes y los mercaderes.

Y todo piloto, y todos los que viajan en naves, y marineros, y todos los que trabajan en el mar, se pararon lejos; y viendo el humo de su incendio, dieron voces, diciendo: ¿Qué ciudad era semejante a esta gran ciudad? Y echaron polvo sobre sus cabezas, y dieron voces, llorando y lamentando, diciendo: ¡Ay, ay de la gran ciudad, en la cual todos los que tenían naves en el mar se habían enriquecido de sus riquezas; pues en una hora ha sido desolada! (Apocalipsis 18.17-19).

Dudo de que la mayoría de estadounidenses piensen mucho en la importancia del mercado marítimo en la actualidad, pero una mirada casual al país de origen de muchos de los productos que compramos muestra que han llegado por mar. El transporte marítimo es más importante para nosotros de lo que pensamos, y muchos economistas lo observan con atención.

El índice Baltic Dry (BDI) es una medida económica que se utiliza para evaluar la dirección de la economía global. El BDI mide el transporte por mar de las materias primas en veinte de las rutas marítimas más concurridas del mundo evaluando diariamente lo que las navieras cobran por embarcar varios lotes de productos en trasatlánticos. Si los precios aumentan, eso significa que la demanda de espacio en los barcos también está aumentando, lo cual es señal de una economía fuerte. Si los precios descienden, significa que hay un exceso de capacidad en los barcos, indicando que las economías del mundo están en recesión. Por tanto, un BDI en ascenso es bueno para la economía, y un BDI en descenso es malo. El BDI se considera un «principal indicador económico» porque predice la futura fuerza o debilidad económica. Aunque el BDI sigue estando por debajo de la altura que tenía en febrero de 2008, ha aumentado de modo dramático desde enero de 2009. [29]

A pesar de las actuales condiciones económicas globales, en noviembre de 2009 los estados del Golfo Pérsico anunciaron su plan de una expansión de 40.000 millones de dólares que «triplicará la capacidad portuaria por toda la región rica en petróleo... para mantener el ritmo del rápido crecimiento económico en el Golfo». [30]

Podemos esperar que este aumento continúe. Durante la Tribulación, el Golfo Pérsico será inundado de barcos mercantes provenientes de Babilonia, el gran centro del comercio mundial.

Pero un día, cuando esos barcos entren en el Golfo, los patronos mirarán asombrados y conmocionados las enormes columnas de humo que salen de la ciudad, donde sus bienes se ven envueltos en llamas. En ese momento, las cargas de sus barcos no tendrán valor alguno. Todo el sistema sobre cuál han construido sus vidas y sus esperanzas se habrá ido, y ellos clamarán: «¡Ay, ay de la gran ciudad, en la cual todos los que tenían naves en el mar se habían enriquecido de sus riquezas; pues en una hora ha sido desolada!» (Apocalipsis 18.19).

El regocijo en el cielo por la destrucción de Babilonia

Cuando Babilonia sea destruida, los reyes, los mercaderes y los marineros de la tierra se lamentarán; pero en el cielo, los apóstoles y los profetas se regocijarán. «Alégrate sobre ella, cielo, y vosotros, santos, apóstoles y profetas; porque Dios os ha hecho justicia en ella» (Apocalipsis 18.20).

Se insta a los apóstoles y profetas a regocijarse por la destrucción de Babilonia porque era el sistema de esa ciudad el que había martirizado a todos los apóstoles a excepción de Juan. Era ese sistema el que demandaba: «acepten la marca de la Bestia o mueran de hambre». Era ese sistema el que los había perseguido, los había desgarrado, los había quemado en aceite, los había colgado hasta morir, y los había enviado al foso de los leones. Era ese sistema el que representaba todo lo que estaba en contra del Dios del cielo. Uno por uno ellos murieron, y parecía como si nadie lo supiera ni le importase.

Pero el Dios del cielo no olvida a los suyos. Él prometió: «Mía es la venganza» (Romanos 12.19). Este es un eco de muchas de tales promesas a su pueblo: «Mía es la venganza y la retribución; a su tiempo su pie resbalará, porque el día de su aflicción está cercano, y lo que les está preparado se apresura» (Deuteronomio 32.35). «Mía es la venganza, yo daré el pago, dice el Señor. Y otra vez: El Señor juzgará a su pueblo. ¡Horrenda cosa es caer en manos del Dios vivo!» (Hebreos 10.30-31). La manera y el momento de la recompensa de la maldad del hombre es prerrogativa de Dios. Los apóstoles y profetas se regocijan no por las muertes de aquellos destinados al infierno eterno, sino debido a que la justicia de Dios ha prevalecido.

Juan escribe algo asombroso: «Y un ángel poderoso tomó una piedra, como una gran piedra de molino, y la arrojó en el mar, diciendo: Con el mismo ímpetu será derribada Babilonia, la gran ciudad, y nunca más será hallada» (Apocalipsis 18.21). En tiempos antiguos, la piedra de molino simbolizaba el comercio debido a que moler el trigo era ejemplo de la estabilidad económica de la cultura. La piedra de molino que se hunde en el mar era señal del fin de la vida en Babilonia y de la economía del mundo.

Pero hay otra aplicación posible. ¿Recuerda leer lo que el Señor dijo sobre quienes ofenden a los pequeños? «Y cualquiera que haga tropezar a alguno de estos pequeños que creen en mí, mejor le fuera que se le colgase al cuello una piedra de molino de asno, y que se le hundiese en lo profundo del mar» (Mateo 18.6). La aniquilación de este poder impío, atragantado con la sangre de los profetas, los apóstoles y los santos de Dios, se representa como una gran piedra de molino lanzada con violencia al mar, que se hunde en el olvido eterno.

¿Alguna vez se encuentra usted preguntándose si Dios le ha olvidado? ¿Cuando experimenta un trato injusto? ¿Cuando sus malvados adversarios parecen prevalecer? ¿Cuando quienes abusan del sistema avanzan mientras que usted pierde otro ascenso? ¿Alguna vez dice, como decía David, «¿Hasta cuándo, oh Jehová, se gozarán los impíos?» (Salmo 94.3).

Esa es una de las preguntas que se dirigen con más frecuencia a los cristianos. "Si tienes un Dios tan grande, ¿por qué permite Él la maldad?". La Biblia sí proporciona respuestas a esa pregunta (véase Job, Habacuc y el Salmo 73). Pero la respuesta final es la siguiente: Dios no pasa por alto la iniquidad. Él no trivializa las transgresiones ni acepta las maldades. Aunque nosotros no siempre somos capaces de detectar el juicio de Dios en nuestras circunstancias inmediatas, Él es fiel, y a su propio tiempo reivindicará todo el mal que se haya hecho. ¡La destrucción de Babilonia será una de sus afirmaciones más altas y claras de ese hecho!

El libro de Apocalipsis está lleno de sorpresas. Más de un estudiante de este libro apocalíptico ha observado la presencia de la palabra *misericordia* intercalada por esos capítulos que son esencialmente profecías de la ira de Dios. Casi parece que los momentos oscuros del juicio de Dios son seguidos de paréntesis de su abundante misericordia.

Apocalipsis 18, que hemos estado explorando en este capítulo, no es una excepción. En el versículo 20 leemos: «Alégrate sobre ella, cielo, y vosotros, santos, apóstoles y profetas; porque Dios os ha hecho justicia en ella». Este versículo sigue el anuncio del juicio sobre la ciudad de Babilonia, y en todos los capítulos de Apocalipsis que pintan terror y lágrimas, es el llamado final al regocijo. Cuando los apóstoles, profetas y santos miran al mundo que han abandonado, ven la ruina final del sistema seductor y la vil ciudad de Babilonia, que habían derramado su burla sobre ellos. Babilonia ha caído para no volver a levantarse, y todo el cielo estalla en una celebración de alabanza.

Nuestra respuesta a la destrucción de Babilonia

Aunque reyes, mercaderes, pilotos, apóstoles y profetas reaccionan todos ellos a la destrucción final de Babilonia, hay una entidad más que está llamada a responder. La Babilonia literal históricamente y proféticamente es tan buen ejemplo del orgullo y la depravación centrados en el hombre que se ha convertido en una metáfora duradera de la maldad y la rebelión contra Dios. Se enseña al pueblo de Dios en cada generación a separarse de los pecados y la mentalidad de la impía Babilonia. «Salid de ella, pueblo mío» (Apocalipsis 18.4). El profeta Jeremías advirtió: «Huid de en medio de Babilonia, y librad cada uno su vida, para que no perezcáis a causa de su maldad; porque el tiempo es de venganza de Jehová» (Jeremías 51.6).

Estos pasajes nos hacen entender que vivirán cristianos en esta ciudad malvada y sucia. Un autor explica: «El atractivo del salario y el prestigio seducirá a muchos hombres de negocios y profesionales cristianos capaces... a participar en la planificación y la activación de esta emocionante y dinámica nueva metrópolis.... No hay duda de que muchos de estos cristianos racionalizarán su traslado a Babilonia por la oportunidad que así se les ofrece de "ser un testimonio" en la ciudad más importante del mundo».[31]

Lo que tales cristianos no reconocen es que el testimonio eficaz nunca se produce mediante el compromiso. El mensaje de Dios no es: «Sed como ella, pueblo mío, para así calmarla y atraerla», sino más bien: «Salid de ella, pueblo mío, para que no seáis partícipes de sus pecados» (Apocalipsis 18.4).

No puede haber una ciudadanía dual en las ciudades totalmente opuestas de Jerusalén y Babilonia. Pablo escribió:

No os unáis en yugo desigual con los incrédulos; porque ¿qué compañerismo tiene la justicia con la injusticia? ¿Y qué comunión la luz con las tinieblas? ¿Y qué concordia Cristo con Belial? ¿O qué parte el creyente con el incrédulo? ¿Y qué acuerdo hay entre el templo de Dios y los ídolos? Porque vosotros sois el templo del Dios viviente (2 Corintios 6.14-16).

Yo creo que este es el actual llamado de Dios a separarnos del mundo, y especialmente del mundo a medida que se muestra cada vez más en las iglesias. Mi amigo Erwin Lutzer hace una importante observación sobre la triste condición actual dentro de la Iglesia estadounidense comparada con la de anteriores eras de la historia de la Iglesia:

Hemos visto que liberales religiosos y cristianos nominales han rechazado e incluso se han burlado del evangelio. Lo que es distinto en la actualidad es que el mensaje de la cruz está siendo ignorado por aquellos que afirman ser salvos por su mensaje. Precisamente en el momento en que el evangelio debe ser proclamado con más claridad, estamos escuchando voces apagadas incluso desde algunos de los mayores púlpitos de nuestra tierra.... Hemos perdido nuestro centro intelectual y espiritual y lo hemos sustituido por el consumismo, la autoayuda y la búsqueda de ventaja personal. Estamos ensimismados con nosotros mismos en lugar de estar ensimismados con Dios.[32]

Como indica el Dr. Lutzer, muchos cristianos en la actualidad intentan vivir con un pie en Jerusalén y el otro en Babilonia. Pero como nos dice Pablo, no puede haber comunión entre las dos ciudades. Ha llegado el momento para que aquellos que aman a Dios dejen de ser amadores de sí mismos y de los placeres del mundo y se enfoquen únicamente en amar a Dios; en soltar una forma muerta de piedad y separarnos de la perspectiva de Babilonia (véase 2 Timoteo 3.2, 5).

Juan nos llama a separarnos de Babilonia: «para que no seáis partícipes de sus pecados, ni recibáis parte de sus plagas» (Apocalipsis 18.4). Esta advertencia nos dice que consentir las prácticas de Babilonia tiene consecuencias, porque esas prácticas y las plagas que las acompañan van inevitablemente unidas.

Aparte de las plagas que les acompañan, las poderosas torres y los falsos poderes espirituales de Babilonia no pueden proporcionarnos la seguridad que prometen. Cuando ponemos nuestra confianza en las inversiones económicas, los reguladores de seguridad del gobierno, las cuentas bancarias, el crecimiento económico o cualquier otro plan humano pensado para proporcionar protección, podemos estar seguros de que en última instancia nos fallarán.

Por otro lado, rechazar Babilonia y permanecer en la ciudad de Dios va unido a la bendición. El apóstol Pablo nos recuerda la promesa de Ezequiel aquellos que obedecen el llamado de Dios: «Habitaré y andaré entre ellos, y seré su Dios, y ellos serán mi pueblo» (2 Corintios 6.16; cf. Ezequiel 37.23, 27).

Ninguna tribulación, ni prueba, angustia, persecución, hambre, pérdida, peligro o espada podrán separarnos nunca del amor de Cristo (véase Romanos 8.35). De hecho, nada, «ninguna otra cosa creada nos podrá separar del amor de Dios, que es en Cristo Jesús Señor nuestro» (Romanos 8.39).

Contrariamente a la base del sistema mundial, que cambia con tanta frecuencia como las placas tectónicas que están por debajo del sur de California, las promesas de Dios son la roca segura y sólida de nuestra fe y nuestro futuro. Aunque podemos entristecernos por las trágicas elecciones que muchos hacen al escoger Babilonia por encima de Jerusalén, nuestra reacción a la destrucción de Babilonia debe ser de celebración de que el bien finalmente triunfará y el enemigo perenne de Dios ya no será capaz nunca más de infligir maldad al pueblo de Dios.

CAPÍTULO 9

El definitivo nuevo orden mundial de Dios

El año pasado me las arreglé para pagar demasiado en mis impuestos estatales de California y, por tanto, tenían que devolverme dinero. ¡Podrá imaginarse mi sorpresa cuando mi devolución llegó en forma de pagaré! El documento adjunto decía que el Estado haría efectivo el pagaré en algún momento después del 2 octubre de 2009, pero que requeriría rellenar algunos documentos adicionales. Finalmente recibí mi devolución a principios de 2010.

Antes de poder recobrarme de la conmoción del pagaré, me notificaron que el estado de California había decidido elevar la tasa de retención en un 10 por ciento para evitar que el gobierno quedase en bancarrota. Los funcionarios estatales están diciendo que es un «préstamo» en lugar de un aumento en la tasa de retención. Sinceramente, ¡me siento un poco incómodo haciéndoles un «préstamo» de dinero a ellos!

Aquellos de ustedes que no viven en nuestro estado no están mucho mejor. Como nación, colectivamente hemos aportado 2.1 billones de dólares en beneficios generados por los impuestos en 2009; el gobierno proyecta que esa cifra aumentará hasta 2.2 billones de dólares en 2010. ¿Cómo se van a gastar esos dólares de los impuestos? Más del 32 por ciento, o 715 mil millones de dólares,

se emplearán en nuestra defensa común y seguridad nacional.[1]
¿Y si yo le dijera que un definitivo nuevo orden mundial está en
camino que llevará a cero todos los gastos militares y eliminará la
guerra por completo?

En 2010, el presupuesto de nuestro gobierno requiere un gasto
de 708 mil millones de dólares para pagos de la Seguridad Social
a 36 millones de trabajadores jubilados y 6.4 millones a sus viu-
das e hijos. ¿Cómo cree usted que nuestra situación económica
cambiaría si ninguno de esos gastos fuese necesario?

Otro 34 por ciento de los beneficios impositivos de América en
2010 —753 mil millones de dólares— será dirigido a Medicare,
Medicaid y programas de seguros médicos infantiles. ¿Cómo sería
si de algún modo pudiéramos eliminar todas las enfermedades y
así la necesidad de cuidado médico?

Otros 482 mil millones de dólares (22 por ciento) irá a programas de red de contención para ayudar a los pobres del país y a las
familias con ingresos moderados.[2] ¿Y si ningún ciudadano pasara
hambre, nadie fuese nunca oprimido, y los programas gubernamentales de derechos fuesen totalmente innecesarios?

Las estadísticas en los párrafos anteriores no cuentan ni siquiera
la mitad de la historia. Solamente reflejan los gastos de nuestro
propio país. Cuando multiplicamos el costo de abordar tales problemas en todos los países del mundo, el total es asombroso.

¿Y si todos esos gastos de todos los países sencillamente ya no
fuesen necesarios? En este momento probablemente esté usted
pensando que yo he estado leyendo demasiada literatura de ficción.
Pero el hecho es que llegará un momento en que las necesidades de
todos esos gastos sean eliminadas. Verdaderamente será un nuevo
orden mundial.

Desde que Adán y Eva fueron expulsados del jardín de Edén,

filósofos políticos, teólogos y artistas han soñado con una edad de oro final, una edad en la cual la justicia y la paz prevalecerían. Una edad utópica en la que las personas pudieran vivir en armonía con su Creador, familia y sociedad, y la oposición y la guerra cesarían. Poetas han escrito sobre ello, cantantes han cantado sobre ello, políticos lo han prometido, profetas lo han predicho, y el mundo lo ha anhelado.

Somos creados para ser constructores del reino (véase Génesis 1.28). Pero la Historia demuestra que cuando intentamos construir sin Dios como Rey, nuestras «utopías» se convierten en un infierno en la tierra. Ya hemos estudiado lo que sucedió cuando Nimrod y otros intentaron establecer un nuevo orden mundial, y seguimos siendo testigos de la futilidad de las Naciones Unidas en sus torpes e ineficaces intentos por la paz mundial. Sin embargo, tenemos buenas razones para tener esperanza.

La «edad de oro» venidera

La Biblia deja abundantemente claro que llegará una edad de oro en la que todos los problemas y desequilibrios causados por el hombre serán historia. Como el escritor y anterior colaborador de Billy Graham, John Wesley White, escribe:

> La Palabra de Dios nos asegura que una edad de oro espera justamente después de Armagedón: una edad de paz y prosperidad sin precedentes. Una edad idílica; no será una democracia, una monarquía ni un estado socialista. Será una teocracia. Cristo será Señor y Rey sobre toda la tierra. Lo que el Anticristo no habrá hecho con la vigilancia militar e

informática, Jesucristo lo hará por su omnisciencia, omnipotencia y omnipresencia.[3]

Llegará un reino terrenal, y el nombre del Rey es Jesús. La
Biblia no se limita a indicar este acontecimiento venidero; es un
tema importante. Dwight Pentecost, que ha dedicado toda su vida
al estudio de la profecía, escribe: «Una mayor cantidad de Escritura profética está dedicada al tema del milenio, desarrollando su
carácter y condiciones, que a ningún otro tema. Esta era milenial,
en la cual los propósitos de Dios se llevan a cabo por completo
sobre la tierra, demanda una considerable atención».[4]

En varias ocasiones se hace referencia a esta era venidera como
«tiempos de refrigerio» (Hechos 3.19); «los tiempos de la restaura-
ción» (Hechos 3.21); «el día de Jesucristo» (Filipenses 1.6); y «el
cumplimiento de los tiempos» (Efesios 1.10). Pero es más conocida como el milenio. La palabra *milenio* está compuesta por dos
palabras latinas: *mille*, que significa mil, y *annum*, que significa
un año. Por tanto, la palabra *milenio* sencillamente significa un
período de mil años.

Una cantidad considerable de noticias y cierto grado de histeria
rodeó la llegada del «Y2K», el término común que denota nuestra
entrada en el segundo milenio. Como resultado, la palabra *milenio*
se hizo muy conocida en todo el mundo. Chicago planeó y plantó
su Parque del Milenio. Londres construyó su Puente del Milenio
sobre el Támesis. El parque de ocio Cedar Point se enorgullece
de su montaña rusa Millenium Force, la primera del mundo en
sobrepasar los 300 pies de altura. Hay hoteles del milenio en todo
el mundo, escuelas de secundaria del milenio y bancos del milenio. Hasta hay una muñeca Barbie princesa milenio. Una mirada
a las listas de negocios de cualquier teléfono mostrará docenas de

milenios: inversionistas del milenio, apartamentos del milenio y uñas del milenio (sea lo que sea eso). Numerosas empresas tienen el nombre de Consultores del milenio.

Desde luego, los mejores consultores del milenio son los profetas del Antiguo Testamento. Según sus previsiones, el milenio bíblico no tiene nada que ver con un cambio en el calendario. Comenzará inmediatamente después del regreso de Cristo a la tierra. Uno de esos profetas lo expresó así: «Después saldrá Jehová y peleará con aquellas naciones, como peleó en el día de la batalla.... Y Jehová será rey sobre toda la tierra. En aquel día Jehová será uno, y uno su nombre» (Zacarías 14.3, 9).

Inmediatamente después del rapto de la Iglesia (véase 1 Corintios 15.50-52; 1 Tesalonicenses 4.16-17), cuando todos los cristianos sean llevados al cielo para estar con Jesús, habrá un periodo de siete años de tribulación, un tiempo al que el Antiguo Testamento se refiere como «tiempo de angustia para Jacob» (Jeremías 30.7). El período de la Tribulación concluirá con la batalla de Armagedón. Jesucristo regresará desde el cielo con sus santos y sus ángeles, y derrotará al Anticristo y sus ejércitos. El Anticristo y el Falso Profeta serán echados vivos al lago de fuego, y sus seguidores serán muertos (véase Apocalipsis 19.20-21). Satanás será encarcelado en el abismo sin fondo durante mil años (véase Apocalipsis 20.1-3). Entonces, los santos del Antiguo Testamento y los santos de la Tribulación serán resucitados, y unidos a los santos de la Iglesia que hayan vivido antes y en el momento del rapto, reinarán con Cristo durante mil años (véase Apocalipsis 20.4-6). Durante diez siglos, Jesucristo reinará con autoridad absoluta sobre el mundo entero.

Con toda la importancia asignada al Milenio, algunos se sorprenden al descubrir que la palabra no aparece ni una sola vez en toda la Biblia. Pero tampoco lo hace la palabra *Trinidad*. Esas dos palabras han sido escogidas para describir y definir sólidas verdades bíblicas. Cuando se enseña, se predica o se escribe, la palabra *Trinidad* es menos incómoda de tener que decir: «Dios existente en tres personas». La palabra milenio significa exactamente lo mismo que la frase bíblica «mil años», pero también proporciona una manera más eficaz de comunicar con rapidez. Aunque el término no se encuentra en la Biblia, es totalmente bíblico.

Seis veces en los siete primeros versículos de Apocalipsis 20 se utiliza la frase «mil años» para describir cierto aspecto del reinado de Cristo. Se nos dice que Satanás será atado por mil años, y que no podrá engañar a las naciones durante todo ese periodo de tiempo. Los santos martirizados de la Tribulación reinarán con Cristo en su reino durante mil años. Al final de los mil años, Satanás será liberado de su prisión para intentar una batalla final entre el bien y el mal (véase Apocalipsis 20.7-10).

¿Por qué es necesario un Milenio?

Muchas personas son escépticas o al menos se sienten perplejas acerca del Milenio porque no pueden ver su propósito. ¿Por qué escogería Dios insertar un reinado de diez siglos de perfección entre los traumas gemelos de la Tribulación y la rebelión final: el último enfrentamiento con Satanás? Emplearemos las siguientes páginas para responder esta importante pregunta.

El Milenio eliminará a Satanás de la tierra

El encarcelamiento de este archienemigo de Dios y del hombre es el primer acontecimiento notable del Milenio. Como nos dice el apóstol Juan: «Y prendió al dragón, la serpiente antigua, que es el diablo y Satanás, y lo ató por mil años; y lo arrojó al abismo, y lo encerró, y puso su sello sobre él, para que no engañase más a las naciones, hasta que fuesen cumplidos mil años; y después de esto debe ser desatado por un poco de tiempo» (Apocalipsis 20.2-3).

La Biblia enseña que el mundo está «oprimido por el diablo» (Hechos 10.38) y «bajo el maligno» (1 Juan 5.19). De hecho, varios lugares en el Nuevo Testamento se refieren a Satanás como "el príncipe de este mundo" (Juan 12.31), un título que él se ganó por defecto de Adán, quien sucumbió a la tentación de Satanás y desobedeció a Dios. Pero el gobierno de Satanás terminará. «Para esto apareció el Hijo de Dios, para deshacer las obras del diablo» (1 Juan 3.8).

En la cruz y por la resurrección, Jesús cimentó el derecho a destruir la obra del diablo. En el Milenio, Satanás será encarcelado en el abismo, y Jesús restaurará todo lo que el diablo ha pervertido y destruido desde la creación.

El Dr. Harry Ironside dijo: «Llegará un día en que los hombres ya no serán engañados y desviados por el gran tentador quien, desde su victoria sobre nuestros primeros padres en Edén, ha sido el persistente y maligno enemigo de la humanidad».[5]

¿Pecarán las personas en el Milenio? A muchos les sorprende saber que la respuesta es sí, pecarán. Hay dos razones: en primer lugar, aunque las personas en el Milenio serán cristianas, no serán más perfectas de lo que somos nosotros como cristianos en la actualidad; seguirán teniendo la naturaleza pecaminosa que heredamos de Adán, la cual no será eliminada hasta que sean resucitados. En segundo lugar, el Milenio es un largo período de tiempo, y quienes vivan en el Milenio tendrá muchos hijos. No todos esos descendientes retendrán la fe de sus padres creyentes.

A lo largo de diez siglos, la maldad estará presente en el mundo;

pero no será el mismo tipo de maldad que conocemos en la actualidad. El pecado durante el periodo del Milenio no será el resultado de la tentación satánica; será el resultado de nuestra propia naturaleza del pecado. Satanás estará encerrado en la prisión especial que Dios ha preparado para él. Su jerarquía de demonios estará neutralizada. En el Milenio, nadie podrá repetir las palabras del cómico de los años setenta, Flip Wilson, cuyo personaje Geraldine era famoso por decir: «El diablo me hizo hacerlo».

Thomas Jones, en su libro *Sober Views of the Millennium* [Perspectivas sobrias sobre el Milenio], escribió: «Tener al gran enemigo de nuestra salvación eliminado de la tierra, y encerrado en el infierno, será en sí mismo un inmenso beneficio…. Si el Milenio no consistiera en otra cosa que esta liberación, produciría el cambio más maravilloso en la condición de la humanidad».[6]

El Milenio recompensará al pueblo de Dios

La Biblia habla de un futuro profético en el cual los cristianos serán grandemente recompensados inmediatamente después del rapto. Todo cristiano estará delante del trono de juicio de Cristo para ser recompensado por su vida de servicio mientras estaba en la tierra. Varios pasajes de la Escritura enseñan esta verdad:

* Porque todos compareceremos ante el tribunal de Cristo (Romanos 14.10).
* Porque es necesario que todos nosotros comparezcamos ante el tribunal de Cristo, para que cada uno reciba según lo que haya hecho mientras estaba en el cuerpo, sea bueno o sea malo (2 Corintios 5.10).

• He aquí que Jehová el Señor vendrá con poder, y su brazo señoreará; he aquí que su recompensa viene con él, y su paga delante de su rostro (Isaías 40.10).

Y tenemos estas palabras de Jesús:

• Porque el Hijo del Hombre vendrá en la gloria de su Padre con sus ángeles, y entonces pagará a cada uno conforme a sus obras (Mateo 16.27).

• He aquí yo vengo pronto, y mi galardón conmigo, para recompensar a cada uno según sea su obra (Apocalipsis 22.12).

En otros lugares, el Nuevo Testamento habla de estas recompensas como «coronas», lo cual indica que implica gobierno. Refiriéndose a los santos del Nuevo Testamento, Jesús dijo: «No temáis, manada pequeña, porque a vuestro Padre le ha placido daros el reino» (Lucas 12.32). Pablo se hizo eco de esta idea en tres pasajes: «¿O no sabéis que los santos han de juzgar al mundo?...¿O no sabéis que hemos de juzgar a los ángeles?» (1 Corintios 6.2-3). «Si sufrimos, también reinaremos con él» (2 Timoteo 2.12).

Daniel nos dice que los santos del Antiguo Testamento participarán en el futuro gobierno de la tierra: «Después recibirán el reino los santos del Altísimo, y poseerán el reino hasta el siglo, eternamente y para siempre...y que el reino, y el dominio y la majestad de los reinos debajo de todo el cielo, sea dado al pueblo de los santos del Altísimo» (Daniel 7.18, 27).

Como muestra el siguiente pasaje, los santos de la Tribulación también participarán:

Entonces uno de los ancianos habló, diciéndome: Estos que están vestidos de ropas blancas, ¿quiénes son, y de dónde han venido? Yo le dije: Señor, tú lo sabes. Y él me dijo: Estos son los que han salido de la gran tribulación, y han lavado sus ropas, y las han emblanquecido en la sangre del Cordero... Y vi tronos, y se sentaron sobre ellos los que recibieron facultad de juzgar; y vi las almas de los decapitados por causa del testimonio de Jesús y por la palabra de Dios, los que no habían adorado a la bestia ni a su imagen, y que no recibieron la marca en sus frentes ni en sus manos; y vivieron y reinaron con Cristo mil años (Apocalipsis 7.13-14; 20.4).

Cristo regresará para derrotar a sus enemigos en la batalla de Armagedón. Inmediatamente después de su victoria, Cristo establecerá su reino, y los santos redimidos de todos los periodos de la historia —Antiguo Testamento, Nuevo Testamento y Tribulación— reinarán con Él.

Nuestra recompensa por la fidelidad durante esta vida será una mayor oportunidad de servir en el reino terrenal de Jesucristo. La idea de que se nos asigne una tarea como recompensa puede ser una desconexión para algunos cristianos. Pero como explica Randy Alcorn:

El servicio es una recompensa, no un castigo. Esta idea es ajena para las personas.... Pensamos que el trabajo fiel debería ser recompensado por unas vacaciones durante el resto de nuestra vida. Pero Dios nos ofrece algo muy distinto: más trabajo, más oportunidades, mayores responsabilidades, junto con mayores capacidades, recursos, sabiduría y capacitación. Tendremos mentes agudas, y cuerpos fuertes, propósito claro y gozo inalterable. Cuanto más sirvamos a Cristo en el presente, mayor será nuestra capacidad de servirle en el cielo.[7]

Antes de dejar este punto, quiero responder a una objeción que a menudo se plantea sobre nuestro gobierno y servicio en el Milenio. Si los santos van a juzgar al mundo y a los ángeles, y los doce apóstoles van a gobernar sobre las doce tribus de Israel, y si David va a ser resucitado para servir junto con Jesucristo (véase Jeremías 30.9; Ezequiel 37.24), ¿no habrá un problema con la llegada de los seres resucitados y no resucitados durante el Milenio? El teólogo John F. Walvoord proporciona una respuesta válida a esta objeción:

> La objeción... desde luego es negada por el sencillo hecho de que nuestro Señor en su cuerpo resucitado era capaz de mezclarse libremente con sus discípulos. Aunque evidentemente hubo algunos cambios en su relación, Él seguía hablando con ellos, comiendo con ellos y estando sujeto al contacto físico con ellos.... Aunque la mezcla de seres resucitados y no resucitados es contraria a nuestra experiencia presente, no hay razón válida para que no pudiera haber una cantidad limitada de tal relación en la tierra del Milenio.[8]

El Milenio validará las predicciones de los profetas

La mayoría de la información bíblica con respecto al Milenio nos llega mediante los profetas Isaías, Jeremías, Ezequiel, Daniel, Joel, Amós, Miqueas y Zacarías. Cuando ellos hablan de la venida del reino de Cristo, prevén un periodo en que «todos los reyes se postrarán delante de él; todas las naciones le servirán» (Salmo 72.11): y en que «su señorío será de mar a mar, y desde el río hasta los fines de la tierra» (Zacarías 9.10). Las predicciones de estas profecías no se han cumplido en ningún momento en la historia del mundo. Solamente en el Milenio encontrarán su cumplimiento definitivo.

Al considerar cómo se cumplirán estas profecías, es importante entender que la estructura política, económica y religiosa que conocemos en el presente será totalmente alterada en el Milenio. Ninguna ciudad —Washington D.C.; Nueva York; Londres, Beijing o Babilonia— será ya el centro político. El enfoque de toda la vida estará en Jerusalén y en la tierra de Israel.

Toda nota de prensa importante será fechada desde Jerusalén. Jerusalén será la sede del nuevo gobierno global mundial. Desde esa ciudad reinará Jesús.

Algunas personas se preguntan por qué es importante que Jesús reine durante un tiempo en un reino completamente terrenal. El erudito en profecía Charles C. Ryrie responde:

> Porque *Cristo* debe salir triunfante en el mismo escenario donde fue aparentemente derrotado. Su rechazo por parte de los gobernadores de este mundo fue en esta tierra (1 Corintios 2.8). Su exaltación también debe ser en esta tierra. Y así será cuando Él regrese de nuevo a gobernar este mundo en justicia. Él ha esperado mucho tiempo para su herencia; pronto la recibirá.[9]

En ese día, Jerusalén recuperará la gloria que mostraba en los tiempos del rey David, pero magnificada por encima de toda imaginación. Jerusalén experimentará la gloria del Señor de tal manera que la ciudad misma será gloriosa. A pesar de sus problemas actuales, la mayoría de personas hoy día encuentran que su primer destello de Jerusalén les deja sin aliento. Pero nada se comparará con la gloria de la Jerusalén del Milenio, y ninguna otra ciudad capital será rival. Será la «Ciudad de la Verdad», «monte de santidad» (Zacarías 8.3). Será el asiento de poder y autoridad durante mil años hasta la llegada de la nueva Jerusalén, la cual descenderá desde el cielo como se promete en Apocalipsis 3.12 y 21.2. En la actualidad, Jerusalén es una ciudad dividida en una tierra dividida. Una vista aérea de la ciudad expone un serpenteante muro de seguridad de cemento que restringe el libre movimiento entre las secciones tomadas por israelíes y palestinos. Pero algo más que sólo un muro separa a los ciudadanos de Jerusalén. Judíos, árabes y cristianos difieren los unos de los otros lingüísticamente, religiosamente, políticamente e históricamente. Bajo los términos de los acuerdos de Oslo de 1993, también están divididos y su movilidad se ve restringida por el color de sus tarjetas de identidad. Ciudades a las cuales Jesús viajó fácilmente desde Jerusalén, como Belén y Betania, están fuera de los límites para ciertos ciudadanos. Los viajes son restringidos y están supervisados por una serie de puntos de control.[10]

La Jerusalén del Milenio será un lugar totalmente diferente. Ese muro de división será eliminado, probablemente como una de las primeras víctimas del masivo terremoto que transformará la topografía de Jerusalén cuando el pie de Jesús toque el monte de los Olivos en su segunda venida a la tierra (véase Zacarías 14.3-4).

En aquel día no habrá necesidad de muro de seguridad. El Señor Jesús reinará con mano de hierro, y ningún enemigo prevalecerá contra su poder. Las demarcaciones fronterizas hechas por el hombre serán inútiles, pues la ciudad se extenderá a una zona y población sin precedentes.

Lo que es más importante, no habrá necesidad de fronteras para restringir los viajes para entrar o salir de la ciudad. La Autopista de Santidad estará abierta para los redimidos (véase Isaías 35.8-9). Personas de toda nación, lengua, y etnia viajarán a Jerusalén para buscar al Señor, deseosos de acompañar a una persona judía al lugar de oración (véase Zacarías 8.21-23).

Muchos de nuestros pasajes favoritos de Navidad encontrarán su cumplimiento definitivo en el periodo milenial. Si lee usted con atención la profecía de Navidad de Isaías, observará que solamente las dos primeras frases en realidad pertenecen a la Navidad. El resto no se cumplirá hasta que Jesús regrese a restablecer su reino sobre la tierra.

Porque un niño nos es nacido, hijo nos es dado [Navidad], y el principado sobre su hombro; y se llamará su nombre Admirable, Consejero, Dios Fuerte, Padre Eterno, Príncipe de Paz. Lo dilatado de su imperio y la paz no tendrán límite, sobre el trono de David y sobre su reino, disponiéndolo y confirmándolo en juicio y en justicia desde ahora y para siempre. El celo de Jehová de los ejércitos hará esto [Milenio] (Isaías 9.6-7).

Lo mismo es cierto de las palabras del ángel Gabriel a María. Hablan de lo que ha de suceder tanto en el futuro cercano como lejano. La primera frase habla de la Navidad, mientras que el resto del pasaje se refiere al milenio: «Y ahora, concebirás en tu vientre, y darás a luz un hijo, y llamarás su nombre JESÚS. Este será grande, y será llamado Hijo del Altísimo; y el Señor Dios le dará el trono de David su padre; y reinará sobre la casa de Jacob para siempre, y su reino no tendrá fin» (Lucas 1.31-33).

El Milenio será el periodo en el cual un vasto número de profecías tanto del Antiguo como del Nuevo testamento encontrarán su cumplimiento.

El Milenio responderá la oración de los discípulos

Jesús enseñó a sus discípulos a hacer la siguiente oración: «Padre nuestro que estás en los cielos, santificado sea tu nombre. Venga tu reino. Hágase tu voluntad, como en el cielo, así también en la tierra... mas líbranos del mal» (Lucas 11.2, 4). ¿Qué significa orar para que venga el reino de Dios?

En el principio, el jardín de Edén era el reino de Dios sobre la tierra; pero, como observamos anteriormente, Satanás usurpó ese reino mediante la rebeldía de Adán. Por tanto, en esta oración Jesús enseñó a sus discípulos —incluidos nosotros— a orar por el restablecimiento del reino de Dios sobre la tierra, para que el mundo vuelva a estar otra vez bajo el reinado de Dios, estableciendo su voluntad aquí «como en el cielo».

No veremos el cumplimiento definitivo de esta oración de Jesús hasta el Milenio, cuando Cristo reine en poder y gloria (véase Salmo 2.6-12; Isaías 11.4; 42.4; Jeremías 23.3-6; Daniel 2.35-45; Zacarías 14.1-9). Solamente entonces Dios reinará y gobernará sobre toda dimensión de la existencia. El poder del pecado será mitigado, y Satanás estará encarcelado en el infierno. No será hasta entonces cuando finalmente seamos liberados del poder e incluso la presencia del maligno.

El Milenio revelará la rebelión en el corazón del hombre

El Milenio responderá, una vez para siempre, la antigua pregunta de si el pecado del hombre surge de la educación o de la naturaleza. Durante mil años de paz y prosperidad continuadas, Cristo gobernará desde Jerusalén, con vara de hierro. Al final de esta era de dicha perfecta, Satanás será liberado durante un breve periodo de tiempo para demostrar que, incluso en un ambiente perfecto, los hombres no redimidos se volverán contra Dios y se rebelarán.

El Dr. Walvoord pregunta: «¿Por qué es el reino milenial necesario en el plan de Dios para la raza humana? La respuesta parece ser que el Milenio es la ilustración final de la gracia de Dios y de la necesidad de salvación del hombre. El Milenio demuestra que la muerte de Cristo es esencial para la salvación del hombre».[11]

Cuadros del orden mundial definitivo de Dios

¿Cómo será la vida en el Milenio? ¿Cómo diferirán las condiciones, la salud, la economía y la sociedad en general de lo que ahora conocemos? La Biblia no guarda silencio sobre estas preguntas. Nos da al menos siete características destacadas de ese futuro reino de Cristo sobre la tierra. En esta sección las exploraremos una por una.

El Milenio será un periodo de paz

En la actualidad, las personas oran por paz, marchan por la paz e incluso mueren por la paz. Pero a pesar de todas las palabras y los actos, «No hay paz, dijo mi Dios, para los impíos» (Isaías 57.21).

El día 1 de octubre de 2009, el Dr. Victor Davis Hanson, Caballero Distinguido en Historia en la Universidad Hillsdale, dio una conferencia en la Universidad Hillsdale sobre el tema de la guerra. El siguiente es un extracto de ese discurso:

> El primer punto que quiero establecer es que la guerra es una empresa humana que siempre estará con nosotros. A menos que nos sometamos a la ingeniería genética, o al menos que

los videojuegos de algún modo hayan reprogramado nuestros cerebros, o al menos que seamos fundamentalmente cambiados por comer nutrientes diferentes —estas son posibilidades creadas por los supuestamente denominados teóricos de la paz y la resolución de conflictos—, la naturaleza humana no cambiará. Y si la naturaleza humana no cambiará —y les digo que la naturaleza humana es una constante—, entonces la guerra siempre estará con nosotros. Sus métodos o sistemas de entrega —que pueden remontarse en el tiempo desde los palos a las catapultas, y desde los trabucos de chispa a las armas nucleares— desde luego cambiarán. En este sentido la guerra es como el agua. Uno puede bombear agua a 60 galones por minuto con un pequeño motor de gasolina o hacerlo a 5.000 galones por minuto con una bomba gigante de turbina. Pero el agua es agua, igualmente en el presente, o en 1880, o en el año 500 a.C. De igual manera la guerra, porque la esencia de la guerra es la naturaleza humana.[12]

La observación de Hanson confirma de manera resonante la del libro de Santiago en el Nuevo Testamento: «¿De dónde vienen las guerras y los pleitos entre vosotros? ¿No es de vuestras pasiones, las cuales combaten en vuestros miembros? Codiciáis, y no tenéis; matáis y ardéis de envidia, y no podéis alcanzar; combatís y lucháis» (Santiago 4.1-2).

La paz es un asunto del corazón. Debido a que el corazón del hombre caído tiende hacia el mal, todos los intentos por la paz a lo largo de la Historia finalmente han fracasado. Isaías resume la futilidad de los esfuerzos del hombre: «No conocieron camino de paz, ni hay justicia en sus caminos; sus veredas son torcidas; cualquiera que por ellas fuere, no conocerá paz» (Isaías 59.8).

Pero el Milenio será un período en el que el mensaje de los

ángeles de «paz en la tierra» se cumplirá. El salmista describe al Señor como Aquel que «que hace cesar las guerras hasta los fines de la tierra. Que quiebra el arco, corta la lanza, y quema los carros en el fuego.... Florecerá en sus días justicia, y muchedumbre de paz, hasta que no haya luna» (Salmo 46.9; 72.7).

Escribiendo sobre este periodo, Isaías dice: «Y el efecto de la justicia será paz; y la labor de la justicia, reposo y seguridad para siempre. Y mi pueblo habitará en morada de paz, en habitaciones seguras, y en recreos de reposo» (Isaías 32.17-18). El profeta Zacarías añade: «Y de Efraín destruiré los carros, y los caballos de Jerusalén, y los arcos de guerra serán quebrados; y hablará paz a las naciones, y su señorío será de mar a mar, y desde el río hasta los fines de la tierra» (Zacarías 9.10).

Isaías nos da uno de los pasajes más increíbles sobre la paz que yo haya leído nunca. Es una extraordinaria descripción de la paz que existirá entre las naciones en el Milenio:

Y Jehová será conocido de Egipto, y los de Egipto conocerán a Jehová en aquel día, y harán sacrificio y oblación; y harán votos a Jehová, y los cumplirán.... En aquel tiempo habrá una calzada de Egipto a Asiria, y asirios entrarán en Egipto, y egipcios en Asiria; y los egipcios servirán con los asirios a Jehová. En aquel tiempo Israel será tercero con Egipto y con Asiria para bendición en medio de la tierra; porque Jehová de los ejércitos los bendecirá diciendo: Bendito el pueblo mío Egipto, y el asirio obra de mis manos, e Israel mi heredad (Isaías 19.21, 23-25).

En un capítulo anterior, hablé de una estatua regalada a las Naciones Unidas por la anterior Unión Soviética. Inscrito sobre ella hay un sentimiento expresado por los profetas del Antiguo Testamento: «volverán sus espadas en rejas de arado» (véase Isaías 2.4 y Miqueas 4.3).

Los líderes de la atea Unión Soviética aparentemente no entendían que el cumplimiento de esa inscripción no llegaría hasta el día en que Cristo gobierne la tierra. Sólo entonces no habrá más guerra. Los reinos estarán unificados y, todos los instrumentos de la guerra mecanizada hecha por el hombre serán eliminados. El Dr. M. R. DeHaan ha escrito:

La Biblia está repleta de profecías sobre una edad venidera de paz y prosperidad. Será un periodo en el que la guerra será totalmente desconocida. Ni una sola planta de armamento estará funcionando, ningún soldado o marinero llevarán uniforme, ningún campamento militar existirá, y ni un sólo céntimo se gastará en armamento de guerra; tampoco una sola moneda se utilizará para la defensa, y mucho menos para la guerra ofensiva. ¿Puede imaginar tal época, cuando todas las naciones estarán en perfecta paz, todos los recursos estarán disponibles para el disfrute, y toda la industria participará en los artículos de un lujo pacífico?[13]

Esta paz milenial será tan dominante que se extenderá hasta al reino animal. Como Isaías lo describe:

Morará el lobo con el cordero, y el leopardo con el cabrito se acostará; el becerro y el león y la bestia doméstica andarán juntos, y un niño los pastoreará. La vaca y la osa pacerán, sus crías se echarán juntas; y el león como el buey comerá paja. Y el niño de pecho jugará sobre la cueva del áspid, y el recién destetado extenderá su mano sobre la caverna de la víbora. No harán mal ni dañarán en todo mi santo monte; porque la tierra será llena del conocimiento de Jehová, como las aguas cubren el mar (Isaías 11.6-9).

Claramente, sólo Dios podría producir unas transformaciones tan dramáticas, tanto en el frente geopolítico como la naturaleza de los animales. La completa paz bajo el reinado de Jesucristo es una característica de la edad de oro del Milenio.

El Milenio será una época de prosperidad

Dios nos ha dado cuerpos, los cuales vienen equipados con ciertas necesidades físicas y una gran capacidad para el placer. Dios quiso que esas necesidades fuesen satisfechas y que los seres humanos encontrasen gozo al satisfacerlas. Él situó a Adán en el exuberante ambiente de Edén y le dio una esposa para que tuviera amor y compañerismo. Dios continuamente proveía alimento de la tierra, rocío sobre el terreno, estrellas en el cielo y belleza en el mundo natural. En la actualidad, Él continuamente «nos da todas las cosas en abundancia para que las disfrutemos» (1 Timoteo 6.17).

En el mundo presente, la influencia de Satanás ha desviado la naturaleza —incluyendo la naturaleza humana—, infligiendo en la humanidad hambrunas, desastres naturales, avaricia y opresión, los cuales con frecuencia privan a las personas de sus necesidades básicas. Durante el Milenio todo esto cambiará. Dios nos proveerá en abundancia, y ninguna maldad perjudicará nuestra capacidad de recibir y disfrutar de todo lo que Él da. El mundo entero será convertido en un tipo de paraíso que resucitará los gozos del Edén.

John F. Walvoord dice: «En el Milenio, toda carencia será

eliminada. La prosperidad caracterizará todas las partes del mundo. La maldición que descendió sobre el mundo físico debido al pecado de Adán aparentemente es levantada durante el Milenio.... El mundo en general será liberado de su falta de productividad, la cual caracterizaba grandes partes del planeta».[14]

Los profetas predicen una prosperidad en el Milenio que será distinta a cualquier cosa jamás vista desde el jardín del Edén. Isaías, por ejemplo, dice: «Se alegrarán el desierto y la soledad; el yermo se gozará y florecerá como la rosa. Florecerá profusamente, y también se alegrará y cantará con júbilo...porque aguas serán cavadas en el desierto, y torrentes en la soledad. El lugar seco se convertirá en estanque, y el sequedal en manaderos de aguas» (Isaías 35.1-2, 6-7).

Al igual que algunas áreas desérticas han sido convertidas en terreno productivo mediante la moderna tecnología de irrigación, la Biblia dice que en el Milenio toda la tierra desértica será transformada en territorio fértil.

Las profecías de Ezequiel están llenas de descripciones de la prosperidad del Milenio:

> Y daré bendición a ellas y a los alrededores de mi collado, y haré descender la lluvia en su tiempo; lluvias de bendición serán. Y el árbol del campo dará su fruto, y la tierra dará su fruto.... Y os guardaré de todas vuestras inmundicias; y llamaré al trigo, y lo multiplicaré, y no os daré hambre. Multiplicaré asimismo el fruto de los árboles, y el fruto de los campos.... Y la tierra asolada será labrada, en lugar de haber permanecido asolada a ojos de todos los que pasaron. Y dirán: Esta tierra que era asolada ha venido a ser como huerto del Edén» (Ezequiel 34.26-27; 36.29-30, 34-35).

Joel profetiza que durante la edad del reino venidero, los judíos serán tan prósperos que «las eras se llenarán de trigo, y los lagares rebosarán de vino y aceite» (Joel 2.24).

Uno de los cuadros más visuales de la prosperidad del Milenio viene del profeta Amós: «He aquí vienen días, dice Jehová, en que el que ara alcanzará al segador, y el pisador de las uvas al que lleve la simiente» (Amós 9.13).

Amós nos dice que la tierra será tan fértil que no habrá «espacio muerto» estéril de invierno entre la siembra y la cosecha. Desde luego, Amós, como los otros profetas a los que hemos citado, está utilizando términos que encajan en la época en la cual escribió. Visualizando el cumplimiento contemporáneo de su profecía, aquí está la profecía de Amós puesta al día tal como yo la veo suceder en el Milenio venidero: un granjero conduciendo una moderna cosechadora Case IH Combine trabaja duro para recoger una cosecha de grano que cubre exuberantes terrenos tan grandes como el ojo puede ver. Inmediatamente detrás de él está otro granjero sobre un tractor John Deere 8R sacando veinticuatro filas de plantación.

Si es usted habitante de una zona residencial y las analogías agrícolas no le ayudan a visualizar la prosperidad del Milenio, quizá la siguiente historia lo hará.

En un segmento de las noticias de la noche de la *CBS* titulado «El espíritu americano», el corresponsal Rich Schlesinger informaba de la filantropía de Doris Buffett, la hermana de Warren Buffett. La administración que hizo su hermano de su abundante herencia la ha hecho extremadamente rica, pero hacer más dinero no es su meta. La octogenaria se esfuerza por «donar el dinero que le queda en el tiempo que le queda».

Para la mayoría de nosotros, eso no requeriría demasiado esfuerzo; pero después de haber donado más de 80 millones de dólares, Buffett le dijo a Schlesinger: «Donábamos dinero durante el mes, y entonces llegaba el informe bancario y yo tenía más dinero de aquel con que había comenzado el mes, así que parecía que después de un tiempo estábamos en una rutina».[15] La mujer literalmente estaba ganando más dinero del que podía regalar. ¡A la mayoría de nosotros nos gustaría saber dónde se consigue una de esas rutinas!

Mi objetivo al relatar la historia de Doris Buffet es el siguiente: su experiencia bien puede reflejar lo que está profetizado para el Milenio. Será un periodo de más abundancia de la que podamos imaginar en nuestro mundo actual de lucha y escasez.

Carl G. Johnson resume lo que la Biblia dice sobre la prosperidad del Milenio:

Dios dará lluvia abundante y oportuna; los árboles llevarán fruto; la tierra será muy fértil, las personas ya no morirán de hambre y malnutrición; ya no habrá más hambruna; el grano aumentará; la tierra anteriormente desolada se volverá tan productiva que será comparada al jardín del Edén; las eras de los graneros estarán llenas de trigo; vino y aceite abundarán hasta rebosar; las personas tendrán más que suficiente para comer; plantarán huertos y comerán de ellos; cada hombre tendrá su propio huerto y viña para disfrutarlos, la semilla plantada siempre producirá, y los cielos serán destacados por su rocío en lugar de por su calor abrasador y su gélido frío.[16]

El Milenio será un periodo de salud física

En el Milenio, Cristo hará para todos lo que Él hizo por los enfermos y discapacitados con quienes se encontró en los Evangelios.

Él quitará toda enfermedad, deformidad y minusvalía. En la edad de oro de su reino no habrá ceguera, sordera ni mudez; no habrá necesidad de lentes, audífonos, terapia del lenguaje, sillas de ruedas o muletas. Tenemos esa promesa de dos profetas del Antiguo Testamento:

> En aquel tiempo los sordos oirán las palabras del libro, y los ojos de los ciegos verán en medio de la oscuridad y de las tinieblas....No dirá el morador: Estoy enfermo....Entonces los ojos de los ciegos serán abiertos, y los oídos de los sordos se abrirán. Entonces el cojo saltará como un ciervo, y cantará la lengua del mudo....Mas yo haré venir sanidad para ti, y sanaré tus heridas, dice Jehová (Isaías 29.18; 33.24; 35.5-6; Jeremías 30.17).

El Milenio será un periodo de pureza

Durante el Milenio, un nuevo nivel de pureza moral caracterizará a las personas. Como declaran Isaías y Ezequiel: «Y acontecerá que el que quedare en Sion, y el que fuere dejado en Jerusalén, será llamado santo...Y enseñarán a mi pueblo a hacer diferencia entre lo santo y lo profano, y les enseñarán a discernir entre lo limpio y lo no limpio» (Isaías 4.3; Ezequiel 44.23).

En el Milenio será mucho más fácil que la moralidad, la ética y la adoración del Dios verdadero prevalezcan porque bajo el perfecto reinado de Jesucristo, muchas de las causas del mal serán eliminadas. Como nos dice Isaías, todos serán conscientes de la presencia del Señor: «No harán mal ni dañarán en todo mi santo monte;

porque la tierra será llena del conocimiento de Jehová, como las aguas cubren el mar» (Isaías 11.9).

Los ídolos que tentaban a Israel alejarse de Dios a lo largo de la historia del Antiguo Testamento no estarán presentes en el Milenio. Como nos dice el profeta Zacarías: «Y en aquel día, dice Jehová de los ejércitos, quitaré de la tierra los nombres de las imágenes, y nunca más serán recordados» (Zacarías 13.2). Tampoco, presumiblemente, los habitantes serán tentados por los modernos ídolos del dinero, la fama, la autorrealización, o la búsqueda obsesiva de placer. En la abundancia de la edad de oro, todos tendrán a la mano estas bendiciones. No habrá necesidad de esforzarse por ellas o de permitirles que nos distraigan de la adoración de Dios.

Como hemos observado, Satanás estará atado, haciendo imposible que él o sus espíritus demoniacos nos tienten. Tampoco habrá ocultistas dirigiendo a las personas a buscar trascendencia comunicándose con espíritus malos. Zacarías pasa a decir que el Señor también hará «cortar de la tierra a los profetas y al espíritu de inmundicia» (Zacarías 13.2).

Anteriormente destaqué que esta era de reinado milenial no es un periodo de ausencia de pecado. Incluso en ese periodo habrá personas que se atrevan a desafiar la voluntad de Dios, pero aquí está la diferencia: esos ofensores nunca acudirán a un tribunal de justicia, porque ningún abogado defensor tendría ninguna posibilidad de ganar una causa contra el Señor Jesucristo, quien será a la vez Fiscal y Juez. ¡Contra Él no habrá defensa! El Señor, que conoce nuestros pensamientos al igual que nuestras obras, será el Juez justo. Como el profeta Amós relata, será un periodo en que la justicia correrá «como impetuoso arroyo» (Amós 5.24).

El Milenio será un periodo de vida prolongada

En la edad de oro, las personas vivirán hasta una edad muy avanzada, y los niños no morirán antes de su tiempo. De hecho, Isaías dice que un hombre que tenga cien años de edad será considerado un niño. «No habrá más allí niño que muera de pocos días, ni viejo que sus días no cumpla; porque el niño morirá de cien años» (Isaías 65.20).

Las personas vivirán para ver la finalización de sus planes y disfrutar de los resultados de sus esfuerzos como explica Isaías: «No edificarán para que otro habite, ni plantarán para que otro coma; porque según los días de los árboles serán los días de mi pueblo, y mis escogidos disfrutarán la obra de sus manos» (Isaías 65.22).

Al hablar del tema de la longevidad en la edad de oro, Robert J. Little, del Instituto Bíblico Moody, dijo lo siguiente:

> Durante este periodo nadie morirá en la infancia, ni tampoco nadie morirá de viejo, ya que la duración promedio de vida aumentará mucho, y la medicina estará disponible para cualquier enfermedad. Alguien que muera a la edad de cien años en esa época será considerado que ha muerto siendo un niño....La muerte no se producirá por lo que ahora denominamos «causas naturales», sino que será el resultado del juicio de Dios. El Salmo 101.8 dice: «De mañana destruiré a todos los impíos de la tierra, para exterminar de la ciudad de Jehová a todos los que hagan iniquidad». Se ha entendido que este pasaje significa que cada mañana habrá un juicio sumario de toda la maldad, ya que, bajo condiciones que existirán entonces, ya no habrá más incentivo para pecar. Parece que cualquiera que cometa una transgresión tendrá hasta la mañana siguiente para arrepentirse y enmendar el asunto.[17]

Parece que durante el periodo milenial, la duración promedio de vida que caracterizaba al mundo en los días anteriores al Diluvio regresará, y las personas vivirán hasta los cientos de años. Como dice Zacarías, los venerable Matusalén serán comunes en la nueva era. «Aún han de morar ancianos y ancianas en las calles de Jerusalén, cada cual con bordón en su mano por la multitud de los días» (Zacarías 8.4).

Jeremías nos dice que en la edad de oro también habrá un enorme aumento del índice de nacimientos. «Y los multiplicaré, y no serán disminuidos; los multiplicaré, y no serán menoscabados» (Jeremías 30.19). Zacarías afirma esta abundante fertilidad con esta atractiva golosina de color profético: «Y las calles de la ciudad estarán llenas de muchachos y muchachas que jugarán en ellas» (Zacarías 8.5).

Con la combinación de un elevado índice de nacimientos, una extrema longevidad, la eliminación de la enfermedad y la mejora de la salud personal, la población del mundo en el Milenio explotará. Pero esto no creará las preocupaciones medioambientales que experimentamos en la actualidad porque, como ya hemos destacado, la tierra misma será tan fértil que no habrá carencia de ninguna cosa.

El Milenio será un periodo de gozo personal

El Milenio será una estimulante era de felicidad, contentamiento y gozo. Será la respuesta a muchas oraciones antiguas y angustiadas de los muchos que han batallado por encontrar gozo en este caído mundo de dolor y tragedia. Isaías describe cómo serán respondidas esas oraciones en la edad de oro:

Multiplicaste la gente, y aumentaste la alegría. Se alegrarán delante de ti como se alegran en la siega, como se gozan cuando reparten despojos....Sacaréis con gozo aguas de las fuentes de la salvación....Toda la tierra está en reposo y en paz; se cantaron alabanzas...y enjugará Jehová el Señor toda lágrima de todos los rostros....Vosotros tendréis cántico como de noche en que se celebra pascua, y alegría de corazón, como el que va con flauta...Porque con alegría saldréis, y con paz seréis vueltos; los montes y los collados levantarán canción delante de vosotros, y todos los árboles del campo darán palmadas de aplauso (Isaías 9.3; 12.3; 14.7; 25.8; 30.29; 55.12).

Si Isaías hace que el Milenio parezca una celebración de mil años, se debe a que, esencialmente, eso será. Cada día traerá un júbilo de paz, bienestar y buena voluntad parecidos a la Navidad. Sentimientos gozosos que nos inundan solamente en ciertas épocas y en nuestros mejores momentos serán una característica permanente del Milenio.

El Milenio *será un periodo de alabanza y adoración*

A lo largo del Milenio, el dominio mundial del Señor incluirá a todos los pueblos de todas las naciones. Como nos dice Daniel: «cuyo reino es reino eterno, y todos los dominios le servirán y obedecerán» (Daniel 7.27). Cristo reinará sobre la tierra desde la Jerusalén mucho más grande y mejorada, e Israel, vastamente extendida, será considerada el centro de la tierra. Los pueblos del mundo felizmente viajarán a la Ciudad Santa para adorar y hacer sacrificios a Cristo el Rey:

Y todos los que sobrevivieren de las naciones que vinieron contra Jerusalén, subirán de año en año para adorar al Rey, a Jehová de los ejércitos, y a celebrar la fiesta de los tabernáculos. Y acontecerá que los de las familias de la tierra que no subieren a Jerusalén para adorar al Rey, Jehová de los ejércitos, no vendrá sobre ellos lluvia (Zacarías 14.16-17).

Y de mes en mes, y de día de reposo en día de reposo, vendrán todos a adorar delante de mí, dijo Jehová (Isaías 66.23).

El centro de la adoración en el Milenio será el templo. No será el templo de Salomón reconstruido o el templo de Zorobabel actualizado y remodelado por Herodes. Será un glorioso templo totalmente nuevo, construido especialmente para su uso durante el reinado de mil años de Cristo. Ezequiel dedica siete capítulos de su profecía a la descripción de este templo y los detalles de la adoración que tendrán lugar dentro de sus muros (véase Ezequiel 40–46).

Algunos eruditos batallan con la realidad de un templo en el Milenio porque la adoración en él implica la ofrenda de sacrificios animales. Argumentan que si la muerte de Cristo fue el sacrificio final y una vez para siempre por los pecados (véase Hebreos 7.27; 9.26, 28), no puede haber propósito alguno en los sacrificios de animales en el Milenio. John F. Walvoord habla de sus preocupaciones: «La respuesta está en el hecho de que los sacrificios en el Milenio constituirán un memorial a la muerte de Jesús, similar a como la observancia de la Cena del Señor es un recordatorio de su muerte (Lucas 22.19; 1 Corintios 11.26). También, al igual que los sacrificios del Antiguo Testamento apuntaban de manera simbólica a la muerte de Cristo, así los sacrificios del reino milenial mirarán atrás en recuerdo de su sacrificio en la cruz».[18]

Según Franklin Logsdon, esta observancia de sacrificios de animales tendrá otro importante propósito:

Cuando los santos de todas las épocas, especialmente los judíos salvos, vean al rey Emmanuel en toda su majestad trascendente y resplandeciente gloria, podrían con asombro y maravilla, con gozo y regocijo, olvidar con por completo que fue Él quien una vez fue atravesado entre la tierra y el cielo sobre una vieja Cruz en ignominia y vergüenza. Las pocas ofrendas de sangre constituirán el memorial y recordarán a todos cuál es la base de toda bendición eterna.[19]

A lo largo de las épocas, los hombres han hecho numerosos intentos de imaginar y crear un nuevo orden mundial —una utopía idílica— en el cual los males que plagan a este mundo caído sean eliminados. Todos ellos han fracasado por la sencilla razón de que el hombre contiene en sí mismo la fuente de sus propios problemas. Nuestra naturaleza de pecado hace imposible que podamos construir o mantener un ambiente perfecto. Como dijo Jeremías: «Conozco, oh Jehová, que el hombre no es señor de su camino, ni del hombre que camina es el ordenar sus pasos» (Jeremías 10.23).

No podemos crear nuestra propia utopía, pero como hemos mostrado en este capítulo, una utopía puede estar en nuestro futuro, una creada por Dios mismo. La utopía que todos esperamos es parte de nuestra herencia eterna. Jesús nos insta a apropiarnos de esa herencia ahora, en nuestros corazones, y algún día pronto en nuestros cuerpos resucitados. Él nos invita a ese nuevo mundo que está creando para nosotros: «Venid, benditos de mi Padre, heredad el reino preparado para vosotros desde la fundación del mundo» (Mateo 25.34).

Randy Alcorn nos proporciona un perspicaz cierre para este tema. En su libro *El Cielo*, el amplía la invitación de Cristo de una manera que muestra vívidamente lo profundamente que debería atraernos a cada uno de nosotros:

Dios no ha cambiado de opinión; no ha regresado al plan B ni ha abandonado lo que quiso originalmente para nosotros en la creación del mundo. Cuando Cristo dice «tomen su herencia, el reino preparado para ustedes desde la creación del mundo», es como si estuviera diciendo: «Esto es lo que yo he querido para ustedes todo el tiempo. Para darles esto fui a la cruz y derroté a la muerte. Tómenlo, gobiérnelo, ejerzan dominio, disfrútenlo, y al hacerlo, compartan mi felicidad».[20]

CAPÍTULO 10

Mantenga su cabeza en el juego
y su esperanza en Dios

Gatlinburg, Tennessee, es una ciudad turística amigable para la familia y que sirve como la puerta al parque nacional Great Smoky Mountains. Es conocida por sus rústicos hoteles, sus pintorescas tiendas y populares restaurantes, todos ellos rodeados por las colinas cubiertas de verde y los picos de la montaña Smoky. Pocas personas toman tiempo para recorrer los caminos que rodean Gatlinburg; pero quienes van por la carretera Campbell Lead, por el desvío de Pigeon Forge, pasan por una notable casa que se extiende al final de un sendero inclinado y serpenteante. Es un súper chalet de 16.512 pies cuadrados ubicado al lado de un monte. La sala de tres pisos ofrece grandes ventanales y fabulosas vistas de la belleza de la montaña Smoky. Es una casa inmensa; y vacía.

Perteneció a Dennis Bolze, un corredor de Bolsa de mediana edad que aparentemente estafó millones de dólares a clientes en un elaborado plan Ponzi. Algunos dicen que él es la versión country de Bernie Madoff. Al haberse visto obligado a ir a la bancarrota, Bolze bien puede haber cambiado su chalet por una celda en la cárcel. Las verdaderas pérdidas, sin embargo, son las de sus víctimas. Una de las víctimas, Virginia Borham, una mujer que enviudó recientemente y que trabajó por años como secretaria en Europa, perdió la mayor parte de los ahorros de su vida.

«No sé cuál va a ser ahora mi futuro —dijo la Sra. Borham—, porque sólo tengo suficientes ingresos para pagar mi renta. Literalmente, vivo de la caridad de los amigos».[1] Como muchos otros, Virginia Borham creyó que sus inversiones eran seguras y que su dinero estaba a salvo; y ahora se ha ido.

La pérdida de la estabilidad financiera personal puede suceder, y sucede, por muchas razones aparte de ser estafado o de hacer malas inversiones. El dinero parece tener su propia manera de alejarse de nosotros. La Biblia dice: «¿Has de poner tus ojos en las riquezas, siendo ningunas? Porque se harán alas como alas de águila, y volarán al cielo» (Proverbios 23.5). Siempre hemos sabido que el dinero tiene alas, pero sólo últimamente hemos comenzado a comprender su envergadura. Nuestra seguridad económica puede desvanecerse en un instante. Como hemos explorado en este libro, acontecimientos que suceden en la actualidad presagian un cuadro económico sombrío para este país, y ciertamente, para el mundo. Seguro que todos seremos afectados, y muchos de nosotros ya hemos sentido el pellizco.

Si usted se ha quedado sin poder hacer nada y ha visto cómo sus ahorros e inversiones se han encogido hasta el punto de que debe volver a recortar sus planes de jubilación, está usted en buena compañía. Millones de personas recientemente han sufrido pérdidas en sus cuentas de pensiones, fondos de jubilación e ingresos por inversiones. Muchos han sufrido pérdidas de riqueza intentando ayudar a sus hijos, familiares y amigos en estos momentos angustiosos. Otros han visto reducirse sus ahorros durante largos periodos de desempleo o debido a una enfermedad catastrófica e abrumadoras facturas médicas.

En este último capítulo quiero alejarme del sombrío cuadro del futuro económico global y hablarle directamente a usted sobre lo que puede hacer ahora para prepararse y evitar o aliviar el estrés a sus propias finanzas. No podemos escapar a lo que está sucediendo en el mundo. Como he dicho, ahora estamos viendo la larga sombra que se proyecta sobre acontecimientos catastróficos que la Biblia ya ha predicho, y no podemos evitar vivir bajo esas sombras. Puede que experimentemos dificultades debido a la desintegración económica y política global, pero sabemos que estamos en las manos de Dios. No sólo podemos confiar en Él para nuestro futuro bienestar; Él también nos ha dado sólidos principios financieros que pueden dirigir nuestras vidas económicas de manera que estabilicen nuestras finanzas personales y nos hagan atravesar los tiempos difíciles.

Por tanto, a pesar del Armagedón económico global venidero, nosotros los cristianos no tenemos porqué desesperar. Tenemos buenas razones para la esperanza. Esa esperanza es la que quiero mostrarle en este capítulo. No soy tan presuntuoso como para ofrecerle consejos financieros concretos; sencillamente quiero darle principios sólidos, demostrados y prácticos de la Biblia que pueden hacerle atravesar las sombras económicas venideras que ahora se ciernen sobre el mundo.

El enfoque bíblico del dinero

La Biblia no ve el dinero y las riquezas exactamente como nosotros los vemos. De hecho, la Escritura nos muestra que la perspectiva de Dios sobre la riqueza es contraria a la que la mayoría de nosotros tenemos. Él no está demasiado preocupado porque nosotros amasemos inmensas riquezas aquí en la tierra, pero sí está muy preocupado de que construyamos una base firme para nuestro futuro espiritual. No nos sorprendamos; hemos oído eso desde el púlpito toda nuestra vida. Pero es fácil quedar enredado en la carrera societal por tener riqueza y tender a olvidar la perspectiva de la Escritura.

En muchos lugares, la Biblia nos advierte de que el dinero es tan pasajero como una mariposa. Proverbios 27.24 dice que «las riquezas no duran para siempre». Por medio del profeta Hageo, el Señor les dijo a los israelitas apartados que estaban ganando dinero sólo para ponerlo en saco roto (véase Hageo 1.6). Pablo nos advierte que no confiemos en las riquezas, que son inciertas (véase 1 Timoteo 6.17), y Jesús dijo: «No os hagáis tesoros en la tierra, donde la polilla y el orín corrompen, y donde ladrones minan y hurtan» (Mateo 6.19). Él no nos estaba prohibiendo que fuésemos ahorradores prudentes o que hiciéramos planes para el futuro. Sencillamente estaba diciendo que nuestra riqueza permanente es eterna, mientras que el dólar, la libra y el euro no lo son.

En su libro *Just Walk Across the Room: Simple Steps Pointing People to Faith* [Sólo atraviese la habitación: Pasos sencillos para señalar a la gente la fe], Bill Hybels relata una experiencia que subrayó la diferencia entre lo temporal y lo permanente:

> En una ocasión, estaba yo sentado en una reunión cuando el orador de repente desplegó un rollo de pegatinas en su mano. «Hay algo que todos debemos entender», dijo mientras caminaba por el frente de la habitación. Periódicamente, se detenía y ponía una pegatina roja en una diminuta réplica de una casa, y una pegatina roja en un auto, y una pegatina roja en un escritorio que representaba nuestras vidas vocacionales.
>
> «Puede que no lo vean desde donde están sentados, pero cada pegatina roja tiene una única palabra en ella», dijo. «La

palabra es "temporal". Y estas cosas sobre la que las estoy poniendo son todas ellas temporales. Se desvanecerán, convirtiéndolas en hojas al viento cuando este mundo termine. «Si ustedes están viviendo para estas cosas, entonces están viviendo una vida de placer temporal, satisfacción temporal y realización temporal». Siguió caminando alrededor de la habitación, ahora en silencio mientras etiquetaba todo lo que estaba a la vista con pegatinas rojas. Yo observaba sus manos declarar el destino de las mejores cosas que este mundo tiene que ofrecer a medida que esas pegatinas llegaban a los objetos que estaban delante de nosotros.

Temporal. Temporal. Temporal.

«Hay solamente *una* cosa en esta habitación que no es temporal», continuó. «Hay solamente una cosa que ustedes pueden llevarse al mundo venidero».

Indicó a alguien que pasase con él al frente, y puso una pegatina azul en su solapa. «Cuando llegue que al final de su vida y de su último aliento –dijo–, ¿de qué querría que se hubiera tratado su vida?»...

Ningún producto terrenal va a llevarle desde este mundo al siguiente. Ni tierras, ni casas, ni cuentas bancarias, y títulos ni logros. Solamente *almas*. Amigos, Jesucristo enseñó que todo ser humano sería resucitado para pasar una eternidad en comunión con Dios en el cielo o en separación de Dios en el infierno. Debido a que Jesús entendía estas realidades eternas y las creía en lo profundo de su ser, centró su atención en la única entidad que pasaría a la realidad venidera: las personas.

Yo no sé cuál será la evaluación final de mi vida terrenal cuando me haya ido; pero lo que sí sé es esto: mi búsqueda mientras esté aquí será de personas para señalarles hacia la fe en Dios. He probado bastantes enfoques en mis cinco décadas de vida para saber que invertirse uno mismo en cualquier otra cosa que no sean personas es conformarse con la búsqueda de una visión menor: esa fea trampa de lo temporal.[2]

Salomón, el hombre más sabio que haya vivido jamás, parece estar de acuerdo con Hybels. En sus memorias, el libro tan frecuentemente pasado por alto de Eclesiastés, el rey Salomón tenía mucho que decir sobre el dinero, incluso dedicó un capítulo entero a la dispensación de su sabiduría monetaria. Comenzó diciendo cinco cosas sobre el dinero y la avaricia:

• Cuanto más tenemos, más queremos (véase Eclesiastés 5.10).
• Cuanto más tenemos, más gastamos (véase Eclesiastés 5.11).
• Cuanto más tenemos, más nos preocupamos (véase Eclesiastés 5.12).
• Cuanto más tenemos, mas perdemos (véase Eclesiastés 5.13-14).
• Cuanto más tenemos más dejamos atrás (véase Eclesiastés 5.14-17).

Entonces Salomón pasó a decir dos cosas sobre el dinero y sobre Dios:

• En primer lugar, la capacidad de ganar dinero viene de Dios. «He aquí, pues, el bien que yo he visto: que lo bueno es comer y beber, y gozar uno del bien de todo su trabajo con que se fatiga debajo del sol, todos los días de su vida *que Dios le ha dado*; porque esta es su parte» (Eclesiastés 5.18, énfasis añadido).

- En segundo lugar, la capacidad para disfrutar del dinero también viene de Dios. «Asimismo, a todo hombre a quien Dios da riquezas y bienes, y le da también facultad para que coma de ellas, y tome su parte, y goce de su trabajo, *esto es don de Dios*. Porque no se acordará mucho de los días de su vida; pues Dios le llenará de alegría el corazón» (Eclesiastés 5.19-20, énfasis añadido).

Las perspectivas de Salomón sobre el dinero se hacen eco de las instrucciones de Dios al pueblo de Israel cuando estaban a punto de entrar en la Tierra Prometida: «Sino acuérdate de Jehová tu Dios, porque él te da el poder para hacer las riquezas, a fin de confirmar su pacto que juró a tus padres, como en este día» (Deuteronomio 8.18).

Basándome en esta perspectiva de que el dinero, sus usos y sus beneficios son dones de Dios, permítame sugerir una fórmula de cuatro puntos para la supervivencia económica durante estos tiempos de confusión económica.

Mantenga su cabeza en el juego

Mi hijo pequeño, Daniel, era el defensa del equipo de fútbol americano de su escuela. Durante uno de los partidos en su primer año, recibió un brutal golpe de uno de los defensas contrarios, que resultó en una conmoción cerebral. En ese momento no sabíamos que era una conmoción cerebral, y por eso el entrenador le dejó regresar al partido.

Durante el último cuarto del partido, Daniel lanzó para touchdown y corrió por otro, pero poco después no recordaba nada.

Sus compañeros de equipo me dijeron después que él no podía recordar que los jugadores llamaran a hacer corrillo, y por eso simplemente se iba a la línea de melé e improvisaba. Daniel me dijo que no podía recordar nada de lo que sucedió después de su lesión en la cabeza, pero siguió jugando y solamente sus compañeros de equipo sabían que algo no iba bien

La experiencia de Daniel me recuerda el modo en que muchas personas funcionan económicamente en la actualidad. Exteriormente, están jugando el partido; pero si uno se acerca lo bastante a ellos se da cuenta de que no tienen idea de qué se trata el juego. No tienen jugadores a los que llamar, y aunque puede que a tropezones hagan algunas cosas correctamente, viven cada momento en peligro de recibir un golpe que les deje en el banquillo, quizá para el resto de sus vidas.

Probablemente haya oído a amigos decir: «Ni siquiera escucho ya las noticias. Son muy deprimentes; sencillamente las ignoro». O: «¿De qué sirve intentar mantenerse al día del lío en que estamos? No hay nada que yo pueda hacer al respecto, así que acabo de decidir ignorarlo y seguir adelante con mi vida». Son dos comentarios reales de personas con las que he hablado en días recientes, y creo que representan la actitud de un amplio segmento de nuestra población.

Esta actitud es un grave error, y demuestra un enfoque irresponsable de la administración financiera que puede dar como resultado un desastre. En su libro *The New Economic Disorder* [El nuevo trastorno económico], Larry Bates escribió:

Somos criaturas de comodidad, y como tales, nos hemos acostumbrado a nuestras zonas de comodidad. Nunca nos moverán a ninguna cosa a menos que sean invadidas nuestras zonas de comodidad. Puedo decirle que si carece de entendimiento y conocimiento de los tiempos, sus zonas de comodidad están a punto de naufragar. Nuestro nivel de vida, increíble comparado con el del resto del mundo, y nuestra facilidad de vida literalmente nos han desconectado de la realidad.[3]

Sí, hemos disfrutado de nuestras zonas de comodidad, y muchos se han convencido a sí mismos de que la vida seguirá siendo cómoda hasta el final. Pero recientemente, el nivel de incomodidad de repente se ha elevado como la espuma, y algunos han decidido que el partido básicamente ha terminado. Ahora están viviendo como por inercia, sin tener idea alguna de hacia dónde les está llevando la vida. Aunque podemos entender su frustración y su sentimiento de futilidad, es difícil engranar esas actitudes con la información que encontramos en la Palabra de Dios. Él ha incluido varios versículos clave en su Libro para un momento como éste: «que es ya hora de levantarnos del sueño» (Romanos 13.11). «Por tanto, no durmamos como los demás, sino velemos y seamos sobrios» (1 Tesalonicenses 5.6).

Como los hijos de Isacar en el Antiguo Testamento, necesitamos desarrollar un entendimiento de los tiempos, para que, al igual que ellos, sepamos lo que debiéramos hacer (1 Crónicas 12.32). En una ocasión, Jesús reprendió a los fariseos y los saduceos, diciendo: «sabéis distinguir el aspecto del cielo, ¡mas las señales de los tiempos no podéis!» (Mateo 16.3).

Como hemos mostrado en este libro, vivimos en tiempos muy frágiles. La verdad es que estos son tiempos sin precedente. Estamos atravesando nuevo territorio casi cada día. De hecho, las cosas cambian con tanta rapidez que algunos de los capítulos de este libro han sido puestos al día cinco o seis veces. Lejos de darnos causa para apagar las noticias desesperados, los rápidos cambios que se producen en nuestros tiempos realmente aumentan nuestra urgente necesidad de diligencia para permanecer conscientes de lo que está sucediendo.

Cuando comencé a ver las grandes fluctuaciones y cambios en la economía nacional y global, salté al terreno de juego y comencé a aprender todo lo que pude sobre el mundo financiero. Estoy lejos de ser un experto; hay mucho sobre la economía que yo nunca entenderé. Pero lo que he hecho es lo siguiente: ¡he metido mi cabeza en el juego! Me he convertido en un estudiante, y estoy mejor por ello.

En su libro *What Your Money Means and How to Use It Well* [Lo que su dinero significa y cómo utilizarlo bien], el escritor Frank J. Hanna habla sobre las cuatro cosas que él hace en sus negocios y en su vida privada para manejar no sólo finanzas, sino cualquier otra cosa en el camino que debería manejarse:

1. Descubrir la verdad sobre cómo están las cosas ahora.
2. Descubrir la verdad sobre cómo han de ser.
3. Descubrir cómo cambiar cosas desde cómo son ahora a cómo han de ser.
4. Empujarme a mí mismo a querer cambiarlas lo suficiente que haré lo que sea necesario para producir ese cambio.[4]

Toda decisión importante en la vida comienza con descubrir la verdad. Cuando usted conoce la verdad, tiene algún lugar donde ir. Sin la verdad, no puede haber viaje significativo, simplemente porque el progreso es imposible a menos que haya un punto fijo hacia el cual usted pueda progresar. Por tanto, antes de nada, estemos de acuerdo en que necesitamos conocer la verdad sobre las buenas finanzas. Eso significa mantener nuestras cabezas en el juego financiero y convertirnos en estudiantes de economía.

Hubo una ocasión o dos más en que cuando mi hijo estaba jugando al fútbol con conmoción cerebral, su entrenador sentía que su enfoque no era tan agudo como podría ser. Recuerdo escuchar al entrenador gritar: «¡Daniel, mete tu cabeza en el juego!». Sé que yo no soy su entrenador, pero siento la necesidad de «gritar» si usted me lo permite: cuando se trata de su futuro económico, ¡usted necesita desesperadamente meter su cabeza en el juego!

Si aún no ha comenzado usted este proceso, espero que lo haga ahora. Espero que este libro haya abierto sus ojos a unas cuantas cosas sobre el futuro y la economía nacional e internacional que usted no sabía. Pero no detenga el proceso de aprendizaje con este libro. Hay otros libros que leer, personas informadas a las que consultar, y seminarios útiles a los que asistir. En esta generación de información instantánea, el conocimiento sobre cualquier tema está solamente a un clic de distancia. Lo único que se necesita para tener acceso a él es simplemente el deseo de meter su cabeza en el juego.

Y cualquier cosa que usted haga, no olvide el mejor recurso de todos: la Biblia. Aunque nunca tuvo la intención de ser un libro sobre finanzas, usted descubrirá muchos principios intemporales y útiles salpicados por las páginas de este gran Libro. Compartiré algunos de ellos con usted más adelante en este capítulo.

Mantenga su casa en orden

Usted y yo no podemos hacer nada con respecto a los problemas que vemos en el orden económico mundial. Creo que ese sentimiento de impotencia es el motivo por el cual muchas personas se desesperan y apagan las noticias. Pero no estamos impotentes. Hay ciertas cosas que podemos hacer para vacunarnos a nosotros mismos significativamente contra el peor de cualquier desastre económico que pueda llegar. No podemos controlar la economía mundial, pero podemos hacer mucho para controlar nuestra propia economía. En esta sección le ofreceré unos cuantos indicadores que apuntan en esa dirección.

Haga un inventario personal

Como dije anteriormente, hasta que usted sepa la verdad real sobre cualquier situación, no podrá saber con seguridad qué hacer. Afectar el futuro comienza con conocer la verdad.

Una de las cosas más importantes que Donna y yo hemos hecho como pareja durante estos últimos meses ha sido hacer un inventario económico de nuestras vidas. Con la ayuda de planificadores profesionales, comenzamos el proceso de descubrir exactamente en qué punto estamos económicamente. Esta ha sido una buena experiencia para nosotros, pero no ha llegado sin algunas sorpresas. Sinceramente, hemos estado tan ocupados con nuestras vidas y nuestros ministerios que no siempre hemos mantenido nuestras cabezas en el juego como deberíamos haberlo hecho.

Nuestro objetivo es cambiar todo eso, y le aliento a que usted haga lo mismo. Puede que se resista a este ejercicio por temor a lo que descubrirá, pero casi ninguna situación financiera está totalmente sin esperanza. Si hay verdaderas áreas de problemas en su cuadro económico, es mucho mejor conocerlas que dejarlas enterradas como si fuesen minas terrestres esperando destruirle. Usted nunca cambiará lo que no reconozca.

Minimice su endeudamiento

Hace años, el difunto Lewis Grizzard escribió una columna en un periódico en la cual hablaba de un anterior compañero de trabajo que recibió una carta de uno de sus acreedores:

«Están furiosos conmigo por el hecho de que pasé por alto un pago —dijo el compañero de trabajo—. El modo en que pago mis facturas es que las meto todas en un sombrero. Entonces meto la mano en el sombrero sin mirar y saco una factura. Sigo haciendo eso hasta que me quedo sin dinero; siempre quedan algunas facturas en ese sombrero, pero al menos todo el mundo a quien le debo tiene la oportunidad de recibir el pago al estar en el sombrero. Escribo a las personas y les digo que si me envían otra desagradable carta, ni siquiera les pondré dentro del sombrero».[5]

Parece que hay muchas personas en la actualidad que están dejando facturas sin pagar en el sombrero. El total de la deuda al consumo de Estados Unidos, que incluye tarjetas de crédito y deuda de tarjetas no de crédito (pero no deudas hipotecarias), llegó a los 2.45 billones de dólares en marzo de 2000.[6]

La Biblia no prohíbe el endeudamiento, pero advierte sobre su mal uso. Por ejemplo, Proverbios destaca que quien pide prestado está en peligro de convertirse en siervo de quien presta (véase Proverbios 22.7). Seis veces Proverbios advierte contra ser partícipe de las deudas de otro (véase Proverbios 6.1-2; 11.15; 17.18; 20.16; 22.26; 27.13).

Uno de los mejores ministerios que tenemos en la iglesia que pastoreo se llama Crown Financial Ministries. Quienes se han graduado en este estudio profundo de once semanas han reducido su deuda personal en una media del 38 por ciento, han aumentado sus ahorros en un 27 por ciento, ¡y han aumentado sus donativos en un 72 por ciento! Para aquellos de ustedes que batallan por balancear su presupuesto, pagar sus facturas o establecer un plan para sus finanzas, recomiendo encarecidamente que visite la página web de Crown Financial y comiencen a darle la vuelta a su deuda hoy mismo.[7]

Administre su dinero

Algunos de mis amigos que saben que he estado trabajando en este libro me han preguntado si tengo algún consejo de inversión para ellos. Mi respuesta es no. Que yo intente tal cosa sería necio y arrogante. Esa es una pregunta que da miedo incluso en momentos de estabilidad financiera, y mucho más en el caos del mercado actual.

Aunque yo no aconsejaría a nadie sobre inversiones, si he descubierto que cuando permanezco enfocado en lo que la Biblia realmente dice, puedo dar algunos buenos consejos generales sobre la situación y el uso del dinero que poseemos. Los siguientes pasajes de la Escritura hablan por sí mismos, y no necesitan que yo los amplíe. Esta lista no es de ningún modo exhaustiva, pero ilustra las cosas poderosas que la Biblia tiene que decir sobre el dinero y las finanzas. Estas verdades provienen de 126 principios financieros que se cuentan en el Nuevo Testamento y más de 2.350 versículos de la Biblia que hablan del tema de las finanzas y las posesiones materiales.

1. El principio del deseo:

• «No os hagáis tesoros en la tierra, donde la polilla y el orín corrompen, y donde ladrones minan y hurtan; sino haceos tesoros en el cielo, donde ni la polilla ni el orín corrompen, y donde ladrones no minan ni hurtan. Porque donde esté vuestro tesoro, allí estará también vuestro corazón.... Ninguno puede servir a dos señores; porque o aborrecerá al uno y amará al otro, o estimará al uno y menospreciará al otro. No podéis servir a Dios y a las riquezas» (Mateo 6.19-21, 24).

2. El principio del discernimiento

• «Vanidad y palabra mentirosa aparta de mí; no me des pobreza ni riquezas; manténme del pan necesario; no sea que me sacie, y te niegue, y diga: ¿Quién es Jehová? O que siendo pobre, hurte, y blasfeme el nombre de mi Dios» (Proverbios 30.8-9).

3. El principio del diálogo

• «Escucha el consejo, y recibe la corrección, para que seas sabio en tu vejez» (Proverbios 19.20).
• «Mas en la multitud de consejeros hay seguridad» (Proverbios 11.14; véase también 24.6).

4. El principio de la disciplina:

• «El hombre de verdad tendrá muchas bendiciones; mas el que se apresura a enriquecerse no será sin culpa.... Se apresura a ser rico el avaro, y no sabe que le ha de venir pobreza» (Proverbios 28.20, 22).

5. El principio de la depreciación:

- «No os hagáis tesoros en la tierra, donde la polilla y el orín corrompen, y donde ladrones minan y hurtan; sino haceos tesoros en el cielo, donde ni la polilla ni el orín corrompen, y donde ladrones no minan ni hurtan» (Mateo 6.19-20).

6. El principio de la diligencia debida:

- «Porque ¿quién de vosotros, queriendo edificar una torre, no se sienta primero y calcula los gastos, a ver si tiene lo que necesita para acabarla? No sea que después que haya puesto el cimiento, y no pueda acabarla, todos los que lo vean comiencen a hacer burla de él» (Lucas 14.28-29).

7. El principio de la diversificación:

- «Reparte a siete, y aun a ocho; porque no sabes el mal que vendrá sobre la tierra» (Eclesiastés 11.2).

8. El principio del descendiente:

- «El bueno dejará herederos a los hijos de sus hijos; pero la riqueza del pecador está guardada para el justo» (Proverbios 13.22).
- «Porque si alguno no provee para los suyos, y mayormente para los de su casa, ha negado la fe, y es peor que un incrédulo» (1 Timoteo 5.8).
- «Pues no deben atesorar los hijos para los padres, sino los padres para los hijos» (2 Corintios 12.14).

9. El principio de la devoción:

- «Honra a Jehová con tus bienes, y con las primicias de todos tus frutos; y serán llenos tus graneros con abundancia, y tus lagares rebosarán de mosto» (Proverbios 3.9-10).
- «Cada uno dé como propuso en su corazón: no con tristeza, ni por necesidad, porque Dios ama al dador alegre» (2 Corintios 9.7).

Siga los consejos que se dan en esta muestra de principios sabios y prácticos de la Biblia y sus finanzas permanecerán a flote en la peor de las tormentas económicas.

Mantenga su corazón en su fe

Durante los últimos meses, he empleado mucho tiempo en el libro de Daniel, en el Antiguo Testamento. Este no es sólo uno de los más importantes libros proféticos de la Biblia, sino que también registra las valientes experiencias de Daniel y sus amigos judíos durante los años de su cautiverio.

Aunque poco de lo que leemos de la vida de Daniel se relaciona directamente con la economía, su inquebrantable convicción y dedicación a la verdad de Dios forman una base subyacente para confiar la propia seguridad en todos los asuntos al único poder que en última instancia es confiable para ayudarnos en cualquier tipo de crisis. A medida que las sombras de los últimos tiempos comienzan a avanzar, no sólo sobre nuestras finanzas sino también sobre todas las facetas de nuestra vida, el ejemplo de Daniel me resulta muy inspirador. Y quiero compartir con usted algo de lo que he aprendido de él.

Aquellos fueron años muy difíciles para Daniel. Dios estaba revelando a su profeta información sobre el futuro que era abrumadora, al igual que es abrumador mucho de lo que hemos mostrado en este libro sobre el inminente futuro del mundo. A medida que comenzó a interiorizar lo que Dios le estaba diciendo, Daniel se derrumbó emocionalmente. Los descriptivos términos que hablan de las angustiosas respuestas de Daniel me recuerdan cosas que he oído decir a personas durante estos tiempos de aterradoras consecuencias financieras:

> Se me turbó el espíritu a mí, Daniel, en medio de mi cuerpo, y las visiones de mi cabeza me asombraron…. En cuanto a mí, Daniel, mis pensamientos me turbaron y mi rostro se demudó…. Y yo Daniel quedé quebrantado, y estuve enfermo algunos días…. En aquellos días yo Daniel estuve afligido por espacio de tres semanas. No comí manjar delicado, ni entró en mi boca carne ni vino, ni me ungí con ungüento… y no quedó fuerza en mí, antes mi fuerza se cambió en desfallecimiento, y no tuve vigor alguno… estaba yo con los ojos puestos en tierra, y enmudecido… con la visión me han sobrevenido dolores, y no me queda fuerza (Daniel 7.15, 28; 8.27; 10.2-3, 8. 15-16).

Daniel tenía fe en Dios, pero no estaba preparado para las oscuras visiones del futuro que Dios le dio. Temporalmente se desanimó. Esas palabras, desde el capítulo siete hasta el capítulo diez de Daniel, muestran claramente la angustiosa presión que él sentía cuando comenzó a volver a poner su corazón en su fe. Aquellos fueron días muy difíciles, y no había manera de dejarlos atrás sino atravesándolos.

¿Le resulta familiar eso? Si nuestras respuestas a las inquietantes noticias económicas y políticas de la actualidad producen una angustia similar, eso simplemente muestra nuestra necesidad de poner nuestro corazón en nuestra fe.

El libro de Daniel es una estupenda lectura para los cristianos de nuestra generación, cuya fe puede tender a ser conmovida por los actuales titulares en las noticias. Revela el tipo de vida que deberíamos aspirar a vivir cuando estemos bajo presión. En cada uno de los doce capítulos de la profecía de Daniel, encontramos incidentes que nos muestran cómo mantener nuestro corazón en nuestra fe cuando podamos estar abrumado por los poderes que parecen conjuntarse contra nosotros. Los siguientes son algunos de ellos.

En el primer capítulo aprendemos que Daniel estaba entre un grupo de jóvenes judíos de familias nobles que fueron llevados a Babilonia por el rey Nabucodonosor. Al principio, Daniel tuvo que decidir si seguir la corriente para llevarse bien con todos o defender lo que él creía. El registro muestra que Daniel «propuso en su corazón no contaminarse con la porción de la comida del rey, ni con el vino que él bebía» (Daniel 1.8). Daniel arriesgó su vida por sus convicciones, y Dios le bendijo por ello.

En el capítulo 3, los tres amigos de Daniel se negaron a inclinarse ante el ídolo de Nabucodonosor, y el rey amenazó con quemarlos vivos. Repasamos la respuesta de ellos en un capítulo anterior, pero vale la pena repetirla simplemente para volver a ser inspirados por su convicción y valentía:

No es necesario que te respondamos sobre este asunto. He aquí nuestro Dios a quien servimos puede librarnos del horno de fuego ardiendo; y de tu mano, oh rey, nos librará. Y si no, sepas, oh rey, que no serviremos a tus dioses, ni tampoco adoraremos la estatua que has levantado (Daniel 3.16-18).

En el capítulo cuatro, Daniel interpretó uno de los sueños del rey Nabucodonosor. La interpretación sacó a la luz la despiadada maldad del rey y predijo el juicio de Dios sobre él. A la conclusión de su interpretación. Daniel confrontó al rey con las siguientes palabras: «Por tanto, oh rey, acepta mi consejo: tus pecados redime con justicia, y tus iniquidades haciendo misericordias para con los oprimidos» (Daniel 4.27). ¡Imagine estar delante del hombre más poderoso de la tierra y decirle que es un pecador y necesita arrepentirse!

En el capítulo 5, Daniel confronta al nieto de Nabucodonosor, Belsasar. En la primera parte del capítulo, se repite la historia del juicio de Nabucodonosor y Daniel dice a Belsasar: «Y tú, su hijo Belsasar, no has humillado tu corazón, sabiendo todo esto; sino que contra el Señor del cielo te has ensoberbecido…diste alabanza a dioses de plata y oro…y al Dios en cuya mano está tu vida, y cuyos son todos tus caminos, nunca honraste» (Daniel 5.22-23).

Antes de que aquella misma noche se terminara, Daniel reveló el juicio oculto en la misteriosa escritura en la pared en la sala del banquete: el reino de Belsasar iba ser dividido entre los medos y los persas, y «fue muerto Belsasar rey de los caldeos» (Daniel 5.30).

En el capítulo 6 se nos dice que Daniel se negó a obedecer el estatuto real que decía que ninguna oración ni petición había de ser ofrecida a ningún dios ni hombre «por espacio de treinta días» (v. 7), excepto a Darío, rey de los medos. En lugar de cumplirlo, Daniel fue a su propia casa y oró al Dios del cielo: «Cuando Daniel supo que el edicto había sido firmado, entró en su casa, y abiertas las ventanas de su cámara que daban hacia Jerusalén, se arrodillaba tres veces al día, y oraba y daba gracias delante de su Dios, como lo solía hacer antes» (Daniel 6.10).

Algunos escritores han descrito la conducta de Daniel como un acto de desafío contra el rey. No fue eso en absoluto. Daniel simplemente fue a su casa e hizo lo que siempre había hecho. En otras palabras, no permitió que el pronunciamiento del rey y la trama de sus enemigos cambiasen el curso de su vida. El no permitió que le obligasen a negar a su Dios.

A causa de su fidelidad a Dios, Daniel fue lanzado a un foso con leones hambrientos. Pero, como Daniel dijo más adelante: «Mi Dios envió su ángel, el cual cerró la boca de los leones, para que no me hiciesen daño, porque ante él fui hallado inocente; y aun delante de ti, oh rey, yo no he hecho nada malo» (Daniel 6.22).

Este incidente revela un verdadero desafío para nosotros en la actualidad. Ya sea que nos presionen para postrarnos ante la corrección política, el multiculturalismo o el ecumenismo, no podemos permitirnos a nosotros mismos que nos empujen fuera de nuestro camino. Debemos continuar manteniendo nuestro corazón en nuestra fe y ser el pueblo de Dios, levantando el estándar de Él y obedeciendo su voluntad a pesar de cuáles sean las consecuencias. En la actualidad especialmente, los poderes políticos aplican presión financiera a quienes se resisten a sus esfuerzos por demandar corrección política. Nuestros negocios pueden ser boicoteados, o podemos ser amenazados con ser despedidos de nuestros empleos. La presión financiera tiene su manera de suavizar nuestra decisión. Si no somos vigilantes, comenzamos a hacer pequeñas concesiones a la presión de la sociedad, poniendo en un compromiso la verdad de Dios para situarnos al lado de las normas culturales en un esfuerzo por fortalecer nuestro sentimiento de seguridad inmediata. Es entonces cuando el ejemplo de Daniel puede ayudarnos realmente.

En el capítulo ocho, a Daniel se le dio una sorprendente visión del Anticristo, tan aterradora que él «estuvo enfermo algunos días». Pero leemos lo que dice la Biblia que él hizo a continuación: «y cuando convalecí, atendí los negocios del rey» (v. 27). Puede que este no sea tan dramático como algunos de los acontecimientos que ya hemos citado, pero quizá sea el más importante de todos. A Daniel se le confió una gran perspectiva en cuanto al futuro, pero él no permitió que este elevado llamamiento le apartase de sus responsabilidades diarias. Se levantó y atendió los negocios del rey.

Este es un gran llamamiento para estos tiempos de dificultad financiera y confusión económica y política. No debemos tirar la toalla con desesperación e impotencia. No debemos, como algunos han hecho inicialmente, vender nuestras casas, abandonar nuestras vidas y acampar en un monte esperando que el Señor regrese. Como Daniel, necesitamos recopilar los hechos, y entonces levantarnos y ocuparnos de los negocios del Rey: los negocios de hacer la voluntad de Dios.

El capítulo 11 de Daniel predice la historia de Antíoco IV Epífanes y su brutal asalto contra Israel. En medio de la narrativa que describe este ataque, leemos estas maravillosas palabras: «mas el pueblo que conoce a su Dios se esforzará y actuará. Y los sabios del pueblo instruirán a muchos» (vv. 32-33).

En uno de los momentos más horrendos en la larga historia de sufrimiento de Israel, el pueblo que conocía su Dios siguió firme. En cada generación y en cada situación, Dios tiene a su pueblo. Cuando ponemos nuestro corazón en nuestra fe, nos unimos a este valiente grupo de hermanos y hermanas. Permaneciendo juntos nos damos valentía y fortaleza unos a otros, asegurando compañerismo y apoyo a medida que el mundo avanza hacia el caos inevitable de los últimos tiempos.

En la revista *Evangel*, J. K. Gressett escribe acerca de un hombre llamado Samuel S. Scull que se estableció en una granja en el desierto de Arizona con su esposa y sus hijos:

Una noche se produjo una feroz tormenta de lluvia, granizo y fuerte viento. Al amanecer, sintiéndose enfermo y con temor a lo que pudiera encontrar, Samuel salió para evaluar la pérdida.

El granizo había golpeado el huerto y había llevado pedazos a otras zonas; la casa estaba parcialmente sin tejado, el corral había volado y se veían gallinas muertas por aquí y por allá. Destrucción y devastación estaban por todas partes.

Mientras él seguía aturdido, evaluando el caos y preguntándose acerca del futuro, oyó una agitación en el montón que ahora formaban los restos del corral. Un gallo estaba subiendo por el escombro, y no dejó de subir hasta que hubo llegado a la tabla más alta del montón. El viejo gallo estaba empapado, y la mayoría de sus plumas habían desaparecido. Pero mientras el sol se veía por el horizonte, el agitó sus huesudas alas y cantó orgullosamente.

Aquel viejo gallo, mojado y desnudo, pudo seguir cantando cuando vio el sol de la mañana. Y al igual que ese gallo, nuestro mundo puede que se esté desmoronando y puede que lo hayamos perdido todo, pero si confiamos en Dios, podremos ver la luz de la bondad de Dios, salir de los escombros y cantar las alabanzas del Señor.[8]

Aunque pueda parecer que el mundo se está derrumbando a nuestro alrededor, eso realmente no cambia ni nuestra tarea básica ni nuestra seguridad definitiva. Nosotros conocemos la verdad; sabemos quiénes somos y a quién pertenecemos. Somos el pueblo de Dios, viviendo bajo su gracia y seguros por sus promesas de que cualquier cosa que suceda, estamos en sus fuertes y confiables manos. Fozos de leones, hornos de fuego, tormentas que aplastan nuestro mundo alrededor de nuestra cabeza no importan. Nuestra tarea sigue siendo la misma: dar la bienvenida a la salida del sol con alegría. El sol siempre saldrá. Siempre lo hace para aquellos que aman al señor.

Mantenga su esperanza en Dios

No hace mucho tiempo, vi una pegatina de parachoques que llevaba este profundo mensaje:

CONOZCA A DIOS: CONOZCA LA ESPERANZA
NO HAY DIOS: NO HAY ESPERANZA

Estas sencillas palabras resumen el mensaje final de este capítulo y de este libro. Si usted está buscando el tipo de esperanza que necesita para los tiempos difíciles, encontrará esa esperanza solamente en Dios.

Durante los difíciles días de la Segunda Guerra Mundial, una joven judía en el gueto de Varsovia, en Polonia, se las arregló para escapar saltando el muro y ocultándose en una cueva. Trágicamente, ella murió en aquella cueva poco tiempo después de que el ejército aliado entrase en el gueto para liberar a los prisioneros. Pero antes de morir, ella escribió a arañazos sobre la pared poderosas palabras que suenan como un credo:

Creo en el sol, aunque no esté brillando.
Creo en el amor, aunque no pueda sentirlo.
Creo en Dios, aunque Él esté en silencio.

Esta joven soportó días oscuros y un gran trauma en su vida, pero mantuvo esperanza delante de la aparente desesperanza. Su última afirmación sobre Dios se acerca mucho a describir lo que muchas personas en la actualidad han estado experimentando. Mediante la fe y la esperanza, podemos saber que Dios está ahí aunque la creciente sombra de los acontecimientos venideros pueda oscurecer una clara visión de Él.

Puede que a medida que hayan leído lo que he escrito en este libro, se esté preguntando si hay alguna esperanza. Quizá esté sintiéndose como Job, que preguntó: «¿Dónde, pues, estará ahora mi esperanza? Y mi esperanza, ¿quién la verá?» (Job 17.15). Seguro que puede haber muchas causas para el desánimo, pero hay muchas más razones para la esperanza. Cada generación desde Adán se ha enfrentado a la calamidad. En sus distintas épocas, la Biblia registra una larga historia de guerras, plagas, hambres, corrupción, depravación y sufrimiento. Sin embargo, Dios sigue teniendo el control. Él tiene un plan, y su Biblia es un libro de esperanza. Cuando caminamos en comunión con Dios, nos encontramos elevados por la irresistible corriente ascendente de esperanza bíblica.

Si mantenemos esta esperanza, nada puede destruir nuestra verdadera seguridad y nuestro gozo. El salmista escribió: «¿Por qué te abates, oh alma mía, y te turbas dentro de mí? Espera en Dios; porque aún he de alabarle, salvación mía y Dios mío» (Salmo 42.5).

Comentando este pasaje, el Dr. Martyn Lloyd-Jones dijo:

Lo primero que tenemos que aprender es lo que aprendió el salmista: debemos ocuparnos de nosotros mismos. Este hombre no se contentaba sólo con quedarse tumbado y condolerse consigo mismo; él hace algo al respecto. Se ocupa de él mismo: habla consigo mismo.... ¡Digo que debemos hablar con nosotros mismos en lugar de permitir a «nosotros mismos» hablarnos!... ¿Se ha dado cuenta de que la mayoría de su infelicidad en la vida se debe al hecho de que está escuchándose a usted mismo en lugar de estar hablando consigo mismo?[9]

El buen doctor tiene razón. Debemos aprender a predicarnos a nosotros mismos. Debemos aprender a alentarnos a nosotros mismos en el Señor. Debemos aprender a buscar y reclamar las promesas de Dios para nuestras necesidades del presente y los temores del futuro. Debemos pedir al Espíritu Santo que haga que estos versículos sean tan reales en nuestras mentes que la esperanza que sacamos de ellos eleve nuestros espíritus como si fuesen globos gigantes de helio espiritual.

En muchos lugares, la Biblia deja claro que incluso en las horas más oscuras tenemos buenas razones para la esperanza. El salmista dijo: «Mas yo esperaré siempre, y te alabaré más y más» (Salmo 71.14).

Salomón dijo: «La esperanza de los justos es alegría» (Proverbios 10.28).

Jeremías escribió: «Bendito el varón que confía en Jehová, y cuya confianza es Jehová. Porque será como el árbol plantado junto a las aguas, que junto a la corriente echará sus raíces» (Jeremías 17.7-8).

Y en el libro de Lamentaciones: «Esto recapacitaré en mi corazón, por lo tanto esperaré...porque nunca decayeron sus misericordias. Nuevas son cada mañana; grande es tu fidelidad. Mi porción es Jehová, dijo mi alma; por tanto, en él esperaré.... Bueno es esperar en silencio la salvación de Jehová» (3.21-26). Pablo llama a Dios «el Dios de esperanza» (Romanos 15.13) y nos asegura que «la esperanza no avergüenza; porque el amor de Dios ha sido derramado en nuestros corazones por el Espíritu Santo que nos fue dado» (Romanos 5.5).

El escritor de Hebreos nos da una gran ayuda visual del tipo de esperanza que tenemos en Dios cuando escribe: «La cual tenemos como segura y firme ancla del alma, y que penetra hasta dentro del velo, donde Jesús entró por nosotros como precursor, hecho sumo sacerdote para siempre según el orden de Melquisedec» (6.19-20).

Según Isaías 40.3, los que esperan en el Señor renovarán sus fuerzas y levantarán alas como las águilas. En un mundo en el cual estamos acosados por cargas grandes y pequeñas, tenemos estas fuertes ráfagas de esperanza que agarran nuestras alas y nos remontan hacia las alturas como pueblo de Dios esperanzado y gozoso que somos.

Alexander Solzhenitsyn fue un hombre que sabía cómo aferrarse a la esperanza. Se convirtió en un icono de perseverancia mediante su sufrimiento como prisionero político en Rusia, donde fue forzado a trabajar duramente doce horas diarias mientras se sustentaba con un régimen de hambre. Se relata la historia de una ocasión en que enfermó gravemente. Aunque los doctores predijeron que su muerte era inminente, sus captores no le retiraron de su trabajo diario.

Una tarde él dejó de trabajar, aunque sabía que los guardias le golpearían con dureza. Sencillamente no podía continuar más. En ese preciso momento otro prisionero, que también era cristiano, se acercó a él. Con su bastón el hombre dibujó una cruz en la arena. Al instante, Solzhenitsyn sintió que toda la esperanza de Dios inundaba su alma. En medio de su desesperación, ese emblema de esperanza donde Cristo luchó y ganó la victoria sobre el pecado dio a Solzhenitsyn la valentía para soportar ese día difícil y los duros meses de encarcelamiento que le quedaban por delante.[10]

La próxima vez que usted se sienta desesperanzado, con su dedo dibuje una cruz en la arena. O tome su pluma y dibuje una sobre papel y recuerde lo que significa. Significa que hubo un día en que la desesperanza tuvo un encuentro con una Persona en una cruz. Y tres días después, el Señor Jesús eliminó toda desesperanza resucitando de la muerte, ofreciendo verdadera esperanza a todo aquel que crea y la reciba. Cuando nos aferramos a la esperanza, podemos soportarlo todo.

Como cristianos, nunca deberíamos poner nuestra esperanza en los sistemas de este mundo. La verdadera esperanza que Cristo nos dio no depende de las arenas movedizas de la política y la economía. Si usted anhela tener esta esperanza para la vida después de la muerte, la encontrará en Jesucristo, y solamente en Él.

El arzobispo Desmond Tutu, la destacada figura en la lucha para poner fin al apartheid en Sudáfrica, sufrió mucho a manos de los racistas en su país. Cuando un entrevistador le preguntó si estaba esperanzado por el futuro de Sudáfrica él respondió: «Siempre tengo esperanza, porque un cristiano es un prisionero de la esperanza».[11]

Las presiones económicas tienen un gran beneficio. Nos empujan hacia nuevos niveles de fe, forzándolos a ser totalmente dependientes de Dios. Y esa dependencia está sólidamente justificada, porque la Biblia está llena de promesas de que Dios suplirá las necesidades de sus hijos. No importa lo oscuro que pueda parecer el horizonte, aquellos que confiamos en el Señor no tenemos por qué tener ningún temor. El Salmo 23 dice que si el Señor es nuestro Pastor, no temeremos. Jesús nos aconsejó que estudiaremos las aves y las flores, porque el Dios que se ocupa de ellos se ocupará también de nosotros (véase Mateo 6.25-34). El salmista dijo: «Joven fui, y he envejecido, y no he visto justo desamparado, ni su descendencia que mendigue pan» (Salmo 37.25).

Pablo les dijo a sus lectores: «Mi Dios, pues, suplirá todo lo que os falta conforme a sus riquezas en gloria en Cristo Jesús» (Filipenses 4.19). Y en otra carta: «Y poderoso es Dios para hacer que abunde en vosotros toda gracia, a fin de que, teniendo siempre en todas las cosas todo lo suficiente, abundéis para toda buena obra» (2 Corintios 9.8).

Sólo podemos perder la esperanza si apartamos nuestros ojos del Dios de esperanza. En su libro *Disappointment with God* [Decepcionado con Dios], el autor Philip Yancey relata una historia que resume perfectamente este principio y proporciona un final muy oportuno para este libro:

Una vez, un amigo mío fue a nadar a un gran lago al atardecer. Mientras nadaba a un ritmo cómodo a unos cien metros de distancia de la costa, una repentina niebla se situó por encima del agua. De repente, él no podía ver nada: ni horizonte, ni puntos de referencia, ni objetos o luces en la costa. Debido a que la niebla difundía toda la luz, él ni siquiera podía divisar cuál era la dirección del sol que se ocultaba.

Durante treinta minutos estuvo chapoteando aterrorizado. Comenzaba a nadar hacia una dirección, perdía la confianza, y giraba noventa grados a la derecha. O a la izquierda; no importaba hacia qué dirección girase. Podía sentir que su corazón se aceleraba incontroladamente. Se detenía y flotaba, intentando conservar energía, y forzándose a sí mismo a respirar con más lentitud. Entonces comenzaban a nadar otra vez ciegamente.

Al fin oyó una débil voz desde la costa. Situó su cuerpo hacia los sonidos y los siguió para llegar sano y salvo.

Todos nosotros podemos identificarnos con esta historia. Recientemente parece que hemos sido obligados a vivir la vida dentro de una niebla cada vez más densa. Todo el entorno familiar que una vez conocimos está velado y nublado, y no sabemos hacia dónde ir. Si somos sinceros, a menudo tenemos miedo y a veces nos sentimos desesperados, anhelando obtener alguna dirección de parte de Dios.

Pero si sencillamente estamos quietos y confiamos en Él, oiremos los sonidos desde la costa y sabremos hacia dónde ir.[12]

NOTAS

Introducción

1. Caroline Baum, "Greek Contagion Myth Masks Real Europe Crisis", *Bloomberg Businessweek*, 9 mayo 2010, http://www. businessweek.com/news/2010-05-09/greek-contagion-myth -masks-real-europe-crisis-caroline-baum.html (accesado 10 mayo 2010).
2. James Kanter y Judy Dempsey, "Europeans Move to Head Off Spread of Debt Crisis", *New York Times.com*, 7 mayo 2010, http:// www.nytimes.com/2010/05/08/business/global/08drachma. html?th&emc=th (accesado 8 mayo 2010).
3. *Merriam-Webster's Collegiate Dictionary*, 11th ed., s.v. "Armageddon".
4. Geoff Colvin, "This Isn't Armageddon", *CNN Money.com*, 3 octu-bre 2008, http://money.cnn.com/2008/09/25/news/economy/ colvin_economy.fortune/index.htm (accesado 3 junio 2010). Allan Roth, "The Stock Market—One Year after Armageddon", *CBS*

MoneyWatch.com, 9 marzo 2010, http://moneywatch.bnet.com/investing/blog/irrational-investor/the-stoc-market-one-year-after-armageddon/1188 (accesado 25 marzo 2010).

5. Kimberly Schwandt, "Boehner: 'It's Armageddon,' Health Care Bill Will 'Ruin Our Country'," *FOX News.com*, 20 marzo 2010, http://congress.blogs.foxnews.com/2010/03/20/boehner-its-armageddon-health-care-bill-will-ruin-our-country/ (accesado 23 marzo 2010).

6. Mark Moring, "It's the End of the World, and We Love It", *Christianity Today*, marzo 2010, pp. 44–45.

7. Ibid., p. 45.

8. U.S. Department of Labor/Bureau of Labor Statistics, Economic News Release, "Regional and State Employment and Unemployment Summary", 21 mayo 2010, http://www.bls.gov/news.release/laus.nr0.htm (accesado 3 junio 2010).

9. U.S. Department of Labor/Bureau of Labor Statistics, Economic News Release, "Employment Situation Summary", 5 abril 2010, http://www.bls.gov/news.release/pdf/empsit.pdf (accesado 26 abril 2010); U.S. Department of Labor/Bureau of Labor Statistics, Economic News Release, 4 junio 2010, http://www.bls.gov/news.release/empsit.nrO.htm (accesado 4 junio 2010).

10. Charles Abbott y Christopher Doering, "One of Seven Americans Short of Food", Reuters.com, 16 noviembre 2009, http://www.reuters.com/article/idUSTRE5AF42220091116 (accesado 3 junio 2010).

11. Stephanie Armour, "Underwater Mortgages Drain Equity, Dampen Retirement", *USA Today.com*, 24 marzo 2010, http://www.usatoday.com/money/economy/housing/2010-03-24-1Aunderwater25_CV_N.htm (accesado 25 marzo 2010).

12. Mary Williams Walsh, "Social Security to See Payout Exceed Pay-In This Year", *New York Times*, 25 marzo 2010, A1.

13. Rex Nutting, "We Saved the World from Disaster, Fed's Bernanke Says", *MarketWatch.com*, 21 agosto 2009, http://marketwatch.com/story/we-saved-the-world-from-disaster-bernanke-says-2009-08-21-10100 (accesado 21 agosto 2009).

14. Joachim Starbatty, "Euro Trashed", *New York Times.com*, 28 marzo 2010, http://www.nytimes.com/2010/03/29/opinion/29Starbatty.html (accesado 3 junio 2010).

15. Ibid.

16. Ibid.

17. "Recession", Times Topics, *New York Times.com*, http://topics.nytimes. com/top/reference/timestopics/subjects/r/recession_and_depression/ index.html (accesado 23 octubre 2009).
18. Jennifer Ryan, "U.K. Recession Probably Ended in Third Quarter, Survey Shows", *Bloomberg.com*, 23 octubre 2009, http://www.bloomberg.com/ apps/news?pid=20601085&sid=aOT10AMC-15U (accesado 23 octubre 2009).
19. Philip Webster, Gráinne Gilmore, y Suzy Jagger, "Shock as Figures Show Britain Is Still in Recession", *The Times* 24 octubre 2009, http://business .timesonline.co.uk/tol/business/economics/article6888402.ece (accesado 24 octubre 2009).
20. Bill Draper, "Volcker Says US Markets Need More Supervision", Associated Press, 23 octubre 2009, http://abcnews.go.com/Business/wireStory?id =8902450 (accesado 22 junio 2010).
21. http://abcnews.go.com/PollingUnit/Politics/economic-recovery-abc -news-washington-post-poll/story?id=8891003&page=3 (accesado 9 junio 2010).
22. Bill Bonner, "Don't Count on China", *Fleet Street Invest.com*, 26 agosto 2009, http://www.fleetstreetinvest.co.uk/daily-reckoning/bill-bonner-essays/ china-rescue-world-ecnonmy-54115.html (accesado 26 agosto 2009).

CAPÍTULO I. La caída de la economía estadounidense

1. Brian Ross, *The Madoff Chronicles: Inside the Secret World of Bernie and Ruth* (New York: Hyperion Books, 2009), 162. Ver también "Report: Madoff's Sister Among Scammed Victims", *FOX News.com*, 11 enero 2009, http://www.foxnews.com/story/0,2933,479154,00.html (accesado 23 febrero 2010).
2. Ross, *Madoff Chronicles*, p. 144.
3. William Bonner y Addison Wiggin, *The New Empire of Debt: The Rise and Fall of an Epic Financial Bubble* (Hoboken, NJ: John Wiley & Sons, 2009), pp. 291–294, 313–315.
4. "Losers", *WORLD*, 2 enero 2010, p. 32.
5. Robert Pear, "Recession Drains Social Security and Medicare", *New York Times.com*, 12 mayo 2009, http://www.nytimes.com/2009/05/13/us/politics/ 13health.html (accesado 23 febrero 2010).

6. Edmund L. Andrews, "Payback Time: Wave of Debt Payments Facing U.S. Government", *New York Times.com*, 22 noviembre 2009, http://www.nytimes.com /2009/11/23/business/23rates.html (accesado 23 noviembre 2009).

7. Richard Wolf, "Rash of Retirements Pushes Social Security to Brink", *USA Today.com*, 8 febrero 2010, http://www.usatoday.com/news/washington/2010-02-07-social-security-red-retirements_N.htm (accesado 8 febrero 2010).

8. Charles Goyette, *The Dollar Meltdown: Surviving the Impending Currency Crisis with Gold, Oil, and Other Unconventional Investments* (New York: Penguin Group, 2009), p. 29.

9. Joseph E. Stiglitz y Linda J. Bilmes, *The Three Trillion Dollar War: The True Cost of the Iraq Conflict* (New York: W. W. Norton & Company, 2008).

10. Joel Belz, "Up, Up and Up: On Almost Every Front, It's Been an Inflationary Year", *WORLD*, 19 diciembre 2009, p. 6.

11. U.S. Department of State, "The Growth of Government in the United States", *About.com*, http://economics.about.com/od/howtheuseconomyworks/a/gov_growth.htm (accesado 23 febrero 2010).

12. Ibid.

13. Solomon Fabricant, "The Rising Trend of Government Employment", National Bureau of Economic Research, Inc., Occasional Paper 29: junio 1949.

14. Ver Declan McCullagh, "It's a Good Time to Work for Uncle Sam", *CBS News.com*, 12 mayo 2009, http://www.cbsnews.com/blogs/2009/05/12/business/econwatch/entry5007862.shtml (accesado 3 febrero 2010), y "In U.S., 35% Would Rather Work for Gov't Than for Business", Gallup, 29 enero 2010, http://www.gallup.com/poll/125426/In-U.S.-35-Rather-Work-Govt-Than-Business.aspx (accesado 29 enero 2010).

15. Dennis Cauchon, "For Feds, More Get 6-Figure Salaries", *USA Today.com*, 11 diciembre 2009, http://www.usatoday.com /news/washington/2009-12-10-federal-pay-salaries_N.htm (accesado 4 febrero 2010).

16. Andrews, "Payback Time".

17. Goyette, *The Dollar Meltdown*, pp. 33–35.

18. Pamela Villarreal, "Social Security and Medicare Unfunded Liabilities", 2009 Social Security and Medicare Trustees Reports, *National Center for Policy Analysis: Social Security and Medicare Projections: 2009*, Brief Analysis No. 662, 11 junio 2009.

19. Goyette, *The Dollar Meltdown*, p. 36.

20. Mark Knoller, "National Debt Tops $13 Trillion For First Time", *CBS News/ Political Hotsheet.com*, 2 junio 2010, http://www.cbsnews.com/8301-503544 _162-20006618-503544.html (accesado 2 junio 2010).

21. Lawrence Kadish, "Taking the National Debt Seriously", *Wall Street Journal. com*, 11 octubre 2009, http://online.wsj.com/article/SB10001424 05274870 4429304574467071019099570.html (accesado 20 octubre 2009).

22. "Major Foreign Holders of Treasury Securities Holdings", diciembre 2009, http://www.treas.gov/tic/mfh.txt (accesado 15 diciembre 2009).

23. Jeanne Sahadi, "$4.8 trillion—Interest on U.S. debt", *CNN Money.com*, 20 diciembre 2009, http://money.cnn.com/2009/11/19/news/economy/debt_ interest/index.htm (accesado 11 febrero 2010).

24. Doug Andrew, "The US Economy Is a Sinking Ship and David Walker", *Missed Fortune.com,* 7 mayo 2009, http://blog.missedfortune.com/2009/05/ economy-sinking-ship-david-walker/(accesado 3 junio 2010).

25. Andrews, "Payback Time".

26. Bonner y Wiggin, *New Empire of Debt*, p. 201.

27. "History and Fun Facts", http://www.hasbro.com /monopoly/en_US/ discover/history.cfm (accesado 6 octubre 2009).

28. "Strategy Guide—Rules", http://www.hasbro.com/monopoly/en_US/ discover/strategy/rules.cfm (accesado 4 febrero 2010).

29. Larry Bates, *The New Economic Disorder* (Lake Murray, FL: Excel Books, 2009), p. 7.

30. Ibid., p. 13.

31. Erwin W. Lutzer, *When a Nation Forgets God: 7 Lessons We Must Learn from Nazi Germany* (Chicago: Moody Press, 2009), p. 38.

32. Constantino Bresciani-Turroni, *The Economics of Inflation: A Study of Currency Depreciation in Post-War Germany* (Florence, KY: Routledge, 2003), p. 80.

33. Bonner and Wiggin, *New Empire of Debt*, p. 27.

34. Bresciani-Turroni, *Economics of Inflation*, p. 404.

35. Bonner and Wiggin, *New Empire of Debt*, p. 46.

36. Ibid., p. 28.

37. U.S. Department of the Treasury, "FAQs: Currency/Denominations", http://www.ustreas.gov/education/faq/currency/denominations.shtml#q3 (accesado 20 octubre 2009).

38. Adaptado de http://www.dailycognition.com /index.php/2009/03/25/what -1-trillion-dollars-looks-like-in-dollar-bills.html (accesado 16 octubre 2009).

39. "The Buzz: Need-to-Know News/Dollar Signs", *WORLD*, 15 agosto 2009, http://www.worldmag.com /articles/15710 (accesado 11 febrero 2010; suscripción necesaria).

40. Kadish, "Taking the National Debt Seriously".

41. Devon Maylie, "Spot Gold Hits Record High Above $1250/oz". *Wall Street Journal.com*, 8 junio 2010, http://online.wsj.com/article/BT-CO-20100608 -703527.html (accesado 8 junio 2010).

42. D. Edmond Hiebert, *The Epistle of James* (Chicago: Moody Press, 1992), pp. 259–260.

43. Homer A. Kent Jr., *Faith that Works: Studies in the Epistle of James* (Grand Rapids: Baker, 1986), p. 171.

44. John MacArthur, *The MacArthur New Testament Commentary: James* (Chicago: Moody Press, 1998), p. 245.

45. Wilfred Hahn, "Last Day Change of Seasons", *The Midnight Call*, abril 2007, p. 28.

46. Andy Serwer, "The Decade from Hell", *Time*, 7 diciembre 2009, p. 30.

47. S. Mitra Kalita, "Americans See 18% of Wealth Vanish", *Wall Street Journal. com*, 13 marzo 2009, http://online.wsj.com/article/SB123687371369308675 .html (accesado 7 junio 2010).

48. Brett Arends, "Can Vanished Real Estate Wealth Come Back?" *Wall Street Journal.com*, 20 agosto 2009, http://online.wsj.com/article/SB12507983840 0747341.html (accesado 17 febrero 2010).

49. Associated Press, "Retirement Account Losses Near $2 Trillion", *MSNBC .com*, 7 octubre 2008, http://www.msnbc.msn.com/id/27073061/ (accesado 17 febrero 2010).

50. Jackie Calmes, "U.S. Budget Gap Is Revised to Surpass $1.8 Trillion", *New York Times.com*, 12 mayo 2009, http://www.nytimes.com/2009/05/12/business/ economy/12budget.html (accesado 26 febrero 2010).

51. Associated Press, "U.S. Budget Deficit Hit Record $1.4 Trillion in 2009", *FOXNews.com*, 7 octubre 2009, http://www.foxnews.com/politics/ 2009/10/07/budget-deficit-hit-record-trillion/ (accesado 8 febrero 2010).

52. "U.S. Posts 19th Straight Monthly Budget Defi cit", *Reuters.com*, 12 mayo 2010, http://www.reuters.com /article/idUSTRE64B53W20100512 (accesado 25 mayo 2010).

53. Alexandra Twin, "Stocks Crushed", 29 septiembre 2008, http://money.cnn .com/2008/09/29/markets/markets-newyork/index.htm (accesado 24 febrero 2010).

54. "Factbox—U.S., European Bank Writedowns, Credit Losses", *Reuters.com*, 5 noviembre 2009, http://www.reuters.com /article/idCNL554155620091105 ?rpc=44 (accesado 24 febrero 2010).

55. Saul Relative, "Bill Gates Is Forbes Richest Man in the World...Again", Associated Content.com, 12 marzo 2009, http://www.associatedcontent .com/article/1557001/bill_gates_is_forbes_richest_man_in.html?cat=3 (accesado 24 febrero 2010).

56. Serwer, "The Decade from Hell", p. 32.

57. Robert Frank and Amir Efrati, "'Evil' Madoff Gets 150 Years in Epic Fraud", *Wall Street Journal.com*, 30 junio 2009, http://online.wsj.com/article/ SB124604151653862301.html (accesado 11 febrero 2010).

58. David Jeremiah, *What in the World Is Going On?* (Nashville: Thomas Nelson Publishers, 2008), p. 130.

59. Ibid., p. 138.

60. Al Mohler, "A Christian View of the Economic Crisis", *Christianity Today. com*, 29 septiembre 2008, http://www.christianitytoday.com/ct/2008/septemberweb-only/140-12.0.html (accesado 12 marzo 2010).

CAPÍTULO 2. El nuevo orden mundial

1. H. G. Wells, *The New World Order* (London: Secker & Warburg, 1940), pp. 104, 26, 33.

2. "Jimmy Carter: Voyager Spacecraft Statement by the President", http://www .presidency.ucsb.edu/ws/index.php?pid=7890 (accesado 29 septiembre 2009).

3. George Herbert Walker Bush, "Address before a Joint Session of the Congress on the Persian Gulf Crisis and the Federal Budget Deficit", 11 septiembre 1990, http://bushlibrary.tamu.edu/research/public_papers.php?id=2217&year =1990&month (accesado 26 agosto 2009).

4. George Herbert Walker Bush, "Address Before a Joint Session of the Congress on the State of the Union", 29 enero 1991, http://bushlibrary.tamu.edu/ research/public_papers.php?id=2656&year=1991&month=01 (accesado 4 junio 2010).

5. George Herbert Walker Bush, "Address Before a Joint Session of the Congress on the Cessation of the Persian Gulf Conflict, 1991-03-06, http://bushlibrary.tamu.edu/research/public_papers.php?id=2767 &year=1991&month=3 (accesado 4 junio 2010).

6. Henry Kissinger, "A Chance for a New World Order", *New York Times. com*, 12 enero 2009, http://www.nytimes.com/2009/01/12/opinion/12ihte dkissinger.1.19281915.html?_r=2 (accesado 9 diciembre 2009).

7. Henry Kissinger, "An End to Hubris", *The Economist.com*, 19 noviembre 2008, http://www.economist.com/displaystory.cfm?story-id=12575180 (accesado 23 julio 2009).

8. Drew Zahn, "Kissinger: Obama Primed to Create 'New World Order'", WorldNetDaily, 6 enero 2009, http://www.wnd.com /index.php?pageId= 85422 (accesado 23 julio 2009).

9. "Barack Obama's New World Order", *Time.com*, 3 abril 2009, http://www .time.com /time/world/article/0,8599,1889512,00.html (accesado 11 noviembre 2009).

10. "Barack Obama Is 'President of the World'", *CNN Politics.com*, 5 noviembre 2008, http://edition.cnn.com/2008/POLITICS/11/05/international.press .reaction/index.html (accesado 25 febrero 2010).

11. Michael Fullilove, "Barack Obama: President of the World", *Brookings,* 4 febrero 2008, http://www.brookings.edu/articles/2009/0204_obama_ fullilove.aspx (accesado 25 febrero 2010).

12. Michael Scherer, "Barack Obama's New World Order", *Time.com*, 3 abril 2009, http://www.time.com /time/world/article/0,8599,18889512,00.html# ixzz0gZNrvuj8 (accesado 25 febrero 2010).

13. Andrew Grice, "This Was the Bretton Woods of Our Times", *The Independent*, 4 abril 2009, http://www.independent.co.uk/opinion/commentators/ andrewgrice/andrew-grice-this-was-the-bretton-woods-of-our-times -1662231.html (accesado 8 diciembre 2009).

14. Benedict VXI, "Caritas in Veritate", Encyclical Letter, 29 junio 2009, http:// www.vatican.va/holy-father/benedict-xvi/encyclicals/documents/hf-ben -xvi-enc-20090629-caritas-in-veritate-en.html (accesado 26 agosto 2009).

15. "Editorial: Green World Government", *Washington Times*, 27 octubre 2009, http://washingtontimes.com/news/2009/oct/27/green-worldgovernment/ (accesado 31 octubre 2009).

16. Laura Blumenfeld, "Soros's Deep Pockets vs. Bush", *Washington Post*, 11 noviembre 2003, A30.

17. Paul B. Farrell, "Warning: Crash dead ahead. Sell. Get liquid. Now.", *MarketWatch.com*, 25 mayo 2010, http://www.marketwatch.com/story/crash-is-dead-ahead-sell-get-liquid-now-2010-05-25?refl ink=MW_news_stmp (accesado 25 mayo 2010).

18. PR Newswire, "George Soros Unveils New Blueprint for World Financial System", 28 octubre 2009, http://www.prnewswire.com /news-releases/george-soros-unveils-new-blueprint-for-world-financial-system-66799482.html (accesado 30 octubre 2009).

19. "WSJ Claims It Surpasses *USA Today* as Top-Selling Paper". *NY1.com*, 15 octubre 2009, http://ny1.com/7-brooklyn-news-content/features/107360/wsj-claims-it-surpasses-usa-today-as-top-selling-paper (accesado 15 octubre 2009).

20. Craig Parshall, "Nimrod and Globalism at Shinar", *Israel, My Glory*, enero/febrero 2010, p. 16.

21. C. H. Mackintosh, *Genesis to Deuteronomy* (Neptune, NJ: Loizeaux Brothers, 1980), p. 57.

22. Génesis 11.5-9.

23. John Ankerberg, John Weldon, Dave Bresse y Dave Hunt, *One World: Bible Prophecy and the New World Order* (Chicago: Moody Press, 1991), p. 17.

24. C. Theodore Schwarze, *The Program of Satan* (Chicago: Good News Publishers, 1947), p. 192.

25. Adaptado de Robert Dallek, *Lone Star Rising: Lyndon Johnson and His Times, 1908–1960* (New York: Oxford Press, 1991), p. 275.

26. "Dag Hammarskjöld: A Room of Quiet", *United Nations.org*, http://www.un.org /Depts/dhl/dag/meditationroom.htm (accesado 25 febrero 2010).

27. "What Is the Meditation Room?" Fact Sheet #19, Public Inquiries Unit, Departamento de Información Pública, Naciones Unidas.

28. Alex Grobman, *Nations United: How the United Nations Undermines Israel and the West* (Green Forest, AZ: Balfour Books, 2006), p. 62.

29. "List of Wars 1945–1989", http://en.wikipedia.org/wiki/List_of_wars_1945%E2%80%931989 (accesado 26 febrero 2010). "List of Wars 1990–2002," http://en.wikipedia.org/wiki/List_of_wars_1990%E2%80%932002 (accesado 26 febrero 2010). "List of Wars 2003–Current," http://en.wikipedia.org/wiki/List_of_wars_2003%E2%80%93current (accesado 26 febrero 2010).

30. Kofi Annan, "Secretary-General's Remarks at Inauguration of the Holocaust History Museum at Yad Vashem", 15 marzo 2005, http://www.un.org/apps/sg/sgstats.asp?nid=1349 (accesado 25 febrero 2010).

31. Slobodan Lekic, "Ahmadinejad's UN Speech: 'The American Empire' Is Nearing Collapse", *Huffington Post.com*, 23 septiembre 2008, http://www.huffingtonpost.com/2008/09/23/ahmadinejads-un-speech-th_n_128707.html (accesado 8 diciembre 2009).

32. "From Globalization to Global Peace?" *Vision.org*, Verano 2009, http://www.vision.org /visionmedia/article.aspx?id=18193 (accesado 26 agosto 2009).

33. Grant Jeffrey, *Shadow Government: How the Secret Global Elite Is Using Surveillance against You* (Colorado Springs: Waterbrook Press, 2009), p. 173. Estadísticas de guerra de Michael Kidron y Dan Smith, *The War Atlas Conflict: Armed Peace* (London: Pan Books, 1983), p. 5.

34. Grant Jeffrey, *Shadow Government*, p. 5.

35. Debbie Elliot, "Carter Helps Monitor Nicaragua Presidential Election", *National Public Radio.com,* 5 noviembre 2006, http://www.npr.org/templates/story/story.php?storyId=6439233 (accesado 27 agosto 2009).

36. John Lennon, "Imagine", 1971, http://www.answers.com/topic/imagine-performed-by-various-artists (accesado 29 septiembre 2009).

37. Francis A. Schaeffer, *How Should We Then Live?: The Rise and Decline of Western Thought and Culture* (Old Tappan, NJ: Fleming H. Revell Company, 1976), pp. 246–247.

38. Berit Kjos, "Part 2: The Emerging New World Order", 25 junio 2006, http://www.crossroad.to/articles2/006/migration-2.htm (accesado 26 febrero 2010).

39. Bruce Judson, *It Could Happen Here* (New York: HarperCollins, 2010), pp. 81–85, 162.

40. Max Lucado, *Fearless: Imagine Your Life without Fear* (Nashville: Thomas Nelson Publishers, 2009), pp. 106–107.

CAPÍTULO 3. La nueva economía global

1. William Bonner y Addison Wiggin, *The New Empire of Debt: The Rise and Fall of an Epic Financial Bubble*, 2d ed. (Hoboken, NJ: John Wiley & Sons, Inc., 2009), p. 295.

2. Erwin W. Lutzer, *When a Nation Forgets God: 7 Lessons We Must Learn from Nazi Germany* (Chicago: Moody Press, 2009), p. 37.

3. David Jeremiah, *The Handwriting on the Wall* (Nashville: Thomas Nelson Publishers, 1992), pp. 151–152.

4. Lutzer, *When a Nation Forgets God*, p. 41.

5. Adaptado de William Jasper, *Global Tyranny Step by Step* (Appleton, WI: Western Islands Publishers, 1992), p. 281.

6. *Merriam-Webster's Collegiate Dictionary*, 11th ed., s.v. "globalization".

7. G. Edward Griffin, "Transcript of Interview of Newshour's Ask the Expert", *Financial Sense Online*, 28 octubre 2006, http://www.financialsense.com/ transcriptions/2006/1018griffin.html (accesado 6 octubre 2009).

8. Charles Goyette, *The Dollar Meltdown* (New York: Portfolio, 2009), p. 108.

9. Neil Shah, "As Budget Deficit Grows, So Do Doubts on the Dollar", *Wall Street Journal.com*, 26 agosto 2009, http://online.wsj.com/article/ SB125122938682957967.html (accesado 18 febrero 2009).

10. Roger C. Altman, "The Great Crash, 2008: A Geopolitical Setback for the West", *Foreign Affairs*, enero/febrero 2009, http://www.foreignaffairs .com/articles/63714/roger-c-altman/the-great-crash-2008 (accesado 5 octubre 2009).

11. "Why the Dollar Is Toast", Rich Dad Education, 14 octubre 2009 http:// www.richdadeducationblog.com/2009/10/why_the_dollar_is_toast.php (accesado 16 febrero 2010).

12. Wilfred J. Hahn, "Dollar Demise: Prophetic Significance of a One-World Currency", *Midnight Call*, octubre 2009, p. 27.

13. Larry Kudlow, "Save the Greenback, Mr. President", *CNBC.com*, 9 octubre 2009, http://www.cnbc.com /id/33246832 (accesado 13 octubre 2009).

14. Daniel Wilson, "China, India battle for gold market supremacy", *Commodity online.com*, 26 mayo 2010, http://www.commodityonline.com /news/China -India-battle-for-gold-market-supremacy-28533-3-1.html (accesado 26 mayo 2010).

15. Lyubov Pronina, "Medvedev Shows Off Sample Coin on New 'World Currency' at G-8", *Bloomberg.com*, 10 julio 2009, http://www.bloomberg .com/apps/news?pid=20601083&sid=aeFVNYQpByU4 (accesado 31 julio 2009).

16. Adaptado de Shai Oster, "China, Russia Sign Deals during Putin Visit", *Wall Street Journal.com*, 13 octubre 2009, http://online.wsj.com/article/ sB125542273198682053.html?mod=WSJ_hpp_MIDDLTopStories (accesado 13 octubre 2009).

17. Harsh Joshi y Andrew W. Peaple, "Asia's great currency race", *Wall Street Journal.com*, 25 mayo 2010, http://online.wsj.com/article/SB10001424052 748704026204575265971004056664.html?mod=WSJ_Markets_section_ Heard (accesado 26 mayo 2010).

18. Barrie McKenna y Andy Hoffman, "Calls Rise for a New Global Currency", *The Globe and Mail*, 17 noviembre 2009, http://www.theglobeandmail .com/report-on-business/calls-rise-for-new-global-currency/article 1367156/ (accesado 20 noviembre 2009).

19. John Maynard Keynes, *The Economic Consequences of the Peace* (New York: Harcourt, Brace, and Howe, 1920), pp. 148–149.

20. Mark Hitchcock, *Cashless: Bible Prophecy, Economic Chaos, & the Future Financial Order* (Eugene, OR: Harvest House, 2009), pp. 9–10.

21. Craig Parshall, "Racing toward the New World Order", *Israel, My Glory*, enero/febrero 2009, p. 15.

22. "Group of 20/Times Topics, *New York Times.com*, 25 septiembre 2009, http://topics.nytimes.com/top/reference/timestopics/organizations/g/ group_of_20/index.html (accesado 16 febrero 2010).

23. Gordon Brown, "The Special Relationship of Going Global", 1 marzo 2009, http://www.timesonline.co.uk/tol/comment/columnists/guest_contributors/ article5821821.ece (accesado 16 febrero 2010).

24. Financial Security Board, http://www.financialstabilityboard.org /about/ overview.htm (accesado 15 febrero 2010).

25. "European Union," http://www.fact-index.com/e/eu/european_union.html (accesado 22 febrero 2010).

26. David Jeremiah, *What in the World Is Going On?* (Nashville: Thomas Nelson Publishers, 2008), p. 62.

27. Parmy Olson y Miriam Marcus, "Bringing the Banking Mess to Broadway", *Forbes.com*, 16 octubre 2008, http://www.forbes.com /2008/10/16 europe -summit-investors-update-markets-equity-ex_po_mtm_1016markets39 .html.

28. United Nations Conference on Trade and Development, "Annex Table A.I.12. The Top 50 financial TNC's ranked by Geographical Spread Index", http://www.unctad.org /sections/dite_dir/docs/wir2009top50_geospread_ en.pdf (accesado 28 septiembre 2009).

29. Erica Harvill, "MasterCard Worldwide to Strengthen Global Economic Connections with MonySend Platform", MasterCard Worldwide News

Release, 914-249-6848, http://www.prnewswire.com/news-releases/master card-worldwide-to-strengthen-the-global-economic-connections-with -moneysend-platform-70257742.html (accesado 22 febrero 2010).

30. Wilfred J. Hahn, "Collapse of Financial Institutions", en *How to Overcome the Most Frightening Issues You Will Face This Century* (Crane, MO: Defender, 2009), p. 285.

31. Joseph Stiglitz, "Wall Street's Toxic Message", *Vanity Fair.com*, julio 2009, http://www.vanityfair.com/politics/features/2009/07/third-world-debt200907 (accesado 5 octubre 2009).

32. *Merriam-Webster's Collegiate Dictionary*, 11th ed., s.v. "mendacious; mendacity".

33. Paráfrasis del autor.

34. Extraído de Anna Bartholomew, "Get Rich? Get Real", *Reader's Digest.com*, http://www.rd.com/advice-and-know-how/get-rich-quick-schemes-and -scams/article12641.html (accesado 22 marzo 2010).

35. C. S. Lewis, *Screwtape Letters*, en *The Complete C. S. Lewis Signature Classics* (New York: HarperCollins Publishers, Inc., 2002), p. 143.

36. Bonnie Miller Rubin, "Homeless Students: Increasingly, Families Taking Shelter Anywhere They Can", *Chicago Tribune.com*, 28 octubre 2009, http://archives.chicagotribune.com/2009/oct/28/travel/chi-homeless -studentsoct28 (accesado 22 febrero 2010).

37. Rachelle Younglai, "Congress to Probe Compensation at AIG, Others, *Reuters*, 14 octubre 2009, http://reuters.com/article/newsOne/idUSTRE59D40k 20091014 (accesado 15 octubre 2009).

38. "'I Warned Nic Cage to Cool It'", *New York Post.com*, 19 noviembre 2009, http://www.nypost.com/f/print/pagesix/warned_nic_cage_to_cool_it_ dTgQtdAwOKv6CaFIh6ivVI (accesado 18 febrero 2010).

39. Rita Delfiner, "Foreclosing Act of Nicolas Cage", *New York Post.com*, 14 noviembre 2009, http://www.nypost.com/p/news/national/foreclosing_act_ on_cage_Tjo4CEH8Zc8SIysM4zifRJ (accesado 17 febrero 2010); Lauren Beale, "Foreclosure auction of Nicolas Cage's mansion is a flop", *Los Angeles Times.com*, 8 abril 2010, http://articles.latimes.com/2010/apr/08/ business/la-fi-cage-foreclosure8-2010apr08 (accesado 26 mayo 2010).

40. John Ortberg, *When the Game Is Over, It All Goes Back in the Box* (Grand Rapids: Zondervan, 2007), pp. 197–198.

CAPÍTULO 4. De la crisis a la concentración

1. Damien McElry and Paul Anast, "Greece Crisis: Three Bank Workers Killed in Street Protests", *Telegraph.co.uk*, 5 mayo 2010, http://www.telegraph.co.uk/travel/destinations/europe/greece/7682628/Greece-crisis-three-bank-workers-killed-in-street-protests.html (accesado 5 mayo 2010).

2. Derek Gatopoulos y Elena Becatoros, "3 Dead as Anti-Austerity Riots Erupt in Athens", *Yahoo! News.com*, 5 mayo 2010, http://news.yahoo.com/s/ap/20100505/ap_on_bi_ge/eu_greece_financial_crisis (accesado 5 mayo 2010).

3. Brian M. Carney, "A Tale of Three Cities", *WallStreetJournal.com*, 3 mayo 2010, http://online.wsj.com/article/SB1000142405274870434260457522186282960519Ø.html?mod=WSJ_Opinion_LEFTTop Opinion (accesado 4 mayo 2010).

4. Bureau of Labor Statistics, "Economic News Release/Employment Situation Summary", 7 mayo 2010, http://www.bls.gov/news.release/empsit.nr0.htm (accesado 7 mayo 2010).

5. Christine Hauser, "U.S. Adds 290,000 Jobs in April: Rate Rises to 9.9%", *New York Times.com*, 7 mayo 2010, http://www.nytimes.com/2010/05/08/business/economy/08jobs.html (accesado 7 mayo 2010).

6. Charles Dickens, *A Tale of Two Cities* (New York: Macmillan Company, 1922), p. 3.

7. Brian M. Carney, "A Tale of Three Cities".

8. Erwin Lutzer, *When a Nation Forgets God: 7 Lessons We Must Learn from Nazi Germany* (Chicago: Moody Press, 2010), p. 47.

9. David M. Walker, *Comeback America* (New York: Random House, 2010), p. 28.

10. State of Connecticut Department of Banking, "ABC's of Banking", http://www.ct.gov/DOB/cwp/view.asp?a=2235&q=297892 (accesado 17 marzo 2010).

11. "U.S. Bank, NA, of Minneapolis, Minnesota, Assumes All of the Deposits of Nine Failed Banks in Arizona, California, Illinois and Texas", Press Release: Federal Deposit Insurance Corporation, 30 octubre 2009, http://www.fdic.gov/news/news/press/2009/pr09195.html (accesado 17 marzo 2010).

12. Federal Deposit Insurance Corporation, "Failed Bank List," http://www.fdic.gov/bank/individual/failed/banklist.html (accesado 23 abril 2010).

13. Tamara Keith, "2009 Ends with Fewer Banks in Business", *National Public Radio*, 29 diciembre 2009, http://www.npr.org/templates/story/story.php ?storyId=121998631 (accesado 23 marzo 2010).

14. Eric Dash, "4 Big Banks Score Perfect 61-Day Run", *New York Times.com*, 12 mayo 2010, http://www.nytimes.com/2010/05/12/business/12bank.html ?th&emc=th (accesado 12 mayo 2010).

15. "Democrats Push Ahead on Finance Bill", *New York Times.com*, 12 marzo 2010, http://dealbook.blogs.nytimes.com.

16. Barack Obama, "Remarks by the President on Wall Street Reform", 22 abril 2010, http://www.whitehouse.gov/the-pres-office/remarks-president-wall -street-reform (accesado 23 abril 2010).

17. Michael Corkery, "Geithner: Even Conservatives Heart Financial Overhaul", *Blogs Wall Street Journal.com*, http://blogs.wsj.com/deals/2010/03/22/ geithner-even-conservatives-heart-financial-overhaul/(accesado 3 junio 2010).

18. Alexandra Twin, "Glitches Send Dow on Wild Ride", *CNN Money.com*, 6 mayo 2010, http://money.cnn.com/2010/05/06/markets/markets_newyork/ index.htm?hpt=T3 (accesado 11 mayo 2010).

19. Michael P. Regan y Rita Nazareth, "Dow Plunges Most Since 1987 Before Paring Losses; Euro Tumbles*", Bloomberg Businessweek.com*, 6 mayo 2010, http://www.businessweek.com/news/2010-05-07/u-s-asia-stocks-tumble -as-debt-concern-spurs-electronic-rout.html (accesado 6 mayo 2010).

20. Twin, "Glitches Send Dow".

21. Robert Kiyosaki, "The End Is Near", Conspiracy of the Rich Online Exclusive Update #42, *ConspiracyOfTheRich.com*, 7 mayo 2010 (accesado 11 mayo 2010).

22. Rex Nutting, "Time for Fed to Disprove PPT", *MarketWatch.com*, 5 enero 2010, http://www.marketwatch.com/story/time-for-fed-to-disprove-ppt-conspiracy -theory-2010-01-05 (accesado 11 mayo 2010).

23. Ibid.

24. Wilfred Hahn, "Food Crisis and the Coming Anti-Joseph", *Rapture Ready Newsletter*, 25 abril 2008, http://www.raptureready.com /featured/hahn/ h8.html (accesado 19 mayo 2010).

25. Ibid.

26. Nahum M. Sarna, *JPS Torah Commentary* (Philadelphia: Jewish Publication Society, 1989), pp. 322–323.

27. Henry M. Morris, *The Genesis Record* (Grand Rapids: Baker Books, 1976), p. 641.

28. R. Kent Hughes, *Genesis: Beginning & Blessing* (Wheaton: Crossway Books, 2004), p. 535.

29. Ibid., p. 534.

30. Morris, *The Genesis Record*, p. 640.

31. Wilfred J. Hahn, "Last-Day Oppressors: Honored Elites & an Indebted World Order", *Eternal Value Review*, junio 2010, http://www.eternalvalue.com/adownload/EVR_06_2010.pdf (accesado 2 junio 2010).

32. Griffith Thomas, *Genesis: A Devotional Commentary* (Grand Rapids: Eerdmans Publishing, 1946), p. 453.

33. Jay W. Richards, *Money, Greed and God: Why Capitalism Is the Solution and Not the Problem* (New York: Harper Collins Publishers, 2009), p. 19.

34. Ibid., pp. 18, 19.

35. Mark Kramer et al., Jonathan Murphy, translator, *The Black Book of Communism* (Cambridge: Harvard University Press, 1999), pp. 133–135.

36. Walker, *Comeback America*, p. 29.

37. Leslie Kwoh, "Study Shows 43 Percent of Americans Have Less Than $10k Saved for Retirement", *The Star-Ledger*, 10 marzo 2010, http://www.nj.com/news/index.ssf/2010/03/study_shows_americans_with_lit.html (accesado 18 marzo 2010).

38. Niccolò Machiavelli, *The Prince*, traducido por W. K. Marriott, 1908, capítulo 18, de domino público, http://www.constitution.org /mac/prince18.htm (accesado 4 junio 2010).

39. C. S. Lewis, tomado de su ensayo "Equality", 11 febrero 1944, http://diwanggising.multiply.com/journal/item/64/Equality_An_Essay_by_CS_Lewis_1944 (accesado 11 mayo 2010).

40. Fred Lucas, "Obama's Nominee to Run Medicare: 'The Decision Is Not Whether or Not We Will Ration Care—The Decision Is Whether We Will Ration Care With Our Eyes Open'". *CBS News.com*, 24 mayo 2010, http://www.cnsnews.com/news/article/66465 (accesado 3 junio 2010).

41. Joshua Rhett Miller, "Georgia Mayor Hopes to End Flap over Prayer Before Meals at Senior Center", *FOX News.com* 10 mayo 2010, http://www.foxnews.com /us/2010/05/10/georgia-mayor-hopeful-end-prayer-flap-meals/ (accesado 14 mayo 2010).

42. David A. Raush, *A Legacy of Hatred* (Chicago: Moody Publishers, 1984), p. 72.

43. Lutzer, *When a Nation Forgets God*, pp. 50, 53.
44. Esopo, "The Ass and the Old Shepherd," http://classics.mit.edu/Aesop/fab.3.3.html (accesado 12 mayo 2010).

CAPÍTULO 5. El director ejecutivo de Satanás

1. *Merriam-Webster's Collegiate Dictionary*, 11th ed., s.v. "CEO".
2. John Phillips, *Exploring the Future: A Comprehensive Guide to Bible Prophecy* (Grand Rapids: Kregel Publications, 2003), p. 272.
3. John F. Walvoord, *The Thessalonian Epistles* (Findlay, OH: Dunham Publishing Co., 1955), p. 117.
4. *The Anchor Bible: I Maccabees*, Jonathan A. Goldstein, transl. (New York, NY: Doubleday, 1976), pp. 198, 206.
5. Marilyn Sewell, "The Hitchens Transcript", *PortlandMonthlyMagazine.com*, enero 2010, http://www.portlandmonthlymag.com/arts-and-entertainment/category/books-and-talks/articles/christopher-hitchens/1/ (accesado 15 marzo 2010).
6. Phillips, *Exploring the Future*, p. 269.
7. Ibid.
8. A. W. Pink, *The Antichrist* (Grand Rapids: Kregel Publishing, 1988), p. 79.
9. Phillips, *Exploring the Future*, p. 277.
10. Walvoord, *Thessalonian Epistles*, p. 129.
11. Joel Rosenberg, "An Evil Wind Is Blowing: U.N. Approves Anti-Semitic Resolution", *Flash Traffic*, 6 noviembre 2009.
12. David Jeremiah, *Escape the Coming Night* (Nashville: Word Publishing, 1990), pp. 157–158.
13. Mark Hitchcock, *Cashless: Bible Prophecy, Economic Chaos, & the Future Financial Order* (Eugene, OR: Harvest House Publishers, 2009), p. 137.
14. Solomon Zeitlin, *The Rise and Fall of the Judean State*, vol. 1 (Philadelphia: Jewish Publications Society, 1962), p. 92.
15. *Anchor Bible*, pp. 206–207.
16. Josefo, *Antigüedades*, 7.5.4.
17. Ibid.
18. Adaptado de "Hanukkah", *History.com*, http://www.history.com/topics/hanukkah (accesado 31 marzo 2010).

CAPÍTULO 6. "La marca de la Bestia"

1. Grant R. Jeffrey, *Shadow Government: How the Secret Global Elite Is Using Surveillance against You* (Colorado Springs: WaterBrook Press, 2009), p. 18.

2. Steve Connor, "Professor Has World's First Silicon Chip Implant", *IndependentNews*, 26 agosto 1998, www.independent.co.uk/news/professor-has-first-silicon-chip-implant-1174101.html (accesado 27 octubre 2009).

3. Positive ID Corp. "About Us", http://www.positiveidcorp.com/about-us.html (accesado 3 junio 2010).

4. John Phillips, *Exploring Revelation* (Neptune, NJ: Loizeaux Brothers, 1991), p. 171.

5. Wilfred Hahn, "The False Prophet: Last and Final Economic Guru", *Midnight Call*, enero 2010, p. 22.

6. Blaise Pascal, *Pensées,* traducido por W. F. Trotter, http://www.leaderu.com /cyber/books/pensees/pensees.html (accesado 25 febrero 2010).

7. Ray Stedman, "When Men Become Beasts", http://www.raystedman.org/revelation/4205.html (accesado 6 octubre 2009).

8. Arnold G. Fruchtenbaum, *The Footsteps of the Messiah* (Tustin, CA: Ariel Ministries, 2002), pp. 250–251.

9. "Bel Air Homes for Sale," http://www.luxury-homes-condos-for-sale.com/Bel_Air.htm (accesado 25 febrero 2010).

10. Henry M. Morris, *The Revelation Record* (Wheaton: Tyndale House Publishers, 1983), p. 256.

11. Jeffrey, *Shadow Government,* p. 154.

CAPÍTULO 7. Señales financieras de los últimos tiempos

1. Robert Kiyosaki, *Rich Dad's Conspiracy of the Rich* (New York: Hachette Book Group, 2009), p. 39.

2. "The Things We Do for Love", grabado por 10cc.

3. "Ben-Gurion Airport Revolutionizes Security with Unipass Biometric System", *The Jerusalem Post.com,* 5 enero 2010, http://www.jpost.com/Home/Article.aspx?id=165291 (accesado 28 marzo 2010).

4. Jamie B. Cheaney, "The Tower of Google", *WORLD,* 13 marzo 2010, http://www.worldmag.com /articles/16457 (accesado 16 marzo 2010; suscripción necesaria).

5. Ibid.

6. Robert Samuelson, "The Cashless Society Has Arrived," *Real Clear Politics. com*, 20 junio 2007, http://www.realclearpolitics.com/articles/2007/06/the_ cashless_society_has_arriv.html (accesado 7 octubre 2009). También en: Robert Samuelson, "The Vanishing Greenback", *Newsweek,* 25 junio 2007.

7. Tim Webb, "Cashless Society by 2012, Says Visa Chief", *The Independent*, 11 marzo 2007, http://www.independent.co.uk/news/business/news/cashless -society-by-2012-says-visa-chief-439676.html (accesado 7 octubre 2009).

8. Samuelson, "Cashless Society Has Arrived".

9. Coco Ballantyne, "Dirty Money: Can the Flu Be Passed on Dollar Bills?" *Scientific American. com*, 5 enero 2009, http://www.scientificamerican.com/ blog/60-second-science/post.cfm?id=dirty-money-can-the-flu-bepassed-o -2009-01-05 (accesado 8 octubre 2009).

10. Samuelson, "Cashless Society Has Arrived".

11. "Mobile Personal Point-of-Sale Terminal," 10 marzo 2010, http://www .freepatentsonline.com /y2010/0057620.html (accesado 16 marzo 2010).

12. Richard Mullins, "More Than Half of All 12-Year-Olds Have Cell Phones", Media General News Service, 1 septiembre 2009, http://www2.tricities .com/tri/news/local/consumer/article/more_than_half_of_all_12-year -olds_have_cell_phones/31603/29 (accesado 16 marzo 2010).

13. John Horrigan, "Home Broadband Adoption 2009", *Pew Research. org,* 28 mayo 2009, http://pewresearch.org/pubs/1254/home-broadband -adoption2009 (accesado 18 junio 2009) y John Horrigan, "Wireless Internet Use", *Pew Research.org*, 22 julio 2009, http://www.pewinternet.org/ Reports/2009/12-Wireless-Internet-Use.aspx (accesado 8 octubre 2009).

14. CTIA Media, "100 Wireless Facts", http://www.ctia.org/advocacy/research/ index.cfm/AID/10377 (accesado 31 agosto 2009).

15. Colin Gibbs, "Rich Carriers Got Richer in Q", *Gigaom.com*, 6 noviembre 2009, http://gigaom.com/2009/11/06/rich-carriers-got-richer-in-q3/ (accesado 16 marzo 2010).

16. John Ribeiro, "India's Rural Mobile Phone Users Hit 100 Million", *PCWorld. com*, 13 julio 2009, http://www.pcworld.com/businesscenter/article/168354/ indias_ruralmobile_phone_users_hit_100_million.html (accesado 31 agosto 2009).

17. "Number of Cell Phone Users in North Korea Hits 20,000", *China Post*, 7 abril 2009, http://www.chinapost.com.tw/business/asia/borea/2009/04/07/203299/ Number-of.htm (accesado 31 agosto 2009).

18. James Riley, "The World Now Has 4 Billion Mobile Phone Users", iTWire. com, 20 agosto 2009, http://www.itwire.com/it-industry-news/market/ 27107-the-world-now-has-4-billion-mobile-phone-users (accesado 16 marzo 2010); "Number of Cell Phone Subscribers to Hit 4 Billion This Year, UN Says", *UN News Centre*, United Nations.org, 26 septiembre 2008, http://www .un.org/apps/news/story.asp?NewsID=28251 (accesado 31 agosto 2009).

19. "Apple Announced Over 100,000 Apps Now Available on the App Store", Apple.com, 4 noviembre 2009, http://www.apple.com/pr/library/2009/11/ 04appstore.html (accesado 16 marzo 2010).

20. Jim Bruene, "How Many iPhone Banking Apps Will There Be?" *Netbanker. com*, 12 noviembre 2009, http://www.netbanker.com/2009/11/how_many_ iphone_banking_apps_will_there_be.html (accesado 16 marzo 2010).

21. David Weliver, "The Best 15 Financial iPhone Apps", 28 abril 2009, http:// moneyunder30.com/bes-15-financial-iphone-apps (accesado 16 marzo 2010).

22. Lance Whitney, "USAA App Lets iPhone Users Deposit Checks", *CNET News*, 11 agosto 2009, http://news.cnet.com/8301-13579_3-10307182-37.html (accesado 16 marzo 2010).

23. Jim Bruene, "New Online Banking Report Available: The Case for Mobile Banking", 15 marzo 2010, http://www.netbanker.com/2010/03/new_online_ banking_report_available_the_case_for_mobile_banking.html (accesado 16 marzo 2010).

24. Emmie V. Abadilla, "Smart Money Eyes 38.5 M Cell Phone Users", *Manila Bulletin.com*, 30 agosto 2009, http://www.mb.com.ph/articles/218353/smart -money-eyes-385-m-cellphone-users (accesado 31 agosto 2009).

25. Terrence O'Brien, "25% of Facebook Users Access the Service Via Mobile Phones", 6 septiembre 2009, http://www.switched.com/bb2009/09/06/25-of -facebook-users-access-the-service-via-mobile-phones/ (accesado 8 octubre 2009).

26. "Cellular Telephone Use and Cancer Risk", FactSheet, National Cancer Institute of U.S. National Institutes of Health, 9 septiembre 2009, http://www .cancer.gov/cancertopics/factsheet/Risk/cellphones (accesado 16 marzo 2010), y "No Cell Phone, Brain Tumor Link, Study Says", Reuters, MSNBC. com, 3 diciembre 2009, http://www.msnbc.msn.com/id/34265692 (accesado 16 marzo 2010).

27. Citado en A. E. Schaefer, *Observation from Exploring Needs in National Nutrition Programs*, http://ajph.aphapublications.org/cgi/reprint/56/7/1088 .pdf (accesado 16 marzo 2010).

28. Mark Hitchcock, *Cashless: Bible Prophecy, Economic Chaos & the Future Financial Order* (Eugene, OR: Harvest House, 2009), p. 100.

29. Mark Jurbowitz, "Bonus Coverage", Pew Research Center Publications, 30 octubre 2009.

30. James Randerson, "World's Richest 1% Own 40% of All Wealth, UN Report Discovers", *Guardian News,* 6 diciembre 2006, http://www.guardian.co.uk/money/2006/dec/06/business.internationalnews (accesado 28 octubre 2009).

31. Ibid.

32. Wilfred J. Hahn, *Global Financial Apocalypse Prophesied* (Crane, MO: Defender, 2009), p. 319.

33. Paul Richter, "Hillary Rodham Clinton's Harsh Words Stun Israel", *Los Angeles Times.com*, 14 marzo 2010, http://articles.latimes.com/2010/mar/14/world/la-fg-us-israel14-2010mar14 (accesado 15 marzo 2010).

34. Ibid.

35. Andrew Quinn, "U.S. Affirms 'Unshakeable' Bond with Israel", *Reuters.com.* 16 marzo 2010, http://www.reuters.com/article/idUSTRE62F52V20100316 (accesado 16 marzo 2010).

36. Sandy Smith, "Obama Dinner Snub of Netanyahu Reveals Depth of US-Israel Rift", http://www.huliq.com /8738/92206/obama-dinner-snub-netanyahu-reveals-depth-us-israel-rift (accesado 14 abril 2010).

37. Terry James, *The American Apocalypse* (Eugene, OR: Harvest House Publishers, 2009), pp. 147–148.

38. David Platt, *Radical: Taking Back Your Faith from the American Dream* (Colorado Springs: Multnomah Books, 2010), p. 118.

39. Ibid., p. 93.

40. Wilfred J. Hahn, *The Endtime Money Snare: How to Live FREE* (West Columbia, SC: Olive Press, 2002), p. 144.

41. Simon Critchley, "Coin of Praise", *New York Times.com*, 30 agosto 2009, http://happydays.blogs.nytimes.com/2009/08/30/in-cash-we-trust/ (accesado 31 agosto 2009).

42. Robert South, quoted in *A Dictionary of Thoughts: Being a Cyclopedia of Laconic Quotations from the Best Authors of the World, Both Ancient and Modern,* ed. Tyron Edwards (Detroit: F. B. Dickerson Co., 1908), p. 616.

43. Donagh O'Shea, "God and Mammon", *Jacob's Well.com*, http://www.goodnews.ie/jacobswelljuly.shtml (accesado 1 octubre 2009).

44. Wilfred J. Hahn, *Global Financial Apocalypse Prophesied* (West Columbia, SC: Olive Press, 2009), p. 60.

45. John Piper, *Desiring God* (Portland: Multnomah, 1986), p. 156.

CAPÍTULO 8. El colapso del mercado financiero global

1. "October 29, 1929: 'Black Tuesday'", *CNN.com*, 10 marzo 2003, http://www.cnn.com /2003/US/03/10/sprj.80.1929.crash/ (accesado 20 abril 2010).
2. "Stock Market Crash", *Ancestry*, vol. 25, no. 4, Julio–Agosto 2007, p. 27.
3. George Samuel Clason, *The Richest Man in Babylon*, Kindle, 2806, pp. 83–97, 56–65.
4. Charles H. Dyer, *The Rise of Babylon* (Chicago: Moody Publishers, 2003), p. 21.
5. Henry M. Morris, *The Revelation Record* (Wheaton: Tyndale House, 1983), pp. 348–349.
6. Neil MacFarquhar, "Hussein's Babylon: A Beloved Atrocity", *New York Times.com*, 19 agosto 2003, http://www.nytimes.com/2003/08/19/world/hussein-s-babylon-a-beloved-atrocity.html (accesado 26 enero 2009).
7. "Energy Resources: Iraq Oil Sales Up But Plans 'Unrealistic'", *United Press International*, 5 marzo 2010, http://www.upi.com/Science_News/Resource-Wars/2010/03/05/Iraq-oil-sales-up-but-plans-unrealistic/UPI-98181267816651/ (accesado 12 marzo 2010).
8. Associated Press, "Iraq Oil Revenue Soars, Creating Huge Surplus", *MSNBC.com*, 11 marzo 2008, http://www.msnbc.msn.com/id/23578542/ (accesado 12 abril 2010).
9. U.S. Department of State, "The Future of Babylon Project", 7 enero 2009, http://www.state.gov/r/pa/prs/2009/01/1134648.htm (accesado 15 enero 2009).
10. "Iraq's New Venture: Holidays in the Garden of Eden", *The Independent*, 1 agosto 2008, http://www.independent.co.uk/news/world/middle-east/iraqs-new-venture-holidays-in-the-garden-of-eden-882635.html (accesado 15 enero 2009) y "Iraq: Ready to Fly", http://www.airport-technology.com/features/feature59101/ (accesado 17 noviembre 2009).
11. "New American Embassy Opens in Baghdad", *CNN.com*, 5 enero 2009, http://www.cnn.com/2009/WORLD/meast/01/05/iraq.main/index.html (accesado 15 enero 2009).
12. "Opening Soon in Baghdad: Largest U.S. Embassy in the World with Restaurants, 619 Apartments", *World Tribune.com*, 18 abril 2008, http://www

.worldtribune.com/worldtribune/WTARC/2008/ss_iraq0068_04_18.asp (accesado 20 abril 2010).

13. Henry M. Morris, *The Revelation Record* (Wheaton: Tyndale House, 1983), p. 351.

14. Ibid., p. 363.

15. Ibid., p. 354.

16. Dyer, *Rise of Babylon,* p. 51.

17. Ed Hindson, *End Times: The Middle East & the New World Order* (Wheaton: Victor Books, 1991), p. 110.

18. "City Population/Iraq," http://www.citypopulation.net/Iraq.html (accesado 12 abril 2010).

19. Ibid.

20. Mal Couch, *Dictionary of Premillennial Theology* (Grand Rapids: Kregel Publications, 1996), p. 57.

21. J. A. Seiss, *The Apocalypse: Lectures on the Book of Revelation* (Grand Rapids: Zondervan, 1967), p. 407.

22. Edward B. Fiske, "Malcolm Muggeridge: A Life", Book Review en *Theology Today,* julio 1981, http://theologytoday.ptsem.edu/jul1981/v38-2-bookreview14.htm (accesado 14 junio 2010).

23. John Phillips, *Exploring Revelation: An Expository Commentary* (Grand Rapids: Kregel Publications 2001), p. 222.

24. C. Theodore Schwarze, *The Program of Satan* (Chicago: Good News Publishers, 1947), p. 105.

25. John Noble Wilford, "After Years of War and Abuse, New Hope for Ancient Babylon", *New York Times.com*, 22 marzo 2010, http://www.nytimes.com/2010/02/23/science/23babylon.html (accesado 23 marzo 2010).

26. Kevin Bales, *Disposable People: New Slavery in the Global Economy* (Berkeley y Los Angeles: University of California Press, 1999), pp. 8, 14–15.

27. Citado en Donald Grey Barnhouse, *Revelation* (Grand Rapids, MI: Zondervan, 1985), p. 345.

28. Walter K. Price, *The Coming Antichrist* (Chicago: Moody Press, 1974), p. 181.

29. "BDI Economic Report", 20 enero 2010, http://www.bdi.eu/BDI_english/images_content/KonjunkturStandortUndWettbewerb/Economic_Report_Issue_01_20_January_2010_small.pdf (accesado 20 abril 2010).

30. Jeff Cox, "Where's the Economy Headed? Insiders Watch This Key Index", *CNBC.com,* 26 agosto 2009, http://www.cnbc.com/id/32567374 (accesado

10 noviembre 2009) y Peter Shaw-Smith de Zawya Dow Jones, "Focus: Gulf States" $40Bln Port Plan Face Economic Head Winds", *Wall Street Journal.com*, 3 noviembre 2009, http://www.online.wsj.com/article/BT-CO -20091103-702597.html (accesado 10 noviembre 2009).

31. Morris, *The Revelation Record*, p. 357.
32. Erwin Lutzer, *When a Nation Forgets God* (Chicago: Moody, 2010), pp. 136–137.

CAPÍTULO 9. El definitivo nuevo orden mundial de Dios

1. Table S-1. Budget Totals, "Budget of the US Government FY2011", *GPO Access.gov*, http://www.gpoaccess.gov/usbudget/fy11/pdf/summary.pdf (accesado 1 junio 2010); "Policy Basics: Where Do Our Federal Tax Dollars Go?" Center on Budget and Policy Priorities, 13 abril 2009, http://www.cbpp .org/cms/index.cfm?fa=view&id=1258 (accesado 23 noviembre 2009).
2. Table S-1. Budget Totals, "Budget of the US Government FY2011", *GPO Access.gov*, http://www.gpoaccess.gov/usbudget/fy11/pdf/summary.pdf (accesado 1 junio 2010).
3. John Wesley White, "The Millennium", *The Triumphant Return of Christ*, ed. William James, Essays in Apocalypse II, (Green Forest, AK: New Leaf Press, 1993), p. 325.
4. J. Dwight Pentecost, *Things to Come* (Grand Rapids: Zondervan, 1958), p. 476.
5. H. A. Ironside, *Revelation: An Ironside Expository Commentary* (Grand Rapids: Kregel Publishing, n.d.), p. 193.
6. Thomas Jones, *Sober Views of the Millennium* (London: Seley and Burnside, 1835), p. 5.
7. Randy Alcorn, *Heaven* (Wheaton, IL: Tyndale House Publishers, 2005), p. 226.
8. John F. Walvoord, *The Millennial Kingdom* (Findlay, OH: Dunham Publishing Co., 1959), pp. 329–330.
9. Charles Ryrie, *Basic Theology* (Wheaton, IL: Victor Books, 1986), p. 511.
10. Adaptado de Mindy Belz, "What Do Palestinians Want?" *WORLD*, 10 abril 2010, pp. 30–35.
11. John F. Walvoord, *End Times* (Nashville: Word Publishers, 1998), p. 204.

12. Victor Davis Hanson, *Imprimis*, noviembre 2009, vol. 38, no. 11, p. 1.
13. M. R. DeHaan, *The Great Society* (Radio Bible Class, 1965), pp. 7–8.
14. Walvoord, *Millennial Kingdom*, pp. 317–318.
15. Richard Schlesinger, "Doris Buffett Goes for Broke to Help City", *CBS News.com*, 4 diciembre 2009, http://www.cbsnews.com/stories/2009/12/04/eveningnews/main5893628.shtml (accesado 9 diciembre 2009).
16. Carl G. Johnson, *Prophecy Made Plain* (Chicago: Moody Press, 1972), p. 185.
17. Robert J. Little, *Here's Your Answer* (Chicago: Moody Press, 1967), pp. 113–114.
18. Walvoord, *End Times*, p. 203.
19. S. Franklin Logsdon, *Profiles of Prophecy* (Grand Rapids: Zondervan Publishing, 1970), p. 105.
20. Alcorn, *Heaven*, p. 100.

CAPÍTULO 10. Mantenga su cabeza en el juego y su esperanza en Dios

1. Erica Estep, "Portuguese Investor Lost Life Savings in Alleged Gatlinburg Ponzi Scheme", *Wate.com*, 29 abril 2009, http://www.wate.com /Global/story.asp?S=10274802 (accesado 10 mayo 2010).
2. Bill Hybels, *Just Walk across the Room: Simple Steps Pointing People to Faith* (Grand Rapids: Zondervan, 2006), pp. 186–187.
3. Larry Bates, *The New Economic Disorder* (Lake Mary, FL: Excel Books, 2009), p. 20.
4. Frank J. Hanna, *What Your Money Means and How to Use It Well* (New York: Crossroad Publishing Co., 2008), pp. 7–8.
5. Citado por Ron Blue y Jeremy White, *Surviving the Financial Meltdown* (Wheaton, IL: Tyndale House Publishing, 2009), p. 38.
6. Federal Reserve Statistical Release, "G.19 Report on Consumer Credit", 7 mayo 2010, http://www.federalreserve.gov/releases/g19/Current/ (accesado 10 mayo 2010).
7. Véase http://www.crown.org.
8. J. K. Gressett, "Take Courage", *Pentecostal Evangel*, 30 abril 1989, p. 6.
9. Martyn Lloyd-Jones, *Spiritual Depression: Its Causes and Its Cure* (Grand Rapids: Eerdmans Printing Company, 1965), p. 20.

10. Adaptado de Luke Veronis, "The Sign of the Cross", en *Communion,* Issue 8, Pascha 1997, http://www.incommunion.org /2005/08/06/the-sign-of-the -cross (accesado 10 mayo 2010).

11. Thomas Giles and Timothy Johnes, "A Prisoner of Hope", *Christianity Today*, 5 octubre 1992, pp. 39–41.

12. Citado por Philip Yancey, *Where Is God When It Hurts?* (Grand Rapids: Zondervan, 1977), pp. 119–120 .

Acerca del autor

El Dr. David Jeremiah es el pastor principal de la iglesia Shadow Mountain Community Church en San Diego, California, y el fundador de los galardonados ministerios de radio y televisión *Turning Point*. *Turning Point* se lanzó en 1982 y en la actualidad llega a millones de personas en todo el mundo a través de la Internet y publicaciones, al igual que por radio y televisión.

A lo largo de sus más de cuatro décadas de predicación, el Dr. Jeremiah ha sido estudiante de la profecía bíblica, y los capítulos de este libro son el fruto de su estudio de las Escrituras, de numerosas fuentes de expertos en el mundo financiero y de acontecimientos globales actuales.

El Dr. Jeremiah ha escrito muchos libros ganadores de premios, entre los que se incluyen: *Escape the Coming Night*, *Captured by Grace*, *What in the World Is Going On? (¿Qué le pasa al mundo?)* y *Living with Confidence in a Chaotic World*.

Aunque el Dr. Jeremiah es un ferviente hincha de los deportes, que ha hablado en varios ámbitos profesionales del baloncesto, béisbol y fútbol, nada disfruta más que pasar tiempo con su esposa, Donna, cuatro hijos adultos y sus diez nietos